新しい
言語心理学

Psychology of Language at Work and Practice:
A New Perspective

編

茂呂雄二
伊藤崇
新原将義

青山征彦
伊藤崇
太田礼穂
城間祥子
新原将義
広瀬拓海
仲嶺真
茂呂雄二

ひつじ書房

はじめに

　心理学ならびに臨床心理学にとって，ことばの問題はとても重要です。私たちの心の営みは，私たちの毎日の生活とともにあるものです。そして，ことばは私たちの毎日の生活に不可欠なものです。私たちの心の営み，毎日の生活活動，そしてことばは互いに切り離すことのできない一体のものです。その意味で言語心理学は，心の発達と心の臨床を理解する上でとても大事な分野になります。

　さて本書『新しい言語心理学』で，私たちは1つのチャレンジをしてみました。それは，「ことばの実践」という考え方を中心にして言語心理学の教科書を書くというチャレンジです。「ことばの実践」はいくつかの意味がありますが，その1つは上で触れた人々の生活と心の営みとことばの一体性です。しかし，これまでの教科書では言語の実践という考え方や問いは十分に取り上げられてきたとはいえません。題目につけた「新しい」というのは，実践としての言語という観点から教科書を編むというチャレンジを意味します。

　ところで，心の理解に重要な言語ですが，この言語をどのように想定するかによって，心の生活の営みは相当に違ったものとして描き出されることになります。

　たとえば，言語は規範や約束事のような，それに従わなければならないものと想定することもできます。実際にそのような側面も持っています。このような面を中心に据えれば，言語はルールや法典のようなものとして描かれることになります。私たちは言語についてのイメージを持っていて，知らず知らずのうちにそのイメージに縛られています。ルールや法典という言語の捉え方も，私たちのイメージであり，私たちを縛るイメージの1つです。

　しかしながら，規範や規制としての言語の働きも絶対ではありません。時代の変化とともに，何が正しいことばづかいなのかも次々と変化していきます。変化にともなって，何が正しいのかの規範意識も変化し

多様化していきます．例えばいわゆる「ら抜きことば」（「見られる」と「見れる」）については，現在も「らを抜くべきでない」という規範意識もありながら，話しことばの場合や仲間内の会話などには「ら抜き」が好んで用いられるなど，規範の揺らぎや多様化が見られます．

　重要なのは，「ことばの実践」が動くものであり，固定化されることはなく，私たちの生活と一体となって変化し続ける「意味づくりの活動」であるということです．これは規範や法典のイメージよりも，遊びのイメージに近いものです．言語の実践というのは持続した社会的な活動なのです．つまりは人間が住み暮らす環境を見る方法を，人間自らが休みなく作りつつ，作り直す創造的な活動だと見る必要があります．それは，飽きることなく，積み木を積んでは崩し，積み直しては遊び続ける，子どもたちの行う活動に似ています．「ことばの実践」は，遊びの形式の種類つまりことばによるゲームというイメージの方がよりよく当てはまるのではないでしょうか．

　本書が想定する実践としてのことばとは，①一体性，②多様性，③創造性の特徴を持つと要約できます．

　一体性というのは，言語を理解するには，そのコンテクストすなわち社会的文化的なことばと生活の流れから切り離せないという特徴です．コンテクストから分離した言語記号は，生き生きとしたことばの意味づけを失ってしまうのです．

　言語実践の多様性とは，私たちの言語の実践が実に多様で多数のやり方で行われるという意味です．規範や法典のイメージを取り上げましたが，それが間違っているというわけではありません．それらのバイアスのかかったイメージもまた私たちの重要なことばの実践の一部なのです．

　創造性とは，これらの多様な実践を，さらに遊びながら壊しては作り直し，さらに遊び倒すプロセスを意味します．これは心の営みを作り直すという意味では，とくに臨床心理学には重要な特徴となります．

　私たちは，この本を『新しい言語心理学』と名付けました．本当に新しいものになっているかは，読書の皆さんの評価に委ねるしかありません．この本が，そのような評価の議論を巻き起こして，対話が継続していくきっかけとなることを願っています．

目次

はじめに ……………………………………… iii

第 1 章 心とことば　ことばの実践が作る心の営み ……………… 1

1.1 ことばを実践する …………………………………… 1
1.1.1 「大丈夫？」の実践 ……… 1　　1.1.2 ことばの実践の多様性 ……… 4
1.1.3 ことばの実践の変化 ……… 6

1.2 ことばの実践と心の活動 …………………………………… 8
1.2.1 ことばの像 ……… 8　　1.2.2 発達障害 ……… 12
1.2.3 言語ゲーム論 ……… 15
　コラム　ウィトゲンシュタイン …………………………… 16

1.3 ことばの創造と発達：事例を読む ………………………… 17
1.3.1 事例の概要 ……………… 17　　1.3.2 ことばを哲学する振り返り　18
1.3.3 グループセラピー ……… 19

1.4 ことばと心の発達：1章のまとめ ………………………… 20
エクササイズ ……………… 22　　読書案内 ……………………… 22

第 2 章 ことばの仕組み ……………………………………… 23

2.1 記号とは何か ……………………………………………… 23
2.1.1 意味としての記号 ……… 23
2.1.2 意味されるものと意味するものの結びつきとしての記号 ……… 24

2.2 記号の分類 ………………………………………………… 24
2.2.1 分類1：似ている関係 …… 24　　2.2.2 分類2：習慣的な関係 …… 25
2.2.3 分類3：指し示す関係 …… 26　　2.2.4 ここまでのまとめ ……… 26

2.3 記号としてのことば ……………………………………… 27
2.3.1 ことばの象徴性 ………… 27　　2.3.2 ことばの類像性 ………… 27
2.3.3 ことばの指標性 ………… 28

2.4 ことばの性質 ……………………………………………… 30

  2.4.1 恣意性 …………………… 30　2.4.2 線状性 …………………… 30
  2.4.3 分節性と二重分節性 ……… 31
 2.5 言語学の諸領域1：ことばの形を調べる …………………………… 32
  2.5.1 音韻論 …………………… 32　2.5.2 形態論 …………………… 33
  2.5.3 統語論 …………………………… 34
 2.6 言語学の諸領域2：ことばの意味を調べる …………………………… 35
  2.6.1 意味論 …………………… 35　2.6.2 語用論 …………………… 37
 2.7 実践という観点からみてみると ……………………………………… 39
  2.7.1 言語学という言語ゲーム ………………………………… 39
  2.7.2 定型表現の模倣としての言語習得 ……………………… 40
  2.7.3 規則はあるのか？ ……………………………………………… 40
 2.8 人々のことばの実践にせまる：2章のまとめ ……………………… 42
  エクササイズ ……………………… 45　読書案内 ……………………… 45

第3章 ことばと社会（社会言語学） …………………………………… 47

 3.1 ことばの多様性 ……………………………………………………… 47
 3.2 話し手に基づく言語変種 …………………………………………… 49
  3.2.1 地域に根ざしたことば ……… 49　3.2.2 地域方言の現在 ………… 50
  3.2.3 言語とジェンダー ……………………………………………… 52
  3.2.4 アイデンティティを創りだすことば ………… 54
 3.3 使い方に基づく言語変種 …………………………………………… 55
  3.3.1 言語使用域（レジスター）…… 55　3.3.2 敬語 ……………………… 57
  3.3.3 話しことばと書きことば …… 60
 3.4 多言語社会を生きる ………………………………………………… 62
  3.4.1 多言語社会 ………………… 62　3.4.2 コードスイッチング …… 64
  3.4.3 都市の多言語状況 ………… 66
 3.5 ことばの多様性と社会：3章のまとめ …………………………… 67
  エクササイズ ……………………… 70　読書案内 ……………………… 70

第 4 章 ことばと認知（認知言語学） 71

- 4.1 認知言語学とは 71
- 4.2 認知言語学と心理学 72
  - 4.2.1 言語表現とゲシュタルト心理学 72
  - 4.2.2 言語構造とゲシュタルト心理学 74
  - 4.2.3 言語の意味とゲシュタルト心理学 76
  - コラム ベースとプロファイルを応用して「心」に働きかける 78
- 4.3 認知言語学の成立背景 79
  - 4.3.1 現代言語学のはじまり … 79　4.3.2 チョムスキーの反抗 80
  - 4.3.3 認知言語学の誕生 80
- 4.4 認知言語学の重要概念：認知文法，メタファー，カテゴリー 81
  - 4.4.1 認知文法 81　4.4.2 メタファー 83
  - 4.4.3 イメージスキーマ 86　4.4.4 カテゴリー 87
- 4.5 認知言語学における認知・言語観と実践としての言語 89
  - 4.5.1 認知言語学における認知・言語観 89
  - 4.5.2 実践としての言語 90
- 4.6 ことばと認知との関係：4 章のまとめ 91
  - エクササイズ 93　読書案内 93

第 5 章 ことばと語り　会話・ディスコース・ナラティブ 95

- 5.1 「文」にならないことばと「文」を超えたことば 95
  - 5.1.1 漫画にみる「気まずさ」のことば 95
  - 5.1.2 「言い間違い」か，「手掛かり」か：教師の「リスタート」 97
  - 5.1.3 語られない背景：言説，法，文化 98
- 5.2 エスノメソドロジー：ことばの「常識」を読み解く 100
  - 5.2.1 エスノメソドロジーとは 100
  - 5.2.2 「調子どう？」によるコミュニケーション 101
  - 5.2.3 「女性として生きる」という実践 103
- 5.3 会話分析 105
  - 5.3.1 「その場の理解」はどう作られるか 105

- 5.3.2 教室の秩序はいかに作られるか……………106
- 5.3.3 遊びの工夫としての I-R-E 連鎖 ……………107
- 5.3.4 会話分析が迫る問い直し：医師と患者の信頼関係 ……………109
- 5.4 ディスコースとはなにか ……………111
- 5.4.1 ディスコース，談話，言説 ……………111
- 5.4.2 「女性がいる会議は時間がかかる」発言にみるディスコース ……112
- 5.4.3 ディスコース分析が迫る問い直し：市場原理の落とし穴 ……………114
- 5.5 ナラティブとはなにか ……………116
- 5.5.1 ナラティブとしてのことば ……………116
- 5.5.2 臨床現場とナラティブ ……………118
- 5.6 語りをみるということ：5 章のまとめ ……………119
- エクササイズ：「〇〇になる」実践…………123　読書案内 ……………123

第 6 章 ことばの獲得　スキナーからヴィゴツキーまで ……………125

- 6.1 ことばを覚えるのは，覚えたらいいことがあるから：行動主義 ……………125
- 6.1.1 行動主義とは ……………125　6.1.2 行動主義からみたことば…126
- 6.1.3 言語習得を行動主義で説明する ……………127
- 6.2 ことばを覚えるのは，もともと知っていたものだから：普遍文法 ……………128
- 6.2.1 生まれつきそなわった能力としての言語 ……128
- 6.2.2 原理とパラメータによるアプローチ ……………130
- 6.3 ことばを覚えられるのは，大人が手助けしてくれるから：語用論的アプローチ ……………132
- 6.3.1 語用論的アプローチとは ……………132
- 6.3.2 言語獲得援助システム ……………133
- 6.3.3 ことばに気づきやすくする仕掛け ……………134
- 6.3.4 言語獲得援助システムとしての読み聞かせ………134
- 6.4 ことばを覚えられるのは，ことばの使い方を自分なりに作るから：用法基盤理論 ……………135
- 6.4.1 子どもはパターンを作り出す ……………135

  6.4.2　用法基盤理論とは……………………………136
  6.4.3　普遍文法と用法基盤理論を比べてみると……137
  6.4.4　動詞の島仮説……………………………138
 6.5　**言語発達を実践という観点からながめてみると**……………140
  6.5.1　ここまでの整理……………………………140
  6.5.2　実践論に立った言語発達理論………………140
  6.5.3　模倣の重要性……………………………141
  6.5.4　赤ちゃんを話し手にする・赤ちゃんが話し手になるという実践…142
 6.6　**子どもの変化をとらえるための理論：6 章のまとめ**……144
 エクササイズ………………145　読書案内………………146

第7章　ことばのはじまり……………………………147

 7.1　**就学前のことばの発達**……………………………148
  7.1.1　言語発達の主要側面の交代……………………148
  7.1.2　ことばの最初の完成……………………………150
 7.2　**初期の言語発達**……………………………151
  7.2.1　前言語期の言語発達………151　7.2.2　音声・音韻の発達………154
  7.2.3　大人の働きかけの特徴………157　7.2.4　初語期以降………158
 7.3　**ことばの発達を支えることばの実践**……………159
  7.3.1　ことばの発達の基本的な姿……………………159
  7.3.2　パフォーマンスとしての言語発達………………161
  <コラム>　ヴィゴツキー……………………………163
 7.4　**ことばのパフォーマンスの発達：7 章のまとめ**……164
 エクササイズ………………165　読書案内………………165

第8章　語彙の獲得……………………………167

 8.1　**バックトゥザ赤ちゃん：赤ちゃんの視点に戻ろう**……167
  8.1.1　ことばの切り出し………167　8.1.2　意味の結びつけ………168
 8.2　**語彙獲得の基礎の「き」**……………………………169
  8.2.1　ことばの同定条件……………………………169

8.2.2　語彙獲得とシンボルの理解 ……………………………171
　8.2.3　実践からみたことばの意味 ……………………………172
8.3　はじめてのことば …………………………………………………173
　8.3.1　話し手としての赤ちゃん ………………………………173
　8.3.2　初期の表出語と理解語 …………………………………175
8.4　語彙獲得の理論 ……………………………………………………178
　8.4.1　認知制約説 ………………………………………………178
　8.4.2　社会的相互作用に注目する理論 ………………………180
8.5　ことばで遊ぶ：語彙獲得とオノマトペ …………………………181
　8.5.1　育児語とオノマトペ ……181　8.5.2　オノマトペの面白さ ……183
8.6　語彙の獲得と遊び：8章まとめ …………………………………186
エクササイズ ……………………189　　読書案内 ……………………189

第9章　社会的なかかわりのなかでのことばの発達 …191

9.1　識字：文字の読み書き ……………………………………………191
　9.1.1　『代書屋』にみる日本の識字 …………………………191
　9.1.2　世界における識字の状況 ………………………………192
　9.1.3　フレイレの識字教育 ……………………………………194
9.2　学校のことば ………………………………………………………194
　9.2.1　教室のことば（1）：リヴォイシング …………………194
　9.2.2　教室のことば（2）：グラウンド・ルール ……………196
　9.2.3　教室のことば（3）：学習言語 …………………………197
　9.2.4　ゲームが拓く学び ………………………………………198
9.3　趣味のなかのことば：学校の外で ………………………………199
　9.3.1　オタクと解釈共同体 ……199　9.3.2　つながりの学習 ……201
9.4　仕事の場のことば …………………………………………………202
　9.4.1　実践を支えることば ……………………………………202
　9.4.2　隠語：伝えないためのことば …………………………203
9.5　社会とともに変化することば ……………………………………203
　9.5.1　性別とことば ……………203　9.5.2　消滅の危機にあることば　204
9.6　ことばは社会と切り離せない：9章のまとめ …………………205

エクササイズ················ 208　　読書案内················ 208

第10章　ことばの障害 ·················· 211

10.1　不思議な会話？ ················· 211
10.2　失語症とは何か？ ················· 213
　10.2.1　ブローカ失語 ··············· 214　　10.2.2　ウェルニッケ失語 ············ 215
10.3　ことばの障害と実践 ················· 217
　10.3.1　身近なゲームを通して考える ················ 218
　10.3.2　ことばを取り巻く実践 ················ 219
10.4　レフ・ヴィゴツキーの障害論 ················· 220
　10.4.1　生物学的な問題と社会的な問題 ················ 220
　10.4.2　障害と発達 ················ 221
　10.4.3　ヴィゴツキーの議論を踏まえて ················ 223
10.5　実践の中の学習障害 ················· 224
　10.5.1　学習障害とディスレクシア ················ 224
　10.5.2　クラブ活動における学習障害 ················ 225
　10.5.3　さらなる発達に向けて ················ 226
10.6　ダイバーシティと発達 ················· 227
　10.6.1　多様性と発達 ················ 227
10.7　ことばの障害と実践：10章のまとめ ················· 228
　　エクササイズ················ 232　　読書案内················ 233

索引 ···································· 235
執筆者紹介 ···························· 239

第 1 章

心とことば
ことばの実践が作る心の営み

　この章では，本書全体のテーマでもある「**ことばの実践**」という見方について考えます。実践とは，ただ思っているだけではなく「実際に何かをやってみて世界に働きかけること」を意味します。ことばを実際に使いながら，他の人はもちろん自分自身にも働きかけ，自分自身やほかの人を変化させ，ひいては社会や文化の変化を作りだすことがことばの実践です。

　多種多様性がことばの実践の何よりの特徴です。生活の変化や社会・文化の変化とともに，ことばの実践はますます多様になります。しかし私たちは，多種多様性と付き合うのがそもそも苦手で，多種多様な実践を忘れて単純化することも少なくありません。このような単純化を避けながら，ことばの実践を理解することで，ことばと心の関係はより良く理解されます。

1.1　ことばを実践する

1.1.1　「大丈夫？」の実践

　ことばの実践とは特定の**場面**で人々がことばを交わし合うことです。次の例 1.1 について，どのようにことばを交わし合うのか，この場面を想像してみましょう。誰がいるのか，そこに何があるのか，どんな会話が行われているのかなどの情報を追加してみましょう。

例1.1　家族とお茶をしながらテレビのニュースを見ていた。姉が「大丈夫？」といった。

　この場面には，まず家族がいます。居間でしょうか，テレビがあり，テーブルの上にはお茶やコーヒーなどの飲み物があります。お菓子があってもいいですね。ニュースは世界の珍事件を取り上げています。外国のニュースビデオが紹介されています。交差点に迷い込んだワンちゃんが車に轢かれそうです。それをよけようとしたトラックが横転して，積荷のペットボトルの飲料が交差点に散乱します。しかし犬は無事で，何事もなかったように交差点を後にします。ニュースのオチは，散乱した飲料が群がった人々に略奪されていくというものでした。

生活の流れの中のことば
　ことばの実践というのは生活の流れの中にあり，具体的な生活の状況に組み込まれています。ことばの実践の場は，様々な事物・事柄と人物から成り立っています。そして**言語記号**もあります。実践の場に参加する人々と，場に備わる様々な事物や，家具や照明などが作る空間の配置もあります。またインターネットやテレビなどの多数のメディアも利用され，そのメディアは仮想のやりとりの場を提供します。直接にはみえませんが，文化や社会の仕組み（制度）などもことばの実践には不可欠です。
　例1.1では，姉が発した**発話**の「大丈夫」が言語記号です。言語記号は音声記号によって示される場合もあれば，LINEやメールなどで送信される**文字記号**の場合もあります。また言語記号には，音声（音韻），単語の意味，文法（単語の組み合わせ方）等のレベルごとに，どのように使ったら良いかの規範が備わっています。

ことばの実践と心の営み
　まず注目したいのは，「大丈夫」を含むことばの実践全体は，心の営みそのものだということです。例えばワンちゃんへの心配を意味して家族の共感を引き起こす場合もあるでしょう。逆に，路上に散乱した飲料に群がる人々に向けられた皮肉な調子の「大丈夫」が家族の反発を招くこ

ともあるでしょう。いずれにしても，私たちの心の営み，とくに共感や感情の活動が，この場でことばの実践を通して作られているといえます。

記号だけでは意味不明

さて注目したいのは，**言語記号**「大丈夫」は，実践から孤立させると意味不明になるということです。言語記号だけを切り離して取り出すと，記号は意味不明なのです。私たちは言語記号をことばだと思いがちですが，言語記号はあくまでことばの実践の一部に過ぎません。言語記号はそれぞれの具体的な**生活の流れ**の中で，はじめて意味を持つのです。記号は，他の生活場面に置かれれば，当然違う意味を持つことになります。

以下の例 1.2，1.3 の場合，「大丈夫」は例 1.1 とは違った意味となります。それは，記号が埋め込まれる言語生活の流れが異なるからです。例 1.2，1.3 には，どのような生活の場があり，どのように場面が進行するのか想像してみてください。

例 1.2　ゼミの LINE で友人が体調を崩して休むと知って返信した。
　　　「大丈夫。」
例 1.3　授業前に友人と挨拶を交わし今日の昼食の約束をした。
　　　「大丈夫。」

ことばの表情

もう 1 つ実践として重要なのは，ことばの表情です。姉の「大丈夫」はどのような音声や調子でいわれたのでしょうか。ワンちゃんの安否を気遣う緊迫した声でしょうか。疑問を発する上がり調子だったのでしょうか。ことばは，いつも同じような調子ではなく，その時その時のニュアンスや感情をともなうものであり，ことばを発する，その人の人格と一体となった，「声」ともいうべき独特の表情を持つのです。犬を心配する姉のことばは，お姉ちゃんしか発することのできない唯一無二の表情を持つといえます。

実践の展開

　さらに重要なことは，ことばは継続と展開が可能だということです。姉の「大丈夫」は，誰に向けられたものでしょうか。何をトピックにしたものなのでしょうか。もしそれが不明ならば，家族の誰かが「え，何？」「どういうこと？」と聞くことができます。「ワンちゃん大丈夫だよ，よかったね」「お姉ちゃんは犬が好きだからね」などとコメントすることもできます。ある言語記号の意味が分からないことも一時的にはありますが，その場合には，さらにことばの実践を継続すれば良いのです。ことばの実践は，他の人の発話をきっかけに意味を明確にしたり，新しい話題に進んだり，意味を転換するなどして，さらに展開していくことになります（図1.1参照）。

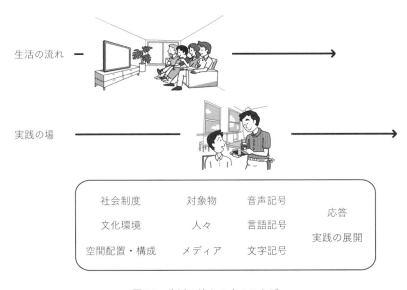

図1.1　生活の流れの中のことば

1.1.2　ことばの実践の多様性

生活の流れとことばの多様性

　私たちの生活は，様々な流れによって作られています。皆さんの多くが朝起きて，まず最初に家族と会話する場合には，いつもの気安く気楽なことばを使うでしょう。時には，話す必要もないので，ほとんど無言

ですませることもあるのではないでしょうか。
　次に，その日大学に行って，指導教員の研究室を訪ねて卒業研究について意見を交わす場合には，敬語を使うなどして，家族との会話とは異なることばになります。

　　　例1.4　教授「卒研で使うアンケート調査の準備はどうですか？　進んでいますか？」
　　　　　　学生「大丈夫です，今，質問項目を収集しています」

　約束していた友人とのランチの会話はどうなるでしょうか。その話し振りは，仲間内だけで通じるようないわゆる「若者ことば」となり，省略語なども増えるでしょう。

　　　例1.5　学生Ａ「レポートほんと大変，メンブレ中」
　　　　　　学生Ｂ「締め切り，大丈夫そ？」

　次に大学からバイト先に出向いた時には，家庭のことばとも，友人との会話とも異なるものになるでしょう。冗談や軽口も大いに使われますが，それと同時に飲食業などのバイトの職種に固有の専門的なことばも交えて仕事が進んでいきます。

　　　例1.6　　　客「いまのビールの注文，酎ハイにしてもいいですか？」
　　　　　　バイト「はい，ご注文酎ハイに直りですね，店長，大丈夫ですよね？」

　このような，**ことばの実践の多様性**を整理するためには，**レジスター（言語使用域）**や，**文体**，**方言**（社会方言，地域方言），集団語（特定の集団に話される言い回し）など多数の概念が提案されています。その中には，ことばのジャンルもあります。私たちは，ことばを使用する場面，所属する集団，ことばを使うその時々の場面・状況，ことばを交わし合う相手との関係性などに応じて，様々な**ことばのジャンル**を利用しています。多様なことばのジャンルで，生活の流れを作っているという

ことになります。

　上で述べた，家庭のことば，教授との会話，友人とのやりとり，バイト先のことば使いは，異なることばのジャンルだということができます。それぞれのジャンルは，その使用場面へのふさわしさを感じさせます。ふさわしいジャンルから逸脱すると場違いな感じとなって，話し手は「いたたまれなさ」を味わうことにもなりますし，ひょっとするとジャンルの取り違えがジョークとなって周囲の人々に笑いをもたらす場合もあるでしょう。

1.1.3　ことばの実践の変化

新しいことばづくり

　私たちの生活実践は日々新しいものに変化します。この変化につれて，新語や新しい語法（ことばの用い方）が，日々登場しています。時々テレビ番組などでも，いま旬の若者語やネットスラングを取り上げることがあります。

　ここで強調したいのは，言語記号だけが変化したり更新されるのではなく，人々の心の営みを含む**生活の流れ**の全体が変化するということです。

　いわゆる**若者ことば**という集団語が生まれたり，若者ことばが他地域の方言を取り入れて，自分達の新しい言語表現を生み出していることは，以前から指摘されてきました。最近では，日本語と韓国語をミックスしたことばも利用されているようです。稲川（2020）によれば，「チンチャそれな」という韓国語「チンチャ（＝本当）」とこれも若者ことばの「それな（そうだよね！）」を合成した言い方で，「ほんと，それだよね」というような意味を表すそうです。

日本語ラップの実践

　ヒップホップ文化と**ラップ**は，1970 年代にニューヨーク市のウェストブロンクスで生まれた有色の若者たちによることばの文化表現です。自己表現したり社会的メッセージを表現したりする場合，今や多くの国の若者が自国語ラップを有力なやり方としています。日本語も例外ではありません。日本語のラップは，米国のストリート文化と日本の言語文化

をミックスする実践であり，**新しい言語文化の創造実践**ともいえます。

　ラップは，「韻を踏む」ことを約束にした，一種のことば遊びといえます。韻を踏むとは，類似の音を繰り返すことで，詩歌やダジャレなどのことばの実践において頻繁に使われるやり方です。川原（2017; 2022）は，日本語ラップは「ダサい」という論調や日本語の音の仕組みはラップに向いていないという言語学者の主張に対して，日本語ラップがいかに精巧に「クールに」作られているかを見事に明らかにしています。

　　例1.7　日本語ラップの韻の例
　　　　[baasudee] バースデー　　　[matsuze] 待つぜ
　　　　[kettobase] けっとばせ　　　[gettomane] ゲットマネー
（川原，2022, p. 55）

　川原は，ラッパーが安易にことばを選んでいるのではなく，言語学的にいえば，母音の類似性のほか，口のどこで発音するか（調音点といいます。k音とg音は口の奥が閉じます）・どうやって発音するか（調音法と言います。b音とm音は両唇が閉じます）・有声か無声か（声帯の振動の有無）といった子音についても考慮されて韻を踏んでいることを明らかにしました。日本語ラップは決してダサくない，というのが川原の結論です。

　日本語ラップの実践者，ラッパーは言語学，音声学の知識を持っているわけではありません。しかし，ことばを遊び倒し仲間との協力や競争する過程で，これらの見事な工夫を創造していることは注目と称賛に値します。

　ラッパーということばの実践者の活動が，このような創造的なアートを生み出すことは，実は私たちの毎日毎日の実践にも当てはまることです。私たちも意味の創造者なのです。

　ラップ音楽には独自の世界観が込められていることも重要です。それは時代への向き合い方，社会を理解する仕方や，社会への叛逆や反抗を含む自己意識とメッセージの表現です。ラッパーの眼差しが作り出すことばであり，聴く者の共感を呼び起こし，仲間意識と連帯感も生み出すのです。この連帯感はまさに心の働きであり，ラッパーのことばは仲間

づくりに基づいた新しい意味づくりだともいえるでしょう。

ことばの標準化

ところで，ことばの実践は，生活とことばを多種多様化していくことだけではありません。**生活の流れ**からあえて切り離した言語記号を中心に見ることは，言語をカタログ化して辞書を編集するという実践にみられるものです。日本語の使い方のカタログ化を通して，言語を**標準化**して規範を作る実践も，ことばの実践の1つになります。日々新しい概念と用語が生み出される科学技術の領域では，専門家同士の明確なコミュニケーションのためにも，一定の定義を与えておく実践は重要です。ことばの標準化の代表は，国家語の標準化による教育の標準化です。国家語のような規範化は大きなパワーを持っているのですが，あくまでも私たちが行う多種多様なことばの実践と同じであり，それらのうちの1つでしかないことは覚えておいていいことです。

1.2 ことばの実践と心の活動

1.2.1 ことばの像

ことばの像

前の節で強調したのは，生活の流れと具体的な状況から分離されてしまったら「記号は意味が不明だ」ということです。しかし私たちは，多くの場合に，記号だけで十分に意味が通じると思い込みがちです。このような思い込みを哲学者ウィトゲンシュタイン（Ludwig Wittgenstein）は『**哲学探究**』(1953 藤本訳 1976) で**ことばの「像」**（言語像）と呼んでいます（古田, 2020; 大谷, 2020）。なお，ウィトゲンシュタインについては後続のコラムをみてください。

様々なことばの像を通して，私たちはことばとは何かをイメージしています。例えばことばが正しい内容を表しているかどうか，つまりことばを正誤で捉えるのもことばの像の1つといえます。また文法的な正しさの逸脱を指摘する場合のように，ことばがなんらかの法則や規則に従っているという考え方もことばの像の1つです。

導管メタファーの像

　ところで,「喉まで出かかったことばが出てこない」「このことばでは思いが届かなかった」ということもあります。これは「**導管メタファー**」(Lakoff & Johnson, 1980 渡部他訳 1986)といわれる,**ことばの像**です。パイプのような管（導管）を通って,言語という乗り物に入れた考え（概念）を相手に送り届けるという像です。ちなみにメタファーとは「例え話（比喩）」のことでイメージと同じような意味で使います。

　図 1.2 は,近代言語学の祖と言われる**ソシュール**（Ferdinand de Saussure）が示したと言われる「コミュニケーション回路」をもとに作成したモデル図です（1949 小林訳 1972）。このモデルが,導管メタファーで発想されていることは一目瞭然です。

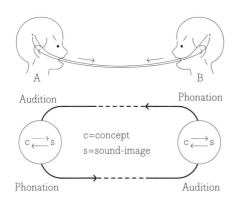

図1.2　コミュニケーション回路と導管メタファー

　対面する A と B の間には,それぞれの口から相手の耳へと「導管」が伸びて音声ことばを届けています。次に聞き取った音声ことばを概念（考え・思考）に変換（解読）して理解します。さらにことばを声にして出す場合には,反対に概念を音声ことばに変換（符号化）し自分の口から発声して相手の耳へと伸びる管を通して届けるのです。とても理解しやすいものですが,あくまで像であり曖昧なイメージです。例えば,「いったいどのようにして音声ことばを概念に変換するのか」は不明のままの曖昧なイメージにすぎません。

アウグスティヌスの言語像

ところで，ウィトゲンシュタインが『哲学探究』で取り上げるのが「**アウグスティヌスの言語像**」です。これは導管メタファーとともに，分かりやすいためか，言語のイメージを強く固定化しています。ちなみにアウグスティヌスとは，ローマ帝国時代の司教，聖アウレリウス・アウグスティヌス（Aurelius Augustinus, 354年–430年）のことで，自伝『告白』という書物で言語に関する考えを述べていて，この一節をウィトゲンシュタインが取り上げて議論しています。

「ことばは語（単語）という言語記号からなり，それぞれの語は対象物（事物）を名指す，つまり対象物の名前だ」「文（ひとまとまりの「考え」を述べた記号）は，このような名前の集まりだ」というのがこの言語の像です。

例えば，「りんごがテーブルの上にある」という状況ならば，発話「りんご」は，テーブルの上においてある実物のリンゴを指し示すということができます。この記号「りんご」を使用して「りんご買ってきたの？」「このりんご大きくて立派ね，美味しそう」「食べたい，剥いて」などの意味を表すこともできます。このような単純な状況ならば，この言語像も一定程度役に立つものです（図1.3）。

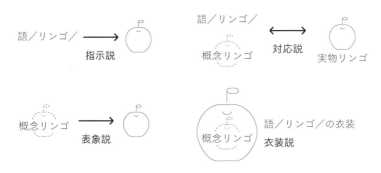

図1.3　アウグスティヌスの言語像

意味の理論としての言語像

この言語像は，語の意味とは何かを説明しようとするもので，意味の**指示説**，**対応説**，**表象説**，**衣装説**の別名を持っています。指示説の説明の仕方は，言語記号である語が外界の対象物を指し示す（指さしする）

ということになります。2番目は，語が対象物に対応している，対応関係（平行関係）を持つという説明になり対応説と言われます。3番目は，語によって何かを意味するときに，語を対象物の表象つまり代理として利用しているという説明です。衣装説というのは，語は洋服（衣装）のようなもので，考え（思考・概念）が洋服を着るようにことばの衣装を身につけることが，語を発話することだという説明です。

　多くの言語心理学の本では，このような意味の説明が，普遍的なもの，つまりどの場合にも通じる一般理論だとして紹介しています。本当にそうなのでしょうか。ちなみに心理学者**ヴィゴツキー**（Lev Vygotsky）もウィトゲンシュタイン同様に，ことばの指示説を批判しています。

アウグスティヌスの言語像の困難

　ことばが事物を指示する，あるいはことばは衣装だというイメージは，私たちの常識ともいえるほど大変分かりやすいものです。しかし「指示する，指し示す」というのはどういうことなのでしょうか。ことばの衣装を身につけるというのはどういうことなのでしょうか。実は，意味不明なイメージに過ぎず，困難も多いのです。

　私たちは，色々な種類のことばを使います。「りんご」「机」「パン」などの名詞の場合には，対象物を「指示する」と言っても問題が生じることは少ないようです。

　しかし，「赤」や「1つ」の場合はどうでしょうか。これらの語が指し示す具体的な対象物とは何でしょうか，これらの語に対応する事物とは，一体何になるのでしょうか。

　ウィトゲンシュタインは，「ことばは対象を指示する」という説明の仕方が，適用可能範囲を大きく逸脱して，全てのことばに関する説明理論となることに，私たちは注意しなければならないと訴えています。対象の指示では説明できない場合もあるのに，無理に広げ過ぎですよ，過剰な適用ですよと，**アウグスティヌスの言語像**を取り上げて注意喚起しているのです。つまり，このイメージは，物理的対象物の名前を使用する場合には有効ですが，対応する物理的対象がない場合，例えばあいさつについては説明できないのです。

1　心とことば

例1.8　あいさつことばの事例
　　　Ａ　こんにちは
　　　Ｂ　あ，どうも，こんにちは

「こんにちは」は特定の対象物を名指してはいないものです。あいさつをするという実践そのものが，行為そのものが意味を持つのです。このようなあいさつことばの場合には，アウグスティヌスの考え方は，有効な説明にはならないのです。

1.2.2　発達障害

「発達障害」ということば

　アウグスティヌスの言語像による，ウィトゲンシュタインの注意にもかかわらず，私たちは対象物の指示という便利な像（イメージ）を過度に適用してしまいます。このことを**発達障害**ということば（概念，名前）を取り上げて考えてみましょう。発達障害は，発達障害者支援法の成立以来，ブームともいえる状況となり，様々な支援が用意される一方で，安易な投薬の是非をめぐる問題など，難しい問題を生み出していることも指摘され議論を呼んでいます。

　発達障害は，一般には「発達期（18歳以下）に生じた心身の機能的な不調が長期間にわたって持続することが多い障害」（東條・大六・丹野, 2010）を指します。しかし発達障害概念の意味は，当事者や家族の意味づけ，法律上の意味，医学医療領域での取り扱い，教育・福祉の領域での概念化など多様であり，専門家の間でも知的障害を含めるのか，虐待起因の障害を含めるのかなど，意味の範囲が流動的なものでもあります。

　ちなみに発達障害者支援法では「「発達障害」とは，自閉症，アスペルガー症候群その他の広汎性発達障害，学習障害，注意欠陥多動性障害その他これに類する脳機能の障害であってその症状が通常低年齢において発現するもの」とされていて，定義というよりも下位分類が示されるにとどまっています。

医学医療における診断名としての発達障害

　児童精神科医の滝川（2007）は，アスペルガー症候群（自閉スペクトラム症）の**診断**が，ネフローゼ症候群（尿に蛋白がたくさん出てしまうために血液中の蛋白が減り，その結果むくみが起こる疾患）の診断とは異質だと指摘します。後者は，レントゲン写真，細胞診，生化学検査などの物理的・生物学的エビデンス（証拠）に基づいて下されるものです。それに対して，**発達障害**は，子どもの問題と失調行動をみたり（間接的に聞いたり）して，評価するものです。滝川は，診断というよりも判断と呼ぶことがふさわしいとも述べています。つまり，両者は同じ「症候群」のことばを使いながら，病気の症状をカテゴリー化（仲間分け・分類）をするのですが，相当に異質な実践をしているというわけです。

　滝川は，近代医学では，どこ（病気の部位）が，何によって（病気の原因），どのように障害が起きるのか（病理）の3点セットの物理的・生物学的証拠で診断するのに対して，精神医学ではそうはなっていないと指摘します。患者の行動と陳述（会話）のあり方で，いくつかの失調した行動（症状）の組み合わせで病気・障害を分類しているのです。『DSM診断マニュアル』は，この判断方法を徹底したものだと指摘しています。発達障害の「診断」も，このような特質をもった，精神医学的な実践の1つだと指摘されます。

　この滝川の貴重な意見は，ウィトゲンシュタインの言語像の批判と強く共鳴します。実践の流れがそもそも異なる身体医学と精神医学の混同があり，身体医学の**自然科学**的なことば使いが，いつの間にか過剰に適用範囲を超えてしまっている。これはウィトゲンシュタインのいう，言語像の誤った使い方に他なりません。

転倒した過剰な適用

　滝川（2007）は，子どもの不適応的な逸脱行動の背後にある「心模様（不安・悲しみ・孤独など）」から切り離して，「発達障害だからこうなんだ」として「発達障害の症状」として説明してしまうことの危険に注意を向けています。

　発達心理学者の鯨岡（2007）は，滝川のいう切り離された説明を「心

とことばのすり替え」と呼んで，注意を促しています。

　鯨岡も滝川同様に，「発達障碍」は**症候群診断**であり，この概念は，子どもたちの状態像（いまここに見られる指導の難しさや子育ての難しさなどの状態）に割り当てられたラベルに過ぎないといいます。過去の症例を集めて決められた診断基準と，この子の状態像をマッチングしてADHDという名前・ラベルを与えているのです。

　　例1.9　Ａ「いまの状態像は分類基準によればADHDですね」
　　　　　Ｂ「この子はADHDだからこの状態なのですね」
　　　　　　　　　　　　　　（鯨岡（2007, p. 19）の状態像に関することばから）

　ＡとＢの２つのいい方には，どのような意味の違いがあるでしょうか。鯨岡は，ここにはすり替えがあるといいます。
　Ａは手順に従って診断という実践をしました，という報告です。しかしＢはADHDを原因とみなして，ADHDがこの状態像を生み出したという因果関係を述べる言い方に変質しています。元々分類によって得られた仮のラベルでしかないにもかかわらず，原因と結果の図式が割り当てられてしまいました。これがすり替えの１つ目でしょう。

ことばのモノ化
　もう１つ重要なすり替えがあります。それは，Ｂの場合には，ADHDがいつの間にか状態像を生み出す，確かな実在物のように扱われはじめたということです。今やADHDは状態像を決定する，確かな実体になったのです。すでに述べたように発達障害は，通常の医学的診断のような物理・生物学的エビデンスを示すことができない，分類のラベルだったはずです。これが２つ目のすり替えだといえます。
　Ｂのようないい方には，**ことばのモノ化**（Newman & Holzman, 2006 茂呂他訳 2022）が潜んでいます。生活の流れにおける実践あるいは関係の中の動きだったことばが固定化され，実体として扱われ，原因となるモノとされるのです（Wittgenstein, 1980 佐藤訳 1985）。

1.2.3　言語ゲーム論

実践の多様性

「発達障害」は，様々な関係性の中で，多様な意味作りの実践に関わっています。このことばは，ラベルづけされた児童・生徒にマイナスのイメージであるスティグマを与えるかもしれません。排除やいじめを受けて，それが元でいわゆる二次的で複合的な問題につながる場合もあるでしょう。

　一方で，親の育て方が悪い，子育てすることの難しさが自分のせいだという思いに悩まされる親を解放する場合もあるようです（鯨岡，2007）。この障害が，脳が原因のものであり，自分の子育てが不十分だったからではないとの認識に変化することで，自分を責めることから解放されるといいます。これは教師の場合も同じで，教育の技量の不十分さで自分を責めることから解放される場合もあるでしょう。

　社会構成主義の社会心理学者でナラティブセラピーを推進するケネス・ガーゲン（Kenneth Gargen）も，患者が診断名を求める場合もあることを指摘し，それがノーマライゼーションの効果につながること，言い換えれば自分の行為の困難のいわば脱神話化につながることを指摘しています（1994 永田・深尾訳 2004）。脱神話化とは，その困難を自分の責任として宿命として神話のように捉えていたものを，誰にでも起こり得ることとしてある程度広い視野から捉え直すことです。

　すでに指摘したことですが，ことばは生活の流れと実践に応じて多種多様な意味づけを持つのです。

言語ゲーム

　ウィトゲンシュタイン（Wittgenstein, 1953 藤本訳 1976）は，このような，ことばの際限のない多種多様性と創造性を強調するために，「**言語ゲーム**」という概念を提案しています。

　まず言語ゲームのゲームということばの使い方に注意してください。私たちが遊ぶゲームには多種多様なものがあります。ゲームと分類される遊びに共通要素を考えるのは非常に困難です。野球とサッカーは球を使うところが似ている，サッカーは手を使ってはいけない点は違ってい

る，野球とチェスは共通して手を使うが，チェスにはチームメイトがいない（古田，2020）。しかし，これらは皆ゲームだと認めることができます。少しの類似点を頼って作られるネットワーク的な仲間分けは，家族的類似と呼ばれます。

ゲームという概念は，共通要素つまり分類の本質とされるもので作られていないことにウィトゲンシュタインは注意を促します。普通，概念とは同じ本質（共通要素，素性）を持つ様々な事物というふうに，多くの言語心理学の本で解説されていますが，ウィトゲンシュタインが大事にするのは，それぞれのゲームがどのような場面状況で使われるのか，どのような生活の形の中で実践されているかに注意を払うことなのです。

実際の**生活の流れ**における私たちのことばは，このゲームのようなあり方をしているというのが**言語ゲーム**に込められた意味です。言語ゲームは，遊びや演技も意味するそうです。毎日のことばの実践は，新しい遊び方と新しい意味づけを作り出す実践なのです。

> コラム

ウィトゲンシュタイン

ルートウィッヒ・ウィトゲンシュタイン（1889–1951）は，ウィーン生まれで，のちにイギリスのケンブリッジ大学で活躍した哲学者です。主著には『哲学探求』があり，20世紀最大の知的インパクトを与えた哲学者とも評されます。改宗したユダ人の父親はウィーンの鉄鋼王で，ウィトゲンシュタイン家は画家クリムトや作曲家ブラームスなどが出入りする，19世紀末の爛熟したウィーン文化サロンの中心でした。しかしウィトゲンシュタインは相続した莫大な財産を兄弟や芸術家達に譲ってしまい，第一次世界大戦に志願し従軍したり，オーストリアの寒村で小学校教員をしたり，姉マルガレーテの邸宅の建築を手伝ったりと，清貧と放浪の暮らしの中で哲学を継続したという，風変わりで魅力的な人生を送った人物です。その人生の一端は，日英合作映画『ウィトゲンシュタイン』（デレク・ジャーマン監督，1993年）で見ることができます。

1.3 ことばの創造と発達：事例を読む

1.3.1 事例の概要

発達障害児ジェレミー

　言語ゲームを遊ぶ中での**言語の創造**と転換の過程を，事例を見ながら考えてみましょう。ここで示すのは，パフォーマンス・アプローチに基づいてセラピー活動をしているラセルバ（LaCerva & Helm, 2011）の事例です。パフォーマンス・アプローチというのは，ウィトゲンシュタインとヴィゴツキーの考え方に基づいた発達支援アプローチです。ことばの創造的な実践を通じて，**コミュニティ作り**（仲間作り）をして，その過程で新しい関係性を作りながら，心の営みを仲間達と見直すというアプローチです（Holzman, 2009 茂呂訳 2014）。セラピーというよりも，セラピーを遊びながら言語の像を超えて，新しいことば作りと心の営み作りを目指すというアプローチです。

　事例の主人公は，6 歳のジェレミーで，発達遅滞のクラスにいる子でした。学校では，チャレンジできるものが何も用意されず，発達できる子としては扱われていませんでした。他の機関から紹介された母親がジェレミーを連れて，ラセルバのところにやって来たのですが，ジェレミーは，いわゆる**広汎性発達障害**（自閉スペクトラム症）と診断されていて，「共感や思いやりに欠け，他人の立場に立てないという行動特性」という診断基準に当てはまる子であると母親にも周囲にも思われていました。

　最初の面接相談で，ジェレミーはとても不安げでした。泣き叫び，部屋の灯りを点けたり消したりし，受付の椅子を何度も蹴っとばしたりするなどのこだわり行動（小林・大久保, 2007）を繰り返しています。その後，少し新しい環境になじんで，ラセルバと多少話したげな風も見せるようになりました。母親がこれまでのことを話し始めたとき，ラセルバはなんとかジェレミーにも会話に参加して欲しいと思ったのですが，相変わらず椅子に座ろうとしません。

　ジェレミーはときどき勝手にラセルバのところにきては，「ボクはお兄ちゃんだよね。ボクはお兄ちゃんだよね？　ボクはお兄ちゃんだよ

ね？」と聞いてきます。そして照明の点滅と椅子の蹴っ飛ばしを再開し，それを終えるとふたたび「ボクはお兄ちゃんだよね？」とラセルバのところに聞きにくるといった様子でした。

1.3.2　ことばを哲学する振り返り

気づかいと心配りの意味

　5回目のセッションの日，ラセルバ自身，とても体調の悪い日でした。一方ジェレミーは「熊さんあそび」をしようとせがんできます。この遊びは，ジェレミーの創作した遊びで，熊は何の関係もなく，父親役のジェレミーと子ども役のラセルバの親子ごっこで進行する遊びです。

　ラセルバは，とても気分が悪いから今日は遊べないといいました。しかしジェレミーは，よほどこの遊びがしたかったのか「熊さん遊びしようね。熊さん遊びしようね」と言い続けました。気分が悪いのでできないとラセルバがもう1度断ったときの母親のことばは以下のようなものでした。

　　例1.10　母親とセラピストのやりとり
　　　母親「これが本当にジェレミーのこまったところで，ラセルバさんが病気だというのにジェレミーは何の気づかいや心配りも見せない。」
　　　ラセルバ「どうやってジェレミーが気づかいできないと分かったの。ジェレミーは，ただ熊さん遊びをやりたいと言っただけではないの，分かるのはそれだけではないの。発話や行動の背後に気づかいというものを想定することが本当にできるのですか。」

　母親とセラピストのやりとりは，ウィトゲンシュタインによる哲学批判（何も具体的にいっていないのに何か意味のあることをいっているような見かけの批判）という意味で哲学的なやりとりです。このやりとりは，ウィトゲンシュタインが提案した言語像をめぐる問答のようです。

　例1.9では「ADHD」ということばが，安易にモノ化され，問題行動の原因となることを示しましたが，ここで問われているのは，まさにこ

の実体化の過程についての問答なのです。

　ジェレミーは実は気づかいと心配りを見せることができることが，熊さん遊びの中で示されます。母親を別室に移動させ，セラピストと2人で遊ぶ中でジェレミーは，具合の良くない娘（ラセルバ）に対して「お茶を飲むと気分も良くなるよ」「今日ははしゃぎすぎたからだよ」と父親らしい気づかいのふるまいを見せるのです。

1.3.3　グループセラピー

笑うジェレミー

　ジェレミーは，5回のインテークセッションの後に，グループセラピーへと移りグループの一員に加わりましたが，全くなじむことができません。はじめてグループに参加した日，ジェレミーは癲癇を起こして泣き出し，グループの活動に全く参加せず，大きな声で独り言を言っているだけでした。自分自身に対してなのか誰に話しかけているのか分からないまま，大声で独り言を続けるジェレミーに子どもたちはみな驚きました。

　子どもたちの中には，放っておいて何をするかみてみようという子，はじめて来たのできっとわけが分からないのだなどという子もいました。迷惑だから独り言はやめてグループと一緒に活動しろと迫る子もいました。

　一人の女の子が，ジェレミーは仲間じゃない，出て行けばいいといい出しました。いうことをきかないからだと。実はいつもなら，この女の子が今のジェレミーの立場にいる子なのです。グループの中で十分発達していない子で，他の子どもたちや大人たちが難しいと感じている子なのです。この女の子はジェレミーが大嫌いだといい出しましたが，他の子たちはそうでもないよとジェレミーを擁護したりしました。

個体から関係へ

　このやりとりを聞いてラセルバは「お互いが好きでも嫌いでもそんなことはどうでもいい，ジェレミーは行くところが無いのだから，どうやったら一緒に活動できるかをグループのみんなで創造することが大切なのだ」と言いました。どのようにして一緒にできる活動を作るか，グ

ループとしてパフォーマンスすることが大事だということをはっきりさせたのです。

> 例 1.11　どこにも行くところがないと聞いた時，ジェレミーは独り言を止めた。そして，大きな声で「分かった！ここにいる人，みんな大好き，彼女がボクを嫌いでも，クリスティン（ラセルバのこと）はそんなこと，かまわないんだね」といって，笑い出した。

笑いとともにジェレミーは新しい発見をしています。このグループで重要なのは，自分1人だけの行動ではなく，グループ全体のふるまいが注目されているということです。このアハ体験がジェレミーの笑いを引き出したといえるでしょう。

個人はある意味でどうでもいいことを発見して，ジェレミーは大きく発達したといえるのではないでしょうか。ジェレミーの障害は，他から切り離され，孤立したジェレミーの内部に求められてきました。そのことに大きく傷ついてきたジェレミーが，その心の内部というとらわれから解放される瞬間だ，といえるでしょう。ことばの実践に注目するということで，心の営みの捉え方を大きく変えることができることを確認できました。

1.4　ことばと心の発達：1章のまとめ

この章では，実践としてのことばに着目しました。生活の流れから切り離された記号とは違って，実践としてのことばは，様々な意味づけを可能にし，生活の流れを作ることで，私たちの心の営みを作ることの一端を確認してきました。

多種多様な**ことばの実践**があることを，いくつかの事例とともに考えました。大事なことは，私たち自身が，人々と協働しながら，多様なことばを生み出しているということです。ことばを生み出しながら，様々な心模様を豊かに作り出しているということです。

引用文献

古田徹也（2020）『はじめてのウィトゲンシュタイン』NHKブックス

Gergen, K. (1994) *Realities and relationships: Soundings in social construction*. Harvard University Press.（ガーゲン，K. 永田素彦・深尾誠（訳）(2004)『社会構成主義の理論と実践——関係性が現実をつくる』ナカニシヤ出版）

Holzman, L. (2009) *Vygotsky at work and play*. Routledge.（ホルツマン，L. 茂呂雄二（訳）(2014)『遊ぶヴィゴツキー——生成の心理学へ』新曜社）

稲川右樹（2020）「韓国・日本の10代が使ってる「日韓ミックス言語」を知ってますか」『現代ビジネス（オンライン版）』（Retrieved February 16, 2020 from https://gendai.media/articles/-/70450?imp=0）

川原繁人（2017）「日本語ラップの韻分析再考二〇一七——言語分析を通して韻を考える」『日本語学』, 36 (11) , 2-12.

川原繁人（2022）『フリースタイル言語学』大和書房

小林隆児・大久保久美代（2007）「いまなぜ関係性を通した発達支援なのか」『そだちの科学』, 8, 23-27.

鯨岡俊（2007）「発達障碍ブームは「発達障碍」の理解を促したか」『そだちの科学』, 8, 17-22.

LaCerva, C., & Helm, C. (2011) Social therapy with children with special needs and their families. In C. Lobman, & B. E. O'Neill (Eds.) , *Play and Performance*. Play & Culture Studies, Volume 11 (pp. 180-200) . University Press of America.

Lakoff, G., & Johnson, M. (1980) *Metaphors we live by*. University of Chicago Press.（レイコフ，G., & ジョンソン，M. 渡部昇一・楠瀬淳三・下谷和幸（訳）(1986)『レトリックと人生』大修館書店）

Newman, F., & Holzman, L. (2006) *Unscientific psychology: A cultural-performatory approach to understanding human life*. iUniverse.（ニューマン，F., & ホルツマン，L. 茂呂雄二（監訳）岸磨貴子・北本遼太・城間祥子・大門貴之・仲嶺真・広瀬拓海（訳）(2022)『パフォーマンス・アプローチ心理学——自然科学から心のアートへ』ひつじ書房）

大谷弘（2020）『ウィトゲンシュタイン——明確化の哲学』青土社

Sassure, F. de. (1949) *Cours de linguistique générale*. Payot.（ソシュール，F. de 小林英夫（訳）(1972)『一般言語学講義』岩波書店）

滝川一廣（2007）「発達障害再考」『そだちの科学』, 8, 9-16.

東條吉邦・大六一志・丹野義彦（2010）『発達障害の臨床心理学』東京大学出版会

Wittegenstein, L. (1953) *Philosophische Untersuchungen*. Basil Blackwell.（ウィトゲンシュタイン，L. 藤本隆志（訳）(1976)『ウィトゲンシュタイン全集第8巻 哲学探究』大修館書店）

Wittgensten, L. (1980) *Bemerkungen über die Philosophie der Psychologie*. Basil

Blackwell.（ウィトゲンシュタイン, L. 佐藤徹郎（訳）(1985)『ウィトゲンシュタイン全集補巻1　心理学の哲学1』大修館書店）

Выготский, Л.С.(1934/1996) Мышление и речь. Лабиринт.
（ヴィゴツキー, L. S. 柴田義松（訳）(2001)『新訳版　思考と言語』新読書社）

 エクササイズ

　今日1日でどのような話しをしたかを思い返してみてください。そのなかで，「言語像」に基づいた話しだったなと思う場面を挙げてみましょう。それが，どのような言語像に基づいたことばだったのか書いてみましょう。

 読書案内

- ウィトゲンシュタインの考え方については，古田徹也『はじめてのウィトゲンシュタイン』(2020, NHKブックス) と大谷弘『ウィトゲンシュタイン──明確化の哲学』(2020, 青土社) がおすすめです。両者のスリリングな議論の展開を楽しんでください。
- パフォーマンス・アプローチ心理学については，ニューマン & ホルツマン『パフォーマンス・アプローチ心理学──自然科学から心のアートへ』(茂呂他訳, 2022, ひつじ書房) ならびにホルツマン『遊ぶヴィゴツキー──生成の心理学へ』(茂呂訳, 2014, 新曜社) をおすすめします。

第 2 章

ことばの仕組み

　私たちが行う実践としてのことばについて考えるには，その特徴や仕組みを説明するためのことばが必要です。説明のためのことばを生みだしてきたのが，言語の科学である言語学です。この章では言語学の基本的な概念を紹介していきます。

　言語学における研究の対象は言語そのものです。そこでは，実践としての言語が扱われてきたわけでは必ずしもありませんでした。本章の最後に，言語を実践としてみたとき，従来の言語学の様々な考え方をどのように捉え直すことができるのかを説明します。

2.1　記号とは何か

2.1.1　意味としての記号

　1章で，「大丈夫」ということばは記号だと述べられていました。そもそも記号とは何でしょうか？　試しに手元のパソコンで「きごう」と入力し，変換すると「◎〒÷☆」といった文字が出てきました。これらは記号なのでしょうか？

　記号とは，「人間が「意味あり」と認めるもの」(池上, 1984, p. 5)のことです。私たちは「〒」という文字に郵便番号や郵便局などの意味を認めますし，「÷」に割り算という意味を認めます。このようにあらかじめ意味が割り当てられた記号もある一方，天井や壁の木目（もくめ）に人の顔のような意味のある形を認めるなら，それもまた記号となります。

23

本書に一貫する，実践としてのことばという視点を踏まえれば，**記号**とは私たち人間が周囲にある様々な事物に意味を読み取ったり，意味を付与したりする行為のことだと言えます。行為ですから「記号作用」とか「記号過程」と呼んだ方がよいという主張もあります（池上，1984）が，ここでは単に「記号」と呼んでおきましょう。

2.1.2　意味されるものと意味するものの結びつきとしての記号

　人間が「何か」を感じ取り，そこになんらかの意味を見いだすとき，記号が成立します。言い換えると，意味する何かとそれによって意味される何かの結びつきが成立しているとき，そこに記号が生まれます。

　このように記号を2つのものの結びつきとしてとらえたのは，近代言語学の祖とされる言語学者，フェルディナン・ド・ソシュールでした。

　ソシュールの用いた用語ですと，記号はフランス語で「**シーニュ**」(signe)，意味するものと意味されるものはそれぞれどちらもフランス語で「**シニフィアン**」(signifiant) と「**シニフィエ**」(signifié) と呼ばれます（Saussure, 1910 影浦・田中訳 2007）。彼はことばについて考えていたので，シニフィアンは話しことば，シニフィエはなんらかのイメージに相当すると言っていいでしょう。例えば音声で発せられた「イヌ」（シニフィアン）は四本足で歩いてワンと鳴く生き物のイメージ（シニフィエ）と結びついて，1つの記号（シーニュ）を構成するというわけです。

2.2　記号の分類

2.2.1　分類1：似ている関係

　記号にも色々なものがあります。ここでは分類の仕方を3つ紹介します。

　ショッピングモールや公園などでトイレを探すときに，男の人とスカートをはいた女の人を描いた簡単な絵を探すことはないでしょうか（図 2.1）。このような絵は一般に**ピクトグラム**と呼ばれるものです。図2.1 に写っている男女の姿のピクトグラムは，「トイレ」を意味する記号

になっています。

図 2.1　札幌市狸二条広場にある公共表示

　このピクトグラムを構成するイラストは，男女の姿を簡略化したものにみえます。つまり，意味するもの（イラスト）によって意味されるもの（男性と女性の姿）が表されています。このとき，意味するものと意味されるものの間に，「見た目の姿が似ている」という関係があります。「①似ている関係」と呼んでおきましょう。

2.2.2　分類 2：習慣的な関係

　一方で，図 2.1 のピクトグラムの意味は「トイレ」です。もちろん，男女の姿は「トイレそのもの」とは似ていません。にもかかわらず，このピクトグラムがトイレの記号となる理由は 2 つあります。
　1 つは，みんながそのように決めたからです。公共的な場所でみんなが必要となるものを表すピクトグラムが地域ごとにまちまちだと困る人が出るでしょう。そこで，国が管理する日本産業規格（JIS）によって，主要なピクトグラムがあらかじめ決められているのです。
　そしてもう 1 つは，習慣です。ショッピングモールや公園だけでなく，どこへ行ってもトイレの横に同じようなピクトグラムがあれば，そのイラストがトイレを表すものだという習慣が身につきます。

このように，意味するもの（ピクトグラム）と意味されるもの（トイレ）との間には，みんなで決めたり習慣になったりした結びつきもあります。これを「②習慣的な関係」と呼んでおきましょう。

2.2.3　分類3：指し示す関係

図2.1で示した看板には，2つのピクトグラムの横に大きな右向きの矢印もあります。これも，「看板の右にトイレがあること」を意味しているので，記号だといえます。

これは先ほどの①や②とは少し異なるタイプの記号です。実際の「矢」に形が似ていますが，これを描いた人は矢を表したいわけではないでしょうから，①の関係にある記号ではありません。また，男女の姿のピクトグラムがトイレを表すことは日本全国で共通ですが，矢印が意味するものは別の状況ではエレベーターや非常口の位置かもしれません。つまり，この写真にある「右向きの矢印」の意味はそのときどきで異なりますので，②の関係でもありません。ここでの矢印が意味しているのは，看板の右横にトイレがあるという「2つのものの間にあるつながり」だといえそうです。

このように，記号には，意味するものと意味されるものの間の「なんらかのつながり」を表す関係もあります。ここでは，「③指し示す関係」と呼んでおきましょう。

例えば，晴着を着た若い女性が集団で街を歩いている様子を想像しましょう。彼女たちの姿は，冬ならばその日が成人式であったこと，春ならば卒業式が開かれる日であったことを指し示す記号になっています。このように，意味するものの姿形が同じであっても，意味されるものはそのときどきで異なるのが，③の関係の大きな特徴です。

2.2.4　ここまでのまとめ

これら①〜③の関係は，専門的にはそれぞれ①類像，②象徴，③指標と呼ばれます。アメリカの哲学者，チャールズ・サンダース・パース（Charles Sanders Peirce）が提案した記号の働きの分類です（1931 内田訳 1986）。表2.1に3つの分類をまとめておきました。

表 2.1 記号の 3 つの分類

分類 1	似ている関係	類像（icon）	意味するものと意味されるものの姿形が似ている
分類 2	習慣的な関係	象徴（symbol）	意味するものと意味されるものが習慣的に結びつけられている
分類 3	指し示す関係	指標（index）	意味するものと意味されるものの間になんらかのつながりがある

2.3 記号としてのことば

記号としてのことばには，記号が持つ①～③の関係の全てが含まれています。このことについて確認していきましょう。

2.3.1 ことばの象徴性

まず，②の**象徴性**については分かりやすいでしょう。あることばによって意味されるものは習慣的に決まっています。「ワンワン」と吠える生き物を私たちが「イヌ」と呼ぶのは，私たちがしたがっている習慣です。習慣ですので，言語が違えばその生き物を意味することばも変わる可能性があります（このような性質は恣意性と呼ばれますが，次の節で詳しく説明します）。

2.3.2 ことばの類像性

①**類像性**についてはどうでしょうか。例えば，文字で書かれた詩には，絵のように形を整えたものがあります。図 2.2 を見てみましょう。

これは，イギリスの有名な作家ルイス・キャロルが書いた『不思議の国のアリス』の一部です。子ども向け小説の一部の文字が，まるでネズミのしっぽのように並べられています。この箇所はネズミがアリスに話をする場面ですが，ネズミのしっぽのよ

図 2.2 ルイス・キャロル『不思議の国のアリス』より
（Carroll, 1865）

うにくねくねした話し方に聞こえていたことを類像的に表しています。

　文字の類像性はなじみ深いものでしょう。漢字のはじまりになった象形文字や，インターネットの世界に普及したアスキーアートや顔文字が思い浮かびます。また，SNS や LINE で用いられるスタンプや絵文字もある種の文字だとすれば，表すものと表されるものとの類像的関係があると言えます。

　類像性は文字だけでなく，音にもあります。**オノマトペ**がその例です。ゴロゴロとかペコペコとかいったように，ものごとの様子を音で表したことばがオノマトペです。例えば，ゴロゴロとコロコロを比べてみましょう。すると，より「大きなものが転がり落ちてくる」のにふさわしいのはゴロゴロだと感じるのではないでしょうか。ことばの特徴として恣意性がありました。つまり，音（意味するもの）と意味（意味されるもの）の間に必然性はないはずです。ですが，なぜかオノマトペには表されるものごとと表す音の間にある程度の必然性があるようです。

　近年注目されている現象として，「**音象徴**」と呼ばれるものがあります。オノマトペのように，ことばの音によって表される対象がある程度予測できるという現象です。例えば，「ムル」と「ケキ」とでは，それぞれ丸っこい形と角張った形を連想しがちです。また，大ヒットゲーム『ポケットモンスター』に出てくるポケモンが進化すると濁音が多くなったり名前が長くなったりするという現象がみられるようですが（Kawahara, et al., 2018），それはポケモンがより大きく，より強くなることを音が指し示していると解釈できそうです。

2.3.3　ことばの指標性

　次は③の指し示す関係，つまり**指標性**です。この例はいくらでも見つかります。写真（図 2.3）をみてみましょう。

図2.3 とある大学内の工事現場に貼られていた張り紙

「これより先工事区画内関係者以外立入禁止」と書いてあるのがみえます。この文に出てくる語「これ」が指し示すのは，図2.3の写真にある張り紙が貼られた場所そのものを指します。つまり，「貼られた張り紙に書かれた文の一部」という文脈があってはじめて「これ」という語の指し示すものごとが明確になるのです。その意味で，図2.3の文にある「これ」と図2.1の看板にあった矢印は同じ機能を果たしているといえます。

したがって，「これ」は**指標性**を持つ語だといえます。「ここ」，「あの」，「そちら」などのような指示語や，「私」や「あなた」などの代名詞も指標性を持ちます。これらの語は，1つの文章中に繰り返し出現しますが，文中の位置によって表すものごとが異なります。例えば，2人連れが食事を終えて会計をする際によくある，「私が払いますよ」「いやいや，私が払いますから」というやりとりに出てくる2つの「私」は，それぞれ別の人（つまり，発話した本人）を指し示しています。

どのようなことばも多かれ少なかれ指標性を持つといっていいかもしれません。例えば，「男」という語は，普通はどのような文脈でも習慣的に「男性」を指し示す一般名詞として使われます。一方で，「バーカウンターで男はタバコを吸っていた」といった文に出てくる「男」という語は，そのバーにいる特定の人物のことを指すのです。したがって，一般

名詞であっても指標性を持つと考えられます。

2.4 ことばの性質

ことばには，前節で述べた記号としての特徴のほか，他の記号にはない独特な性質もあります。ここでは，恣意性，線状性，分節性，二重分節性という性質を説明していきます。

2.4.1 恣意性

言語学では，ことばは象徴性を持つ記号として扱われます。例えば，用を足す場所のことを「トイレ」という音や文字で表すのは，習慣的なことです。習慣的なものである証拠に，同一のものが時代や場所で異なって表されます。図 2.1 の写真に写った看板には，用を足す場所を意味する語が 4 つの言語で「トイレ」，「toilet」，「公厕」，「화장실」と書かれています。いずれも意味されるものは同じですが，意味するものは異なります。つまり，2 つのもののつながりは普遍的ではありません。

音や文字（意味するもの）とイメージ（意味されるもの）とが習慣的につながっていることは，ことばが持つ大事な特徴の 1 つです。このような性質は，「**恣意性**」（しいせい）と呼ばれます。ピクトグラムも「②習慣的な関係」にある記号ですが，意味するものと意味されるものの間には恣意性ではなく必然性があります。トイレは，男性と女性が別々に行くところですので，あのようなイラストを使う必然性があります。ことばとは違う点だといえるでしょう。

2.4.2 線状性

ことばとピクトグラムとの違いは他にもあります。ことばは音や文字でイメージを表しますので，先頭から順を追って聞いたり見たりしないと意味が分からないという性質があります。「トイレ」の先頭の「ト」だけでは，その後に続く可能性のある音は数多くありますので，まだどのようなことばか分かりません。それに対して，ピクトグラムは視界に入った瞬間に描かれているものが何かが分かります。ことばは音や文字を並べ，単語や文といったまとまりを作ることではじめて，記号として

働きます。このように，音や文字を並べて意味のあるまとまりが作られるということばの性質を，「**線状性**」と呼びます。

2.4.3 分節性と二重分節性

　線状性が成り立つには，ことばには細かな部分に分けられるという性質もなければなりません。あなたが今読んでいる文章は，文という細かな部分に分けられます。さらに，文は単語に，単語は音や文字に分けられます。このように，小さな単位に分けられるということばの性質を「**分節性**」と呼びます。

　最も小さなことばの単位は，「**音素**」(phoneme) と呼ばれます。例えば「クマ」という語は，文字で表せば2文字となりますが，さらに細かな単位に分けられます。「クマ」を音素で表すと，アルファベットを借りて，/kuma/ と書きます（言語学では，慣習的に音素を / / でくくって表記します。また，ローマ字で書けば必ずしも音素表記になるというわけではありませんが，それに近いものだと考えてかまいません）。

　音素とは，2つの語の意味の違いの決め手となる音の最小単位と定義されます。/kuma/ のいちばん後ろにある音素 /a/ を /o/ に換えると「クモ」/kumo/ になります。また，先頭にある音素 /k/ を取り除くと，「ウマ」/uma/ となります。語「クマ」と語「クモ」の違い，あるいは語「クマ」と語「ウマ」の違いは，音素 /a/ や /k/ の有無が決め手となります。ちなみに，/k/ や /m/ は子音の音素，/u/ や /a/ は母音の音素です。

　音素それ自体が意味を持つわけではありません。意味を持たない音素が一定の順序で並ぶことで，意味のある語や文ができあがります。このように，ことばには，意味を担う単位（語や文）と意味を担わない単位（音素）の2つのレベルで分節できるという特徴があります。2つのレベルで分節されるということばの性質は，「**二重分節性**」と呼ばれます。この性質は非常に重要です。音素の組み合わせ次第で意味のある語を無限に作ることができますし，そのようにしてできた語を組み合わせて意味のある文を無限に作ることができるからです。

2.5 言語学の諸領域1：ことばの形を調べる

言語学には，調べようとすることばの性質ごとにいくつかの領域があります。まずは，ことばの「形」を成り立たせる規則を研究する領域についてみていきましょう。単位の小さい順に，音の形，語の形，そして文の形という3つの水準で検討されています。

2.5.1 音韻論

すでに述べましたが，ことばの最も小さい単位は**音素**と呼ばれます。限られた数の音素を組み合わせることで無限の文を作ることができるのですが，音素をどのように組み合わせてもかまわない，というわけではありません。そこには一定の規則性があるのです。音素の並び方に関する規則を調べる領域を「**音韻論**」(phonology) と呼びます。

音韻論におけるトピックを1つ挙げてみます。日本語では，2つの単語をつなげて1つの単語を作ることがあります。「寄せ木」(よせぎ) と「細工」(さいく) をつなげると「寄せ木細工」(よせぎ・ざいく) となりますし，「生」(なま) と「魚」をつなげると「生魚」(なま・ざかな) となります。後に続く語の最初の音はもともとは濁っていない（濁音ではない）のですが，その前になんらかの語がつくことで「ざいく」「ざかな」のように濁音に変わります。

このように2つの語がつながることで後続の語の先頭の音が変わる現象は「**連濁**」(れんだく) と呼ばれます。より正確にいうと，語頭の子音の音素が置き換わるという現象です。さきほどの例では「さいく」や「さかな」の語頭にある音素 /s/ が /z/ と置き換わっています。

ただし，2つの語をつなげても連濁しない場合もあります。例えば，「宝」と「くじ」をつなぐと「宝くじ」，「たぬき」と「そば」をつなぐと「たぬきそば」となり，連濁がみられません。ここには，後続する語に元から濁音が含まれていると連濁しない，という規則がありそうに思えます。実際にこれは「**ライマンの法則**」と呼ばれる，日本語の音の規則です（ただし，「なわ」と「はしご」で「なわばしご」のように法則の例外もあります）。

2.5.2　形態論

　それ自体では意味を持たない音素同士を並べることで意味のある単位ができます。意味を持つ最も小さな単位は「**形態素**」(morpheme) と呼ばれます。形態素同士がどう結びついて語ができるのかを研究する領域は「**形態論**」(morphology) と呼ばれます。

　形態素には，「魚」や「たぬき」のようにそれ自体で単独の語となるものもありますし，他の形態素につくことではじめて語を作ることができるもの（「接辞」と呼ばれます）もあります。連濁の例として挙げたような，複数の語を重ねて作られた語を「**複合語**」と呼ぶのに対し，語と接辞で作られた語を「**派生語**」と呼びます。味噌汁を丁寧にいう語として「おみおつけ」がありますが，これは「つけ」という語の頭に丁寧さを表す接辞「お」と「み」（どちらも「御」と書きます）が複数ついた派生語です。

　読者のみなさんは，五段活用など動詞や形容詞の活用について習ったかと思います。このように，語の形の変化の仕方にみられる規則性も形態論のトピックです。このような規則は，新しい語にも適用されます。例えば，少し古い話題ですが，Google で検索することを「ググる」という動詞で表すことがあります。この新しい動詞にも五段活用という語形変化の規則が適用されました（ググらない，ググります，ググる，ググれば，ググろう）。

　また，動詞「違う」を形容詞的に活用させる現象が報告されています。「違う」はワ行五段活用なので，連用形は「違っ（た）」となるのですが，「違かった」とか「違くて」という人が増えているそうです（本田他, 2017）。これは，名詞化された「違い」に音が似ている形容詞「近い」が「近かった」「近くて」という活用をするため，それに引きずられているとも考えられます。一方，「違った」が全く使われないことはありません。このように，動詞的な活用形「違った」と形容詞的な活用形「違かった」が使い分けられる背後になんらかの規則があるとしたらどのようなものかを調べるのが形態論です。

2.5.3 統語論

最後に，語を並べて文が作られる背後にある規則についてです。図 2.3 の写真をもう一度見てみましょう。日本語と並んでいくつかの言語が書かれていますが，ちょっと奇妙な部分もあります。「これより先工事区画内」の英語訳が下記の文となっています。

This than the previous work within the compartment （図 2.3 を参照）

1つ1つの英単語の意味は分かるのですが，それらを並べたものが英語として適切な文になっていないように感じられます。おそらく，この英文を書いた人が，「これ」を "this" に，「より」を "than" に，「先工事」を "the previous work" に，といったように元の日本語の語順で置き換えたのではないかと推測されます。

日本語なら正しい語順でも，その語順を保ったまま，同じ意味の英単語に置き換えて並べると，途端に訳の分からない英文になるのです。ここからも明らかなように，理解可能な文であるために必要な語の並べ方に関する規則があります。これを言語学では「構造」あるいは「**文法**」（grammar）と呼びます。また，その規則について研究するのが「**統語論**」（syntax）と呼ばれる領域です。

上でみたように，日本語には日本語の，英語には英語の，異なる文法が存在しているように思われます。例えば，日本語は述語の前に目的語が置かれるのに対して，英語は述語の後に目的語が置かれます。

	主語	目的語	述語
日本語	私が	手紙を	書く。

	主語	述語	目的語
英語	I	write	a letter.

すると，世界にたくさんある言語はそれぞれ別種の文法を持ち，それらの間に共通性や普遍性はないのでしょうか。

このような問いに対して，アメリカの言語学者ノーム・チョムスキー

(Noam Chomsky) が考案した「**普遍文法**」(universal grammar) と呼ばれる理論では，普遍性は存在すると主張されています (Chomsky, 1965 福井・辻子訳 2017)。この理論によると，私たち人間がことばを理解したり産出したりするためには，心の中に統語構造に関する知識がなければならないとされます。しかもこの知識は誰もが持つ普遍的なもので，社会や文化にかかわらず人類に共通だとされます。こうした普遍的な文法をベースとして，個別言語の文法が産出されるのだとチョムスキーらは主張します。こうした考え方に基づいた言語習得論については 6 章で詳しく述べます。

2.6　言語学の諸領域 2：ことばの意味を調べる

次に，ことばの意味に関する性質を研究する領域について，簡単な例文を用いて説明します。

　例 2.1　今日はよい天気だ。

日本語話者であれば例 2.1 の意味を間違えることはないでしょう。ですが，どうして，この文の意味は理解可能なのでしょうか。

2.6.1　意味論

まず，この文の受け手が，それぞれの語の持つ意味と文中の機能を総合して文全体の持つ 1 つの意味を推測するからだ，と説明することができます。下に図式的に表してみましょう。

語	品詞	意味されるもの・機能
今日	名詞	発話がなされた当日
は	格助詞	名詞と結びついて，文の主語となるまとまりを作る
よい	形容詞	すぐれていることを指す形容詞「よい」の終止形 名詞と結びついて，名詞句を作る
天気	名詞	ある場所の気象状態
だ	助動詞	名詞と結びついて，文の述語となるまとまりを作る

それぞれの語が特定の役割を果たすことで，文全体として「発話がされた日の気象状態はすぐれている」という意味が指し示される，と説明することができます。そうすると，文中の語を追加したり，入れ替えたりすることで，文全体の意味を変えることもできます。例えば，格助詞「は」を「も」に替えれば，発話の前の日からよい天気だったという事態を意味しますし，文末の「だ」を「だった」とすると，よい天気が続いていた期間が過去の一定時間存在していて，発話時点ではその事態が完了したことを意味します。

　上で実際にやってみたように，語や文がとる形と意味とがどのように結びついているのかを研究する領域が，「**意味論**」(semantics) です。意味論においては，ある語や文がなんらかの意味を持つとき，その語や文を構成する要素がどのように機能しているのかが検討されます。

　意味論では，そもそもことばが意味しているものは何なのかという問題についても議論されています。このことを，例 2.1 に少し手を加えた例 2.2 で説明してみましょう。窓のない部屋に 1 日中こもりきりで，外の天気をうかがうことができなかった人が 1 日を振り返ったときに発言したことだと思ってください。

　　例 2.2　今日はよい天気だったかもしれない。

　例 2.1 は，誰もが観察できる客観的な事実を意味していました。一方，例 2.2 は事実を意味するというよりも，話し手の推測する内容を指しているのだと感じられます。こうした解釈が成り立つことを説明するために，意味論では，次のような議論が用いられることがあります。文によって意味されるのは，現実世界も含めたいくつかの「ありうる世界線」（専門的には，「可能世界」と呼ばれます）に含まれる事態です。それらの世界には「天気がよかった世界」もあれば「天気がよくなかった世界」もあります。例 2.2 で意味されるのは，それらの可能世界のうち，少なくとも 1 つの世界では「よい天気だった」という事態が成立していた，ということなのです。このような説明を行う意味論を，**可能世界意味論**と呼びます。

　このように考えると，文によって意味されるものとは，その文を話し

たり書いたりする以前から成立していた，どこかの（現実かもしれないし，架空かもしれない）世界にある，なんらかの事態なのだといえます。

2.6.2 語用論

ことばは，その文字通りの表現によって表される意味のほかにも，もっとたくさんの意味を伝えています。例えば，例 2.1 が例 2.3 に示す夫婦の会話の一部であったとしましょう。

例 2.3 　花子　そろそろうちもマンションを買いましょうよ。
　　　　太郎　今日はよい天気だ。

例 2.3 における太郎の発話を文字通りにとらえるなら，家の外の天気について説明しているだけです。ですから，直前の花子の発話とは何の関係もありません。しかし，もう少し解釈を深めるなら，「太郎はマンションについての話をしたくない」「マンションを買う余裕はない」といったことを意味していると理解できます。要は，話をそらしているわけです。

このように，文には（例 2.1 に関して解説したような）文字通りの意味がある一方，会話が起きている状況やそれまでの話の流れなどを介して推測される意味もあるといえそうです。

哲学者のポール・グライスは，文字通りの意味からは導かれない文の意味を「**推意**」(implicature) と呼びました[1]。例 2.3 の太郎の発話の意味は，推意として理解することができます。では，ことばによって表現されていない推意が適切に理解できるのはなぜなのでしょうか。

グライスの説明によれば，私たちがことばを使う際に「**協調の原理**」(cooperative principle) にしたがっていると仮定すると，推意を適切に解釈することができるようになります。ここで，協調の原理とは「会話

の中で発言をするときには，それがどの段階で行われるものであるかを踏まえ，また自分の携わっている言葉のやりとりにおいて受け入れられている目的あるいは方向性を踏まえた上で，当を得た発言を行うようにすべきである」(Grice, 1989 清塚訳 1998, p. 37) という前提です。

　私たちは会話を行う際，この**協調の原理**にお互いに従っていると仮定しながら発話を行っています。だからこそ，文字通りの意味で解釈しようとすると「当を得ていない」発言が起きたときに，その発言に対して別の角度から**推意**を与えようとするのです。

　協調の原理は，4つの**公理**（maxim）で構成されています。すなわち，①**量の公理**，②**質の公理**，③**関連性の公理**，④**様態の公理**です。それぞれの内容を簡潔に表現すると，①必要なことだけをいいなさい，②嘘や証拠のないことをいってはならない，③関係のあることをいいなさい，④曖昧な言い方をしないで簡潔にいいなさい，となります。

　さきほどの例 2.3 における太郎の発話は，文字通りに理解すると，花子の発話とは関係のないことをいっているので，協調の原理のうち③関連性の公理に違反していることになります。しかし，太郎はそれでもなお協調の原理にしたがっていると考えられるのですから，太郎の発話は花子のそれとなんらかの関連性を持つはずだとして推意を推測することができます。このようにして，「マンションの話をしたくない」という推意が適切な解釈の1つとして選び取られるのです。

　ここで重要なのは，太郎の発話が花子との会話の中に置かれたものであったという点です。例2.1には前後の文がありませんでした。しかし，通常の会話では文の前後に別の人が話した発話があるのが普通です。例 2.3 の太郎の発話に見いだされた推意は，それが花子の発話の後に置かれていたからこそ解釈されたものです。言い換えると，ある文が持ち得る意味は，文の置かれた場面や状況（これらを専門的に「**文脈**」(context)と呼びます）に大きく依存しているのです。こうした前提に立ち，様々な文脈でのことばの使われ方について研究する領域は「**語用論**」(pragmatics)と呼ばれます。ここで紹介したグライスの理論は語用論における古典的な議論の1つでした。

2.7 実践という観点からみてみると

最後に,実践という観点からことばの仕組みについて考えてみましょう。

2.7.1 言語学という言語ゲーム

私たちは仕事や家事のように日々なにかしらの実践を行っています。仕事や家事について,頭の中で考えるだけではそれをやったことになりません。実際に手を動かし,環境に働きかけ,状況を変えてはじめて,やったことになります。これが実践です。

本章では,2.5 節でことばの形の背後にある規則について,2.6 節でことばによって意味されるものについて述べてきました。これらを実践という視点で見直してみましょう。

標準的な言語学の考え方では,ことばの背後には「規則」があり,私たちはそれにしたがってことばを産出しているとされます。また,標準的な意味論においては,ことばが実際に使われる前から「意味されるもの」としての事態が(現実か可能かはともかく)世界の中にあり,ことばはそれを指し示すのだと考えられてきました。いってみれば,ことばの形や意味は,実際の使用に先立って決まっているとするのが伝統的な言語学の発想です。

もちろん,言語学者の間にも色々な立場がありますので,上のような発想を取らない人もいます。ただ,実践としての言語という考え方はそれとは大きく違うことは確かです。この考え方からみたときのことばの仕組みについて議論していきましょう。

1章で登場した哲学者,ルートウィッヒ・ウィトゲンシュタインによれば,意味とは,人びとが参加する実践的な活動に埋め込まれてはじめて与えられるものなのです(大谷, 2020; Wittgenstein, 1953/2009 鬼界訳 2020)。彼によれば,ことばの意味は,なんらかの規則によって前もって決定されていません。むしろ話は逆で,実践的活動としてことばが使われることを通して,そこになんらかの規則があるように感じられるというわけです。

1章で説明されたように,ウィトゲンシュタインはことばを用いる

様々な活動を「**言語ゲーム**」と呼びました。言語学者の検討している「規則」や「文脈」ということばもまた，言語学という言語ゲームに埋め込まれてはじめて機能するようなものであり，それ以外の諸活動でのことばの使用法を決定するものではないと考えられます。

2.7.2　定型表現の模倣としての言語習得

　一方で，私たちは無秩序にことばを使っているわけではないことも確かです。実践という観点からみたことばの科学は，規則ではなく，使われ方のパターンとそこで起きている生活実践とのつながりに注目します。

　音素や形態素，語を組み合わせることで，理論的には無限に文を作ることができる，というのが言語の重要な性質だとされてきました。一方で，実際に私たちが見たり聞いたりすることばは，ほとんどが，どこかで誰かがすでに述べたことだ，という主張もあります（吉川, 2017）。つまり，無限に多様な表現を作ることができるにもかかわらず，私たちはそれをしようとはせず，むしろ定型的な表現を使い回しているというわけです。私たちは，状況に応じて，ふさわしい定型的表現を選ぶという実践を行っているだけなのかもしれません。

　実際に，小さな子どもがことばを覚える過程をよくみていくと，文から語を切り出し，その語を組み合わせて文を作る子どもがいることは確かです。一方で，大人の発話にみられる語の並びをそのままそっくり覚えて使う子どももいます（O'Grady, 2005 内田監訳 2008）。また，話し始めたばかりの赤ちゃんによる発話の内容は，周囲の大人が話したことの**模倣**です（Holzman, 2009 茂呂訳 2014）。模倣とは，ある出来事を時間と場所を越えて再現することです。ですから，私たちはことばの背後にあるなんらかの規則にしたがって発話しているというよりも，逆に，「こういうときにはこうする」という約束事を再現しているだけなのかもしれません。

2.7.3　規則はあるのか？

　そもそも，「規則がある」という発想そのものを疑う立場もあります。例えば，日本人の多くは小さいときにひらがなやカタカナの五十音表を

見たことがあるでしょう。このような書きことばを見て育つことが，**音韻論**的な知識を形成する可能性があります。五十音表の縦の列と横の行が表すことは，共通の子音と母音を組み合わせてできる単音の一覧です。縦に読めば共通の子音を持つ音が，横に読めば共通の母音を持つ音が何かが分かるわけです。つまり，音素に関する規則の理解は，音声をたくさん聞いてボトムアップ的にできあがるのではなく，五十音表を手がかりにトップダウン的にできあがる可能性があります。

　文法についても同じことがいえます。私たちは現実に話すとき，しょっちゅう言い間違えますし，慌てると語順もめちゃくちゃになるときがあります。規則に従おうとしても，言語的ではない要因でゆがんでしまうわけです。そのようなわけで，本章の2.1節に出てきたソシュールは，使われたことばを「**パロール**」(parole) と呼ぶ一方，ことばの体系的で規則的な側面を「**ラング**」(langue) と呼び，後者を研究対象としました。

　では，パロールは無視してもよいのでしょうか。パロールは話されたとたんに消え去ってしまいます。ですので，話された文が統語的な規則にしたがっているかどうかを検討するには，いったん書きことばにしてからゆっくり調べる必要があります。ということは，書きことばというものの存在が，**統語論**の方向性を大きく左右してきたともいえるのです (Linell, 2005)。

　その反省に立ち，最近の言語学では実際に話されたことばをたくさん収集したデータベース（これを専門的には話しことばの「**コーパス**」と呼びます）に基づいた分析が行われはじめています（現代日本語研究会, 2016; 宇佐美（編), 2020）。

　具体的な状況において話されたことばとしてのパロールについて，それでもなおそこには規則があるのではないかと，伝統的な言語学者は主張するかもしれません。もしあるのだとしても，少なくとも，個人の頭の中にパロールについての規則がインストールされている，とはいえないでしょう。私たち1人1人は，状況や他の人のふるまいに対してうまく付き合い，全体の活動をスムーズに遂行するという社会的能力を持っています。ことばはむしろ，こちらの社会的能力に近いのかもしれません。

ある実践的活動を成り立たせるためにこういうべきだ，あるいは，相手がこういってきたらこう言い返すのが当然だ，という定型的なパターンを再現しようと，私たちは言語実践を行っているのです。もちろん，パターンを再現しようとしても，厳密な再現にならないかもしれませんし，もしかすると，新しいパターンが発生するかもしれません。言い換えると，規則が頭の中にあったとしても，それは会話におけるやりとりを決定するにいたらないのです。

　パターンを生みだすための規則のようなものを1人の人間の頭の中だけに求めようとすることは意味がないでしょう。パターンとはことばを話す前から頭の中にあるというよりも，むしろ発話したり書き留めたりしてはじめてあらわれるたぐいのものだといえそうです。

　文脈もそうです。ことばの使用に先立って文脈が存在しているというよりも，ことばを使うという実践を通して文脈が作られていくといった方が適切でしょう。

　ことばを実際に使うより前から存在すると想定される規則や文脈が使われることばの形や意味を決定するという見方は，伝統的な言語学におけるものでした。しかし，実践という観点で眺めるなら，私たちはことばを使う実践を通して，何が規則だったのか，何が文脈となっていたのかを，その都度確認しているのだと理解することができるのです。そして，言語学もまた私たち人間が行う実践的活動の一種だとするならば，「規則」や「文脈」という概念がどのように使われているのかに注意を向けるのが，実践的なことば観に立つ心理学が持つ学問的な役割だといえるでしょう。

2.8　人々のことばの実践にせまる：2章のまとめ

　この章では，私たちが用いることばについて言語学的に語るためのいくつかの用語や概念を紹介してきました。

　伝統的な考え方によると，ことばとは表そうとする対象を意味するために用いられる記号の一種です。ただ，記号にもさまざまな種類があります。絵画や写真，ピクトグラムも記号の一種なのですが，ことばはそうした記号にはない，線状性や分節性といった固有の性質があることを

みてきました。

　ことばは多様な側面から研究することができます。言語学者たちは，どのような側面に注目するかに応じて，音韻論，形態論，統語論，意味論，語用論といった領域を設けて研究を進めてきました。例えば，意味のある文を作るために語をどのように並べるかは統語論において，同じ文でも使う文脈によって伝わるメッセージが変わることは語用論において，それぞれ研究されてきたといった具合です。

　ことばを使ってスムーズにコミュニケーションするためには，少なくとも2人が同じことばを同じように使っている必要がある，と考えられてきました。そこから派生したのが，1章で批判された，ソシュールの「導管メタファー」です。すなわち，会話する2人がある記号が何を表すのかに関する知識を共有しており，その知識に従ってことばを話し，聞いて意味を理解するのだ，という考え方です。

　知識を「規則」と読み替えてもよいでしょう。私たちはことばの使い方に関する規則を知識として共有しているので，ことばを使って意思疎通できるというわけです。ですから，言語学が探究する対象は，私たちの内面にあることばの規則に関する知識だ，となります。

　ここには実践という観点はありません。私たちは，ふだんの会話において，誰が規則に従い，誰が従っていないかを一生懸命チェックしようとするでしょうか。そのような実践は，言語学者が研究という社会的実践の中で行っていることなのです。上に見てきたさまざまな用語や概念は言語学という**言語ゲーム**を構成する要素だといえます。

　では，言語学者ではない人たちはことばの実践において何をしているのでしょうか。そのことこそが，「新しい言語学」が探究すべき対象なのです。

1　Grice（1989 清塚訳 1998）では「推意」が「含み」，「公理」が「格率」と訳されていますが，本章では澤田（2020）による訳語にしたがいました。

引用文献

Carroll, L. (1865) *Alice's adventures in wonderland.* (Retrieved March 9, 2024 from https://www.gutenberg.org/ebooks/11)

Chomsky, N. (1965) *Aspects of the theory of syntax.* MIT Press.(チョムスキー，N. 福井直樹・辻子美保子（訳）（2017）『統辞理論の諸相』岩波書店)

現代日本語研究会（2016）『談話資料 日常生活のことば』ひつじ書房

Grice, P. (1989) *Studies in the way of words.* Harvard University Press. (グライス，P. 清塚邦彦（訳）（1998）『論理と会話』勁草書房)

Holzman, L. (2009) *Vygotsky at work and play.* Routledge.(ホルツマン，L. 茂呂雄二（訳）（2014）『遊ぶヴィゴツキー――生成の心理学へ』新曜社)

本田謙介・田中江扶・畠山雄二（2017）「動詞「違う」の形容詞型活用」畠山雄二（編）『最新理論言語学用語事典』(pp.370-371) 朝倉書店

池上嘉彦（1984）『記号論への招待』岩波書店

加藤重広（2019）『言語学講義――その起源と未来』筑摩書房

Kawahara, S., Isobe, M., Kobayashi, Y., Monou, T., & Okabe, R. (2018) Acquisition of sound symbolic values of vowels and voiced obstruents by Japanese children : Using a Pokémonastics Paradigm. 『音声研究』, *22* (2), 122-130.

Linell, P. (2005) *The written language bias in linguistics: Its nature, origins and transformations.* Routledge.

O'Grady, W. D. (2005) *How children learn language.* Cambridge University Press. (オグレイディ，W. 内田聖二（監訳）（2008）『子どもとことばの出会い――言語獲得入門』研究社)

大谷弘（2020）『ウィトゲンシュタイン――明確化の哲学』青土社

Peirce, C. S. Hartshorne, C., & Weiss, P. (Eds.) (1931) *Collected papers of Charles Sanders Peirce, Volume 2 Elements of logic.* The Belknap Press of Harvard University Press.(パース，C. S. 内田種臣（編訳）（1986）『パース著作集2 記号学』勁草書房)

Saussure, F. de. Constantin, M. (Ed.) (1910) *3 ème Cours de Linguistique Générale.* (ソシュール，F. de. コンスタンタン，M. 影浦峡・田中久美子（訳）（2007）『ソシュール一般言語学講義 コンスタンタンのノート』東京大学出版会)

澤田治（2020）「グライス語用論」加藤重広・澤田淳（編）『はじめての語用論――基礎から応用まで』(pp.24-40) 研究社

宇佐美まゆみ（編）（2020）『日本語の自然会話分析――BTSJコーパスから見たコミュニケーションの解明』くろしお出版

Wittgenstein, L. (1953/2009) *Philosophische Untersuchungen,* Revised 4th edition. Wiley-Blackwell.(ウィトゲンシュタイン，L. 鬼界彰夫（訳）（2020）『哲学探究』講談社)

吉川正人（2017）「社会統語論の目論見——「文法」は誰のものか」井上逸兵（編）『社会言語学』(pp.146–147) 朝倉書店

エクササイズ

　図 2.1 の写真には，車椅子に乗った人物を表すピクトグラムもあります。これは，「多目的トイレ」を表します。このピクトグラムに含まれる要素を，類像性，象徴性，指標性という観点で分析してみましょう。

読書案内

　実践という観点で伝統的な言語学を概観する書籍はなかなか見当たりません。社会的な行為としてのことばの使い方を研究する語用論に軸足を置いた手頃な概説書として加藤重広『言語学講義——その起源と未来』(2019, 筑摩書房) を挙げておきます。

第3章

ことばと社会
（社会言語学）

　若者のことばを聞いていると，全く意味が分からない単語を使っていたり，大人からするとぎょっとするようなことばづかいをしていたりすることがあります。はたして若者のことばは乱れているのでしょうか。街に出ると多くの訪日外国人観光客を目にします。久しぶりに乗ったバスでは，日本語のほかに，英語，中国語，韓国語でも次の停留所の案内が表示されるようになっていました。少し意識を向けるだけでも，身の回りに多種多様なことばをみつけることができます。私たちはそれらを材料として，その都度，その場にふさわしいことば，自分らしいことばを選んで生活を営んでいます。この章では，ことばの多様性を軸に，ことばと社会のダイナミックな関係をみていきます。

3.1　ことばの多様性

　例 3.1 は，国立国語研究所が東京都・大阪府・山形県の中学生・高校生を対象に実施した言語使用調査で観察された発話です。いずれも「聞き取りにくかったのでもう1度いってほしい」と頼む場面ですが，言い方には多くの違いがみられます。

　　例3.1　聞き取りにくかったのでもう1度いってほしいと頼む場面
　　「〇〇サン，今ノ聞コエナカッタンダケド　モー1度言ッテクレルゥ？」
　　「〇〇先輩，アノー今ノヨク聞コエナカッタンデ　モー1回言ッテク

レマセンカ？」
「〇〇チャン，今ノワカラヘン。モッ回ユーテー。」

　どの発話も「聞き取りにくかったのでもう1度いってほしい」という同様のメッセージを伝えていますが，その言い方から，話し手の背景や相手との関係性，どの程度あらたまった場面なのかなどが推測できるのではないでしょうか。普段あまり意識しませんが，私たちは様々なことばの中から，その都度，自分らしいことば，その場にふさわしいことばを選んで話しています。**社会言語学**は，そのようなことばの多様性を明らかにする学問です。

　石黒（2013）は，ことばの多様性を次の5つの観点から整理することを提案しています。

①「どこ出身の」
②「どんな人が」
③「どんな人に」　　　　　　　話しているのか
④「どんな状況で」
　　（＝どこで／何について／何のために）
⑤「どんな方法で」

　①と②はことばの使用者（language user）にかかわる観点です。話し手の属性やアイデンティティによって異なり，話し手がどのような人であるかが表現されます。それに対し，③から⑤は，ことばの使用（language use）にかかわる観点です。コミュニケーションが行われる文脈（context）によって変化し，話し手がコミュニケーションの相手や場面をどのように理解しているかが表現されます。社会言語学では，話し手の属性やアイデンティティに根ざしたことばを**方言**（dialect），聞き手や状況や伝達方法に合わせて変わることばを**レジスター**（register）と呼んで区別します（Hudson, 1980 松山・生田訳 1988）。

　方言は，さらに2種類に分けられます。1つは，①「どこ出身の人が話すか」により区別される**地域方言**（regional dialect）です。私たちが

日常的な意味で「方言」と呼んでいることばは，社会言語学では「地域方言」を指します。もう1つは，②「どんな人が話すか」により区別される**社会方言**（social dialect）です。例えば，同じ地域の中でも，男性のことばと女性のことば，若者のことばとお年寄りのことばには違いがあります。社会階層，民族，ジェンダー，年齢などの社会的差異によっても異なることばが使われ，その人らしさを形作っています。

例えば，日本語ひとつとってみても，標準語／大阪弁／山形弁，男ことば／女ことば，若者語／老人語，敬語／タメ口，話しことば／書きことばなど，様々な種類のことばがあります。一定の特徴を持ち他のことばとは区別されることばのまとまりを，社会言語学では**言語変種**（variety）と呼んでいます。それぞれの言語変種の間に優劣はありません。標準語も大阪弁も山形弁も，1つの言語変種として対等に扱われます。世界に目を向けると，英語／スペイン語／中国語など多くの種類の言語があります。その数は，一説には7,000ともいわれます。しかし，陸地続きで言語学的にほとんど同じ特徴を持つことばであっても，国が違うために異なる言語とされていることがあります。また，同じ言語の中の方言の違いとされていても，話しことばでは全く意思疎通ができないくらい言語学的な特徴が異なっている場合もあります。このように政治的な理由で異なる言語とされていることばや同じ言語の中の方言とされていることばも，社会言語学ではそれぞれ1つの言語変種として中立的に扱います。

3.2節では，話し手に基づく言語変種として，まず地域方言をみていきます。次に，現代の日本社会で生きる人々にとって切実な問題である「ジェンダーとことば」の関係に焦点を当てて，社会とことばのかかわりについて考えていきたいと思います。

3.2 話し手に基づく言語変種

3.2.1 地域に根ざしたことば

人々が自由に移動できるようになった現代社会では，出身地ではない地域に移り住んだり，出身地でも居住地でもない地域で仕事をしたりす

ることは，決して珍しいことではありません。海外に移動したときはもとより，「日本語」が通じるはずの国内の移動であっても，地域によることばの違いによって意思の疎通に支障をきたすことがあります。

例えば，東日本大震災や熊本地震のような大災害が起こると，全国各地から被災地へと支援者がかけつけます。しかしながら，被災者の不安や苦痛に寄り添ったケアが必要となる支援の場面で，地域方言が被災者と支援者とを「へだてる」ことばとなることがあります（小林・今村，2020）。支援者が方言を理解できないために，コミュニケーションに問題[1]が起こってしまうのです。

地域方言に起因するコミュニケーションの問題は，災害などの非常時にだけ発生するわけではありません。平時においても，医療・看護・介護・福祉などの現場では，方言を介したコミュニケーションに難しさがあることが指摘されています。こうした現場に携わる人々は，方言の果たす役割を認識し，代表的な方言については，聞いてその意味が分かるようになっていることが望まれます。表 3.1 に示すように，医療従事者向けの方言集も編纂されており，全国各地の現場で活用されています（日高，2005）。

表 3.1　医療従事者向けの方言集

『病む人の津軽のことば』（横浜礼子，1991 年）
『ケセン語大辞典』（山浦玄嗣，2000 年）
『医者が集めた越後の方言集——お年寄りの心を聞くために』
（黒岩卓夫・横山ミキ，1993 年）
『とっとりことば——あるザイゴ医者の覚書き』（森納，1988 年）
『大分保健医療方言集』（大分保健医療方言研究会，2002 年）
『医学沖縄語辞典』（加治工真市・稲福盛輝，1992 年）

3.2.2　地域方言の現在

地域方言に起因するコミュニケーションの問題には，世代によることばの差異も深くかかわっています。その地域で生まれ育ったとしても，お年寄りの話す伝統的なことばが理解できない若者は少なくありませ

ん。例えば，沖縄県は県内各地域において世代を超えて受け継がれてきたことばを「**しまくとぅば**」と呼び，しまくとぅばの普及と継承に取り組んでいます。しかし，「令和4年度しまくとぅば県民意識調査」では，70歳以上の91.6%がしまくとぅばが理解できる（「よく分かる」「ある程度分かる」）と回答したのに対して，年齢が若くなるほど理解できると回答した人の割合が減っています（図3.1）。10代でしまくとぅばが理解できると回答した人は18.9%にとどまり，70歳以上の年代と比べると70ポイント以上の差があります。

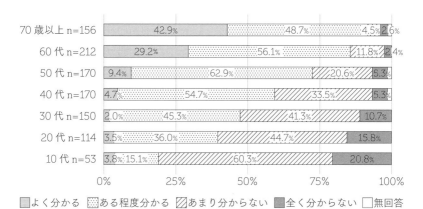

図 3.1 「しまくとぅば」に対する理解度（沖縄県，2023）

しまくとぅばの使用頻度にも同様の傾向がみられます。同調査では，「しまくとぅばを挨拶程度以上」使う（「主に使う」「共通語と同じくらい使う」「挨拶程度使う」）と回答した人の割合は70歳以上でもっとも多く，62.2%でした。しかし，年代が若くなるとその割合は減少し，10代では20.8%と70歳以上の3分の1程度しか使われていません。若い世代ほど，地域の伝統的なことばを理解できる人，使用している人が少ないことが分かります。

若い世代ほどしまくとぅばが使えないという状況は，最近になって起こっている変化というわけではありません。例えば，町（1996）は，1956年那覇生まれの女性が，親兄弟とは「沖縄口」，夫婦間と子どもたちに対しては「標準語」を使い分けていた言語実践について報告しています。

沖縄口（ウチナーグチ）とは，沖縄本島中南部とその周辺離島で話されているしまくとぅばです。日本では明治期に「東京の中流社会の教養ある男性のことば」を**標準語**の基準とするために，東京以外の地域のことばが否定されたという歴史があります。日本に組み入れられた沖縄でも，公的な場では標準語が使用されるようになり，しまくとぅばは私的な場に追いやられていきました。この女性が生まれた1950年頃には，「沖縄口は母語というより「祖母語」になりつつありました」と話すほど，使われなくなってしまいました。しまくとぅばから標準語への**言語シフト**は今ではさらに進んでいます。平成21年にはユネスコ（国連教育科学文化機関）によって，琉球弧で話されている奄美語・国頭語・沖縄語・宮古語・八重山語・与那国語の6つのことばが消滅の危機に瀕しているとされました。

　しまくとぅばはこのまま消滅してしまうのでしょうか。田中（2011）によれば，沖縄という地域は，地元の人に対しては方言，非地元の人に対しては共通語という使い分けがはっきりしており，方言も共通語も非常に好きという傾向を持っています。歴史的には，明治時代以降「標準語」の使用が励行され，方言は抑圧されてきました（安田，1997）。標準語が話せないことで苦労したり，差別されたりした経験があり，方言に否定的なイメージを持つ人もいます。ところが，2000年代の沖縄ブームを経て，地域の文化やことばに対して肯定的なイメージを持つ人が増えてきました（かりまた, 2005）。「令和4年度しまくとぅば県民意識調査」では，43.8%の人がしまくとぅばに対して「親しみを持っている」と回答しています。「どちらかといえば親しみを持っている」という回答まで含めると，80.7%もの人がしまくとぅばに親しみを抱いています。現在では，地域方言は地域への愛着や誇りを表現することば，自身のアイデンティティを表現することばになっているといえるでしょう。

3.2.3　言語とジェンダー

　日本語は，**人称表現**や話しことばの文末表現に男女差のある言語だといわれています。人称表現とは，話し手自身や目の前にいる相手の呼び方のことです。「わたし」は男女ともに使用しますが，「あたし」は女性だけが，「ぼく」「おれ」などは男性だけが使用する呼び方であるとされ

ています（表 3.2）。また，文末につく助詞の違いによっても，その文を女らしく感じたり，男らしく感じたりします。「お腹がすいた<u>わ</u>」という話し方からは女性を，「腹がへった<u>な</u>」という話し方からは男性を想像するのではないでしょうか。

表 3.2　男女使用域別 1 人称・2 人称の呼称

	女性使用	男女とも使用	男性使用
1 人称	あたし	わたし／わたくし	ぼく／おれ／おいら／わし
2 人称	あんた	あなた	きみ／おまえ／きさま

（佐藤，1996, p. 68）

　一方の性にしか使用されないことばを gender-exclusive speech，どちらかの性がより頻繁に使うことばを gender-preferential speech といいます。英語では，男性しか使わないことば，女性しか使わないことばはありませんが，使用頻度や発音に男女差があることが知られています。例えば，swimming や typing のような単語を発音する際に，女性は男性よりも -ing［iŋ］という標準的な発音を使用し，-in'［in］という非標準的な発音はあまり用いられません（Holmes & Wilson, 2022）。

　男女で会話スタイルに差があるという専門家もいます。タネン（Tannen, 1990 田丸訳 1992）は，男女で言語を用いる目的が異なり，男性は〈地位〉を競うために，女性は〈和合〉を築くために言語を用いることに慣れているといいます。男性にとっては，お互いにあまり親しくない大勢の人間の中で話す「パブリック・スピーキング」がいちばん自然に話せる場です。そこでの会話は，お互いに知識や技術を誇示しあい，注目を集め，何とかして主役の座を勝ち得ようとするものです。これに対して，女性がいちばん自然におしゃべりできるのは，お互いに親しい少数の人間の中で話す「プライベート・スピーチ」の場です。そこではお互いの類似性や共通体験を示しあうことに重点が置かれ，誰かが主役の座につくようなことは嫌われます。タネンは，男女の会話スタイルが違うということを知れば，ムダな衝突を避けお互いを傷つけあうことも減ると主張しています。

3.2.4　アイデンティティを創りだすことば

　日本語でも英語でも，スタイル，音声，語彙，文法など様々な点に性別による違いがあるといわれてきましたが，男性ならばいつでも男らしく，女性ならばいつでも女らしく話すのでしょうか。日本の職場で実際に話されている「自然談話」を録音し分析した研究（現代日本語研究会，1997; 2002）では，女性が性に無関係なことばを中心として，いわゆる「男性が多用することば」も積極的に使っていることが明らかになっています。また，男性は「男性が多用することば」もそれほど使わず，「女性が多用することば」はごくわずかしか使わず，もっぱら性に無関係なことばを集中して使っていました。さらに，女性のほうが色々なレベルのことばや表現を盛んに使い分けていることも分かっています。性別によることばの違いは一般的・固定的なものではなく，男性も女性も地域・階層・職業・年齢・集団・場面などによって，それぞれ多様なことばを使い分けているといえるでしょう（佐竹，2005）。

　例3.2は，親しい友人同士である女子学生の会話からとったものです。男性が使うと思われていることば（「だ」「だよ」「じゃねえ」）が使われており，話し相手に対して敬意を示す対者敬語（「です」「ます」など）は使用されていません。男ことばの使用や敬語の不使用は女らしい話し方の規範からはずれていますが，話し手はあえてそうすることで積極的に相手との関係を作り出していると考えられます。1つの表現は多様に解釈することができます。「だ」「だよ」「じゃねえ」などの男ことばの使用は，「乱暴で女らしくない」と解釈することも，「率直で親しさを感じさせる」と解釈することも可能です。また，敬語で話すことは，「丁寧で女らしい」とも，「よそよそしく，かえって失礼だ」とも解釈できます。同じ表現でも，解釈する人によって，また話し相手によって，違った意味を持ち得るのです。話し手はその表現がどのような効果をもたらすかを見積もってことばを選び，個々の場面にふさわしいアイデンティティを作り出しているといえます。

　　例3.2　親しい友人同士である女子学生の会話
　　A：リフト？　それ？　リフトじゃない。一応，なんか。

B：ゴンドラ。
　　A：ゴンドロか。
　　B：ゴンドロじゃねえ。コンドラ。（笑）

(岡本，2010, p. 132)

　人はその属性に基づいて言語行為を行うのではなく，言語行為によって自分のアイデンティティを作り上げているという考え方を**構築主義**と呼びます。私たちは，様々な年齢・職業・出身地域・階級の集団と結びついたことばづかいの知識を持っていて，これらの知識を利用することで，様々なアイデンティティを表現します（中村，2010）。自分の言語行為を理解してもらうためには，社会で共有されている知識を言語資源として使う必要があります。しかし，それがしっくりこないとき，私たちは限られた資源を様々に組み合わせたり，ずらしたりしながら，多様なアイデンティティを表現します。このような「ずれた言語行為」は，今あるジェンダー秩序を変革する可能性を秘めたものです。私たちの創造的な言語行為は，今ある「女／男らしさ」を変化させるのです。

3.3　使い方に基づく言語変種

3.3.1　言語使用域（レジスター）

　発話の適切さを決めるのは，話し手の属性（出身地，ジェンダー，年齢，社会階層，民族など）ばかりではありません。「どんな人に」「どんな状況で」「どんな方法で」話しているのかによっても，どのようなことばがふさわしいかが異なってきます。相手，場面，目的，話題などの状況により異なる言語変種を**レジスター**（register）[2]と呼びます。話し手は，コミュニティの規範に照らしてその場面・状況にふさわしい言語変種を選ぶことで，その場面の秩序（その場面らしさ）を作り出すと同時に，自分自身がその場面の参加者としてふさわしい人物であることを示しています。

　次の例 3.3 と例 3.4 は，小学校の運動会で校長先生が開会の挨拶をしている場面の一部です。例 3.3 は運動会に参加した保護者に向けて，例

3.4 は児童に向けて話しています。

例3.3　保護者に向けた開会の挨拶
念願の運動会もこのような晴天にめぐまれまして，本当に感謝でいっぱいでございます。日頃，みなさまには，たいへんご協力いただきまして，えー，今日の日をむかえましたし…（中略）定刻になりましたし，簡単でございますが，本当に感謝をこめまして，ごあいさつにかえさせていただきます。

例3.4　児童に向けた開会の挨拶
今日は，何でしょう？　そうです。みんな楽しみにしていました運動会を，今からはじめます。いっしょうけんめい，がんばりますか？　うーん，よし。とてもおりこうさん。先生といっしょうけんめいにおけいこしましたね。（中略）とってもたのしくって，とってもうれしくって，いっしょうけんめいにがんばりましょう。

(東，2009, p. 112)

　例3.3と例3.4を比べると，内容，ことばの種類，文の構造などが異なっていることが分かります。例3.3（保護者向け）では，「念願」「晴天」「定刻」などの漢字2文字の熟語が多用され，最後は「簡単でございますが，あいさつにかえさせていただきます」という定型的な言い回しで締められています。ことばづかいから，運動会当日のあらたまった雰囲気や，責任者としての校長の立場をうかがうことができます。一方，例3.4（児童向け）では，「はじめます」「おけいこしました」などのやわらかい表現が選ばれています。「何でしょう？」「がんばりますか？」と質問文が挿入されている点も特徴的です。最後は，「たのしくて，うれしくて」と児童の視点から表現することで，運動会本番のわくわくした気持ちが共有されています。どちらも運動会の開会の挨拶ですが，ことばを使い分けることで，それぞれにふさわしい場を作り上げているといえるでしょう。
　レジスターは，特定の集団の人々や特定の使用状況と結びつく傾向があります。例えば，ジャーナリズムのことば，ベイビー・トーク，法律

用語，競売人のことば，レースの実況中継やスポーツ・コメンテーターの人のことば，飛行機のパイロットのことば，犯罪者のことば，金融業者のことば，政治家のことば，ディスクジョッキーのことば，法廷のことば，教室のことばなどは，それぞれが異なる**レジスター**です（Holmes & Wilson, 2022）。

　コミュニティの新参者が一人前と認められるためには，知識や技術を身につけると同時に，「実践の中でいかに語るか」を学ぶことが不可欠です。例えば，アルコール依存症患者の自助グループ（Alcoholics Anonymous，以下AAと省略）では，「断酒中のアルコール依存症患者」としての人生を語ることを学習します。当初はAAにふさわしくないことばで出来事が述べられますが，経験を積んだ先輩会員は批判したり，間違いを正したりはしません。ただ，反例になるような話をつけ加えます。新参者はしだいにAAのモデルに近づいた見方ができるようになり，公の集会で上手に語れるようになると，適切な理解ができていると認められるのです（Lave & Wenger, 1991 佐伯訳 1993）。単にことばの意味を知っているだけでなく，実践の中で適切に使えることが重要なのです。

　ことばが使われる状況の違いは，語彙，文法，音韻など幅広い側面に影響します。例えば，母語話者が非母語話者に対して使う特徴的な話し方は，**フォリナー・トーク**（FT: foreigner talk）と呼ばれるレジスターの1つです。FTでは，「アナタモシ仕事オソイ，ダメ。モシ仕事ハヤイ，オ金タクサンアゲル」のように，難しい語彙や文法事項が単純化されるといった現象がみられます。また，相手が非母語話者であることが強く意識されるために，非常に短い文や選択疑問文，語や文節の繰り返しが頻繁に出現し，複雑な文構造が回避されます（ロング，2005）。また，赤ちゃんや幼児に向かって話しかけるときに使われる**ベイビー・トーク**（baby talk）[3]は，語彙や文法面の特徴に加え，普段よりも高い声を出すことや，同じ音を繰り返す（「ワンワン」「てって」）など，音声においても著しい特徴がみられます（伊藤，2018; 宮本，1996）。

3.3.2　敬語

　敬語は，「話し手が，相手や周囲の人と自らの間の人間関係をどのようにとらえているかを表現する働き」（文化審議会，2007, p. 5）を持っていま

す。例えば、「鈴木さんがいらっしゃる」と尊敬語を用いることで、話し手は、自らが「鈴木さん」を立てるべき人として捉えていることを表現することができます（素材敬語）。また、「こちらです」と丁寧語を用いることで、話し手は、相手を丁寧に述べるべき人として扱っていることを表現することができます（対者敬語）。

　図 3.2 は、会社の中での**敬語**使用の調査結果です（杉戸, 1992）。電話で呼ばれて「すぐそちらへ行く」と答えるとき、相手によってどの言い方を選択するかを示しています。上位の職階の相手には、「参ります」「参上（いた）します」と謙譲語を使って答える人が多いことが分かります。これに対して、中位以下の相手の場合は、「行きます」のような丁寧語や、「行く（よ、わ）」と敬語ではない形が選択されています。

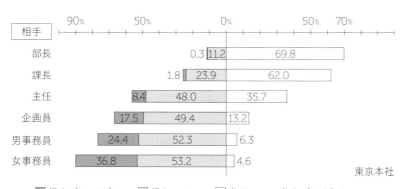

図 3.2　相手の職階と敬語選択（杉戸，1992, p. 40）

　敬語が表現しているのは、年齢や階層、立場の違いなどの上下関係ばかりではありません。相手との親しさや距離感（親疎関係）を調整するときにも、敬語が用いられます。初対面のときは敬語を使うものの、親しくなるにつれて敬語をやめて「タメ口」で話すようになったという経験はありませんか。逆に、こちらはもう仲良くなったと思っているのに、友人がずっと敬語で接してくるので不安になったという経験をした方もいるかもしれません。また、店員の画一的な「マニュアル敬語」に、客に対する敬意というよりも、人としてみられていないような、よそよそしさを感じたりするかもしれません。

　第 20 期国語審議会「新しい時代に応じた国語施策について（審議経

過報告）」は，現代の**敬語**の特徴として，次の4点を挙げています。

①表現形式の簡素化：立場等の上下に応じて複雑に使い分けられていた多くの表現形式のうち，一般的にはより簡素で単純な形が用いられるようになった。
②親疎の関係の重視：様々な上下関係による敬語の使い分けが弱まり，代わって相互の親疎の関係に基づいた敬語使用（部外者や初対面の人に対しては，仲間内や親しい人よりも丁寧に，など）が重視されるようになった。もちろん，年齢や社会的な立場からくる上下関係に伴った敬語使用も依然として存在している。
③聞き手への配慮が中心：話題に登場する人物より，聞き手への配慮が敬語表現の中心になった。
④場面に応じた対人関係調整のための敬語：例えば，商業関係の分野において，顧客に対する売り手の敬語使用が極めて丁重なものとなる類である。このような場合は本来の「尊敬」や「謙譲」の念が必ずしも十分に伴わない場合もあり得る。

　敬語意識は社会の変化に伴い少しずつ変化しています。そのため，同じ場面でも，1つの「正しい敬語」を決めることはできません（中村，2021）。「それぞれの場面で使うべき正しい敬語のルールがある」という考え方がある一方で，それぞれの場面で何が正しい敬語なのかについては様々な意見があり，全員が納得することばの使い方が定まっているわけではないのです。
　このような状況を踏まえ，文化審議会は平成19年に敬語使用の基準である「敬語の指針」を示しました。書店に行くと「正しい敬語」のマナー本が山積みになっている光景を目にすることもあります。しかしながら，これらのマニュアルで示されたルールを必ず守るべき規範と捉えるべきではありません。むしろ，状況に応じて自分らしく創造的にことばを使うための参考書と考えたほうがよいでしょう。
　近年若者が用いる「マジヤバイっす」といった話し方は，正しい敬語ではないとして批判されることがあります。しかし，このような表現は，親しさと丁寧さを同時に表すことばの工夫として理解することがで

きます。敬語が上下関係よりも親疎関係で理解されるように変化したため，「です・ます」の丁寧語では「壁がある」と受け取られかねない状況で，「です」を短くすることで距離を縮めているわけです（中村，2021）。私たちは，「少しずつだが，ことばを工夫することで，敬語を変化させ，その結果，人間関係やアイデンティティを変化させている」（中村，2021, p.160）のです。

3.3.3 話しことばと書きことば

　ことばを伝える方法には大きく分けると，音声と文字の2種類があります。通常，音声によるコミュニケーションでは**話しことば**（spoken language），文字によるコミュニケーションでは**書きことば**（written language）が使われます。

　例 3.5 は，インタビュー場面を文字に起こした資料です。音声で聞くとスムーズに理解できるのですが，文字で読むとなかなか内容が頭に入ってこないと感じられるのではないでしょうか。なお，丸括弧内の数字は，音声が途絶えている秒数を示しています。

> 例3.5　研究のためのインタビューにおける会話
> 　　　回答者：や，原因ですか（ええ）。(6.8) 周りの環境
> インタビュアー：周りの環境
> 　　　回答者：でー。(3.3)
> インタビュアー：あ，環境。環境が，どう，どうゆうわけ (3.9)
> 　　　回答者：環境（うん）。(3.0) わたしの場合（うん）が，自分でもなんか情緒不安定（うん）な気がするんですけど（うんうんうん），一応学校からとか（うんうん）電話来て（うん），親に（うん）来られて（うん），たりとかすると，（うん）やっぱ，あたしはダメな人間なんだとか思って。
> インタビュアー：ああ。じゃそれは何，環境が悪いの。
> 　　　回答者：あたしは環境だと思います。（ああ環境）はい，（ね。）環境が悪い。自分を育てる，はい。
> 　　　　　　　　　　　　　　　　　　　　　（鈴木，2007, p.146）

書きことばは話しことばをそのまま文字にしたものではありません。石黒（2013）は，書きことばと比較した場合の話しことばの特徴として，次の4つの観点を指摘しています。

　①即興性（improvisation）：その場で考えて話をつむぎながら話すため，整っていない文が多い。倒置，挿入，言いさし，言いよどみ，ねじれ，重複などがみられる。
　②効率性（efficiency）：無駄なことはできるだけいわずに省略される。発音しやすいように音声が脱落したり変化したりする。
　③現場性（situationality）：話し手と聞き手が時間や場所を共有しているため，その場にあるものを指示詞で指したり，分かるものを省略したりする。
　④対人性（interpersonality）：聞き手が目の前にいることで，聞き手に働きかける表現が多くなる。

例3.5にも，話しことばのこのような特徴がよく現れています。

　「環境が悪い。自分を育てる」（倒置）
　「やっぱ，あたしはダメな人間なんだとか思って」（言いさし）
　「あたしは環境だと思います」（文の省略）
　「やっぱ」（音声の脱落）
　「なんか」「気がするんです」「人間なんだ」（音声の変化）
　「でー」「うん」「ね」（聞き手への働きかけ）

　一方，図3.3の文章は，大学1年生向けのテキストに掲載されている「よくないレポートの例」の一部です。レポートや論文などのアカデミックな文章は書きことばを使うことが約束事となっています。しかし，「だって」や「普通じゃないかなと思うから」などの話しことばが混在しているため，レポートの文章としては不適切だと感じられます。

> 　私が印象的だったのは，ある女性の意見で，「医学の力で無理やりに生かし続けることは，本人の意思に反する場合がある」という意見だった。僕はこの意見に反対である。だって，本人が安楽死を希望しているなら，そうなるであろうが，もし本人の意思が判断できず，家族もなんとか生き延びてほしいと願っているならどうであろうか。むしろ生き延びてほしいと思うことが普通じゃないかなと思うから。

図 3.3　よくないレポートの例（学習技術研究会，2002, p.128）

　ところが，近年はメディアの発達により，**書きことば**と**話しことば**の境界があいまいになってきています。即レスが要求される携帯メールやLINE のメッセージには，その場で話をつむぐ即興性があります。頻繁にやりとりするため，効率性も欠かせません。オンライン会議中のチャットのやりとりは，オンライン上ですが同じ時間と空間を共有しており，現場性を有していると考えられます。家族やクラスなど特定の少人数と双方向のやりとりが可能なグループ LINE では，目の前に相手がいるかのように働きかけることが多くなるでしょう。一方で，テレビでニュース原稿を読み上げたり，大人数を対象に講演したりする場合，伝達手段は音声であっても，事前に準備して話すことから，書きことばに近い話しことばになると考えられます。話しことばと書きことばは，明確に二分できるものではなく，話しことば性と書きことば性という段階を考えたほうがよいという提案がなされています（今村，2015）。

3.4　多言語社会を生きる

3.4.1　多言語社会

　いくつもの言語が併存し用いられている社会を**多言語社会**といいます。例えば，多民族国家であるシンガポールでは，図 3.4 のように場所や相手などによって複数の言語が使い分けられています。学校・役所・職場などの公の場では，社会的に上位に位置づけられた言語変種（high variety，以下 H と省略）である，北京語とフォーマルなシンガポール英語が使用されます。対して，広東語や福建語，インフォーマルなシンガポール英語は，社会的にあまり地位の高くない言語変種（low variety，以下 L と省略）だと考えられており，家庭や日常のくだけた場面で使われます。H 変種と L 変種はそれぞれが異なる機能を担っており，相補的な関係にあります。

　　中国系シンガポール人である 20 歳の女性は，いつも複数の言語変種を使っている。家庭で母や祖父とは広東語を使う。友人とはだいたいシンガポール英語を使う。小さな店や市場では福建語を，大きなデパートではシンガポール英語を使う。小学校の授業の半分は北京語で行われたので，北京語のテレビ番組をよく見るし，北京語で書かれた新聞を定期的に読む。小学校の残り半分の授業はフォーマルなシンガポール英語で教わった。役所で手続きするときや大学が休みの間に事務仕事に応募するときには，このフォーマルなシンガポール英語を使う。英語で教育を行う中等学校に進み，今は英語で教育を行う大学で地理と経済を学んでいる。教科書はすべて英語である。

図 3.4　複数の言語を使い分けるシンガポールの女子大学生
（Holmes & Wilson, 2022, p. 30）

日本は**多言語社会**でしょうか。庄司（2005）は，社会における複数の言語の存在には，2つのタイプがあると指摘しています。第1に，国家内に土着の言語が地域言語，先住民族語として存在する場合です。日本の場合，様々な変種を擁しながら「国語」とみなされてきた日本語と，アイヌ語，琉球諸語がこのタイプに相当します。第2に，特定の地域，特に都市において，複数の移民語によって重層的に多言語状況が形成される場合です。第2次世界大戦以前には，朝鮮や中国大陸，台湾などからの労働者や留学生が多数日本各地に居住し，多言語状況を形成していました。1980年代以降は，それまで存在した在日コリアン，中国人に加え，ブラジル人，フィリピン人，南米スペイン語圏出身者，ベトナム人などの移民コミュニティが各地に出現しています。

　多言語社会では，マジョリティのことばへの同一化と母語の保持・継承の間でのせめぎあいがみられます。日本では，明治時代以降，標準語化政策が推し進められ，各地の土着のことばからマジョリティのことばである標準語への**言語シフト**が進みました。現在，アイヌ語や琉球諸語は話者が激減し，消滅の危機に瀕していますが，この流れを逆行させ，言語を保持・継承していこうと努力が続けられています。

　日本語を母語としない移住者に対して，日本で生活する上で困らないようにと日本語教育を行うことは，マジョリティのことばへの同一化とみなすことができます。しかし，こうした同一化の流れと同時に，行政の実務レベルでは，書類の多言語への翻訳，案内の多言語表示，母語による相談窓口の設置などの言語サービスも行われています。災害時には，ラジオの多言語放送や，「やさしい日本語」を用いた情報提供が試みられています。学校教育では，日本語指導体制を充実させていくこととあわせて，母語による支援や母語・母文化の学びに対する支援の必要性も認識されるようになってきました。

3.4.2　コードスイッチング

　複数の言語を併用する話者が，一連の会話の文と文の間で，あるいは1つの文の中で言語を切り替えることがあります。これを**コードスイッチング**（code switching）といいます。岩田（2022）は，コードスイッチングには機能的な側面と伝達的な側面があると指摘しています。前者

は，ある言語ではうまく表現できないときもう1つの言語へ切り替える，ある言語が理解できない人がいるときにその人にも分かる言語へ切り替えるなど，コミュニケーションを成立させるために言語を切り替える場合です。ところが，複数言語使用者の実際の会話を観察すると，どちらの言語を使ってもコミュニケーションが成立するにもかかわらず言語を切り替えていることがあります。このようなケースでは，話し手は言語を切り替えることで，新たな意味を作り出そうとしていると考えられます。

例3.6はノルウェーのヘムネスバーゲット（Hemnesberget）という小さな町の税務署での会話です。この町では2つの言語変種が使い分けられており，発話例の大文字のみで表記されている発話はボクマル（H変種），大文字と小文字で表記されている発話はラナマル（L変種）を示しています。

例3.6　税務署での会話
Jan：Hello Petter. How is your wife now?
（こんにちは，ペッター。奥さんの具合はどう？）
Petter：Oh she's much better thank you Jan. She's out of hospital and convalescing well.
（だいぶいいよ，ありがとう，ジャン。彼女は退院して順調に回復しているよ。）
Jan：That's good, I'm pleased to hear it. DO YOU THINK YOU COULD HELP ME WITH THIS PESKY FORM? I AM HAVING A GREAT DEAL OF DIFFICULTY WITH IT.
（それはよかった，それを聞いて嬉しいよ。**この厄介なフォームのことで私を助けてもらえるだろうか？　これでとても困っています。**）
Petter：OF COURSE. GIVE IT HERE...
（**もちろんです。見せてください。**）

(Holmes & Wilson, 2022, p. 45)

近所に住んでいるPetterとJanは最初ラナマルで近況を話しています

が，途中でボクマルに切り替え，役人と市民として税金の書類についてのやりとりを行っています。税務署という場にふさわしいことばはH変種のボクマルですが，あえてラナマルを使うことで秘密性や私的さという意味を伝えていると考えられます。

3.4.3　都市の多言語状況

　尾辻（2016）は，様々な背景を持った人やモノが行き交い，多文化・多言語が都市の日常となっていることを指摘し，人々がその場に存在する様々な資源を創造的に駆使しながら日常生活を営む過程を記述しています。例3.7は，東京の神楽坂にあるフレンチ・ビストロで，経営者のナビル自身がフロアで働いているときの会話です。

　　例3.7　東京にあるフレンチ・ビストロでの会話（Na：ナビル，C：客）
　　フランス語：**太字**，日本語：*斜体字*，イタリア語：***太字の斜体字***，英語：普通書体

1. Na：**Oui chef. Je suis là!**
　　（はいシェフ，今行く！）
2. Na:：*Are?* Sorry sorry sorry sorry.
　　（あれ？　ごめん　ごめん　ごめん　ごめん．）
3. Na：Sorry **Chefterrine.** Sorry *gomen nasai... to Hotate no* **carpaccio.**
　　（ごめん　シェフのテリーヌ，ごめん　ごめんなさい…とほたてのカルパッチョ．）
4. C：*a:::* *Sugoi!*
　　（あ:::すごい！）
5. Na：**Voilà.** *Sumimasen.* **Voilà. Bon appétit!**
　　（どうぞ．すみません．どうぞ．召し上がって！）
6. Na：**pain** two people and two people *onegaishimasu.* **Encore une assiette. De pain.**
　　（パン2人　そして2人お願いします．お皿もう1枚．パン．）

（尾辻，2016, pp. 17-18）

　アルジェリアの出身で，モロッコ人の母とアルジェリア人の父との間

に生まれたナビルは，パリや南仏での生活を経て東京に来ました。フランス語，英語，日本語，アラビア語を話すことができます。ビストロでは，フランス出身で東京に来る前に，キューバ，レバノン，イタリア，ギリシャでも働いていたシェフや，東京出身の日本人マネージャー，コートジボワール生まれで幼少期をモロッコとニューヨークで過ごしたフロアスタッフが一緒に働いています。ナビルはごく短い間に，テーブルとテーブルの間を通り抜けながら，スタッフに指示を出したりシェフと会話したり，食事を運んで日本人の客と会話したり，フランス語を話せる他のスタッフと対話したりして，レストランを切り盛りしていることが分かります。

これからの時代，人々の移動はさらに激しくなり，文化や言語の多様性の度合いもますます高まっていくでしょう。ある種類のことばと特定のスピーチ・コミュニティとを固定的に結びつけて静的に理解することは困難になると思われます。社会とことばの関係を理解するには，人々がことばを含む様々な資源を駆使して，何を成し遂げているのかをみていくことが大切になってくるのではないでしょうか。

3.5　ことばの多様性と社会：3章のまとめ

この章では，私たちが生活の中で様々なことばを巧みに使い分けている様子をみてきました。ことばは社会のありようを反映し，日々新しいことばが生まれています。逆に，ことばを変えることで少しずつ社会に変化を引き起こすこともできます。ことばの多様性は，人々が社会の中で，よりよく，自分らしく生きようと創造性を発揮している証だといえるでしょう。

---

[1] こうした問題に対処し，医療支援者と被災者のコミュニケーションを円滑に図るため，災害発生時の使用を想定した「方言支援ツール」が開発されています。例えば「今村かほる方言研究チーム 医療・看護・福祉と方言」https://hougen-i.boo.jp/,「四国太平洋岸　災害時医療者のための方言のてびき」http://ww4.tiki.ne.jp/~rockcat/shikoku/index.html

2 レジスターには様々な定義があり，「状況により異なる言語変種」をレジスターと考える広義の定義と，職業や話題に関連するものだけをレジスターとする狭義の定義があります。後者の場合，状況によって変化する言語の特質を記述するため**スタイル**（style）という概念を用いますが，スタイルとレジスターの違いはあまり厳密ではありません（宮本，1996）。
3 「幼児語」「マザリーズ（motherese）」と呼ばれることもあります。幼い子どもに話しかけるときにベイビー・トークのような特徴的なことば遣いがほとんどみられない文化もあるため，より中立的に「子どもに向けたコミュニケーション（CDC: Child Directed Communication）」と呼ぶ研究者もいます。

引用文献

東照二（2009）『社会言語学入門——生きたことばのおもしろさに迫る（改訂版）』研究社

文化審議会（2007）「敬語の指針」（Retrieved August 31, 2022 from https://www.bunka.go.jp/seisaku/bunkashingikai/kokugo/hokoku/pdf/keigo_tosin.pdf）

学習技術研究会（2002）『知へのステップ——大学生からのスタディ・スキルズ（改訂版）』くろしお出版

現代日本語研究会（1997）『女性のことば・職場編』ひつじ書房

現代日本語研究会（2002）『男性のことば・職場編』ひつじ書房

日高貢一郎（2005）「医療・福祉と方言」真田信治・庄司博史（編）『事典 日本の多言語社会』(pp.311–314) 岩波書店

Holmes, J., & Wilson, N. (2022) *An introduction to sociolinguistics* (7th ed.). Routledge.

Hudson, R. A. (1980) *Sociolinguistics*. Cambridge University Press.（ハドソン，R. A. 松山幹秀・生田少子（訳）(1988)『社会言語学』未来社）

今村洋美（2015）「話しことばと書きことば」田中春美・田中幸子（編著）『よくわかる社会言語学』(pp.70–71) ミネルヴァ書房

石黒圭（2013）『日本語は「空気」が決める』光文社

伊藤崇（2018）『学びのエクササイズ 子どもの発達とことば』ひつじ書房

岩田祐子（2022）「言語の選択」岩田祐子・重光由加・村田泰美（著）『社会言語学——基本からディスコース分析まで』(pp.111–136) ひつじ書房

かりまたしげひさ（2005）「琉球語の地位」真田信治・庄司博史（編）『事典 日本の多言語社会』(pp.257–259) 岩波書店

小林隆・今村かほる（2020）「よりよきコミュニケーションのために——第3巻への招待」小林隆・今村かほる（編）『実践方言学講座 第3巻 人間を支える方言』(pp.vii–xiii) くろしお出版

国語審議会（1995）「新しい時代に応じた国語施策について（審議経過報告）」
（Retrieved August 31, 2022 from https://www.bunka.go.jp/kokugo_nihongo/sisaku/joho/joho_kakuki/20/tosin03/05.html）

Lave, J., & Wenger, E. (1991) *Situated learning: Legitimate peripheral participation.* Cambridge University Press.（レイヴ, J., & ウェンガー, E. 佐伯胖（訳）（1993）『状況に埋め込まれた学習――正統的周辺参加』産業図書）

ロング，D.（2005）「フォリナー・トーク」真田信治・庄司博史（編）『事典　日本の多言語社会』（pp.359–360）岩波書店

町博光（1996）「中間方言の形成――琉球方言の現状と新沖縄口の展開」小林隆・篠崎晃一・大西拓一郎（編）『方言の現在』（pp.100–113）明治書院

宮本節子（1996）「ことばの状況差・適切さ」田中春美・田中幸子（編著）『社会言語学への招待――社会・文化・コミュニケーション』（pp.96–110）ミネルヴァ書房

中村桃子（2010）「ことばとジェンダーのかかわり」中村桃子（編）『ジェンダーで学ぶ言語学』（pp.1–16）世界思想社

中村桃子（2021）『「自分らしさ」と日本語』筑摩書房

岡本成子（2010）「若い女性の「男ことば」――ことばづかいとアイデンティティ」中村桃子（編）『ジェンダーで学ぶ言語学』（pp.129–144）世界思想社

沖縄県（2023）「令和4年度　しまくとぅば県民意識調査報告書」
（Retrieved October 31, 2023 from https://www.pref.okinawa.lg.jp/site/bunka-sports/bunka/shinko/simakutuba/keikaku.html）

尾辻恵美（2016）「メトロリンガリズムとアイデンティティ」『ことばと社会』, 18, 11–34.

佐竹久仁子（2005）「ジェンダーと日本語」真田信治・庄司博史（編）『事典　日本の多言語社会』（pp.279–282）岩波書店

佐藤恵子（1996）「言語の性差」田中春美・田中幸子（編著）『社会言語学への招待――社会・文化・コミュニケーション』（pp.66–82）ミネルヴァ書房

庄司博史（2005）「日本の多言語化」真田信治・庄司博史（編）『事典　日本の多言語社会』（pp.48–53）岩波書店

杉戸清樹（1992）「言語行動」真田信治・渋谷勝己・陣内正敬・杉戸清樹（著）『社会言語学』（pp.29–47）桜楓社

鈴木聡志（2007）『会話分析・ディスコース分析――ことばの織りなす世界を読み解く』新曜社

田中ゆかり（2011）『「方言コスプレ」の時代――ニセ関西弁から龍馬語まで』岩波書店

Tannen, D. (1990) *You just don't understand: Women and men in conversation.* Ballantine.（タネン, D. 田丸美寿々（訳）（1992）『わかりあえない理由――男

と女が傷つけあわないための口のきき方10章』講談社)
安田敏朗（1997）『帝国日本の言語編成』世織書房

 エクササイズ

①家族との会話，親しい友達との会話，職場での会話などを録音し，話し手がどのようにことばを使い分けているか調べてみましょう。
②話し手自身が本来身につけている生まれ育った土地の方言とはかかわりなく，人々の頭の中にあるイメージとしての「〇〇」方言を，その場その場で演出しようとするキャラクター，雰囲気，内容にあわせて臨時的に着脱する現象を「方言コスプレ」といいます（田中，2011）。方言コスプレの実践例を集めて，それぞれの方言がどのような効果を生み出しているのかを考えてみましょう。
③沖縄県の玉城デニー知事は，毎年6月23日（慰霊の日）に行われる沖縄全戦没者追悼式において，標準語，しまくとぅば，英語の3つのことばをまじえて平和宣言を行っています。3つのことばを使うことによってどのようなメッセージを伝えようとしているのか，話し合ってみましょう。

読書案内

・石黒圭『日本語は「空気」が決める——社会言語学入門』(2013, 光文社）は，身近な問いを切り口に，社会言語学の基本概念を学ぶことができます。
・中村桃子『新敬語「マジヤバイっす」——社会言語学の視点から』（2020, 白澤社）では，新しい敬語である「ス体」の形成過程が，丁寧な分析によって解き明かされます。

第4章

ことばと認知
（認知言語学）

　本章では，言語学の1分野であり，言語心理学とも関連の深い認知言語学について紹介します。認知言語学ではどのように言語を考えるのでしょうか。その考え方は心理学あるいは心とどのように関係しているのでしょうか。そして，その考え方に基づいた認知言語学の概念にはどのようなものがあるのでしょうか。本章ではこれらのトピックを紹介した後，その限界，すなわち，そのような言語あるいは心の考え方ではすくいきれない言語・心の豊かさについて触れ，最後に「実践としての言語」という考え方を紹介します。

4.1　認知言語学とは

　認知言語学とは，「人間の認識の仕方が，どのように言語の文法的な振る舞いや意味に影響を与えているかを扱う学問」です（大谷, 2015）。例えば，コップに水が入っているとき（図4.1），「水がほとんど入っていない」ということもできれば，「水がこんなに入っている」ということもできます。この2つの言い方は，どちらかが正しくどちらかが間違っているということではなく，「コップに水が入っている」という事態を話し手がどのように認識しているのかという違いを表しています。このような認識の仕方，すなわち**認知**（注意，記憶，思考，推論などの心の働き）が言語（文法や意味）にどのように反映されているか（**認知の反映としての言語**）を扱うのが認知言語学です。

図 4.1 コップに入った水

　他方，認知言語学では，認知と言語の関係を，**認知の反映としての言語**という側面だけではなく，**認知システムとしての言語**という側面からも考えます（野村, 2014）。認知システムとしての言語とは，簡潔にいうと，言語によって認知が作られるという側面です。例えば，「たかしくんはおっちょこちょいだ」という噂を聞いたとします。そのうえで，たかしくんをはじめて見たとき，たかしくんがあっちに行ったりこっちに行ったり動いていたとしたら，どう思うでしょうか。「ああ，たしかに，たかしくんはじっとすることができなくて，おっちょこちょいだな」と思うかもしれません。このように，言語によって認知が作られることもあります。

　このように，**認知と言語の関係**を，認知の反映としての言語，認知システムとしての言語という両側面から考えていくことが認知言語学であり，そのように考えると，言語は「心」と密接につながっているといえます。

4.2　認知言語学と心理学

　認知言語学は心理学として実践されてきたという歴史がありますが，初学者には認知言語学と心理学とのつながりが分かりづらいかもしれません。そこで一例として，認知言語学とゲシュタルト心理学との関連を紹介します（籾山, 2010; 大堀, 2002）。

4.2.1　言語表現とゲシュタルト心理学

　ゲシュタルト心理学とは，人間が動きやかたちをどのように知覚するのかに焦点を当て，要素には還元できない全体を人間は知覚していると主張した心理学です（サトウ・高砂, 2022; サトウ・渡邊, 2019）。例えば，水平な線（―）と 45 度の斜線（／）を連続して提示すると，要素として

は，水平な線と45度の斜線しかないにもかかわらず，線が動いているように見えます（仮現運動）[1]。また，メロディも1つ1つの「音」（要素）から作られますが，その音を1つ1つ聴いたとしても，メロディは生まれません。あくまで，「音」がリズムに従って連続的に聴かれたときに，メロディが発生します。このように，要素ではなくまとまり全体，あるいは**ゲシュタルト**（Gestalt：ドイツ語で**形態**）を重視するのがゲシュタルト心理学です。

　図4.2をご覧ください。図4.2（a）をみたときに，「線がたくさんくっついている」とみるよりも，どちらかというと，「三角形が2つくっついている」ようにみるかと思います。同様に，図4.2（b）をみたときには，「波線と直線が交差している」ようにみやすいかと思います（もしかしたら，「コと逆コがくっついている」というようにみる方もいるかもしれませんが，そのようにみる場合は少ないのではないかと思います）。このように，部分を，その総和以上の何らかの意味のある1つのまとまりとして知覚することをゲシュタルト知覚といいます。

図4.2　ゲシュタルト知覚の例
（a）は閉合の要因，（b）はよい連続の要因と呼ばれる。

　このようなゲシュタルト知覚は，ある種の言語表現を動機づけています（籾山，2010）。例えば，「花束」という語は，「花の束」という句と同じ意味ではありません。そこら辺に生えている花を集めて束ねたものは「花の束」ですが，「花束」とは，「通常，〈（お祝いなどで人にあげるために）全体として美しく見えるように，複数の花を配置し，束ねたもの〉というようなより限定された意味を表します」（籾山，2010, pp.10–11）。「花束」は「花」かつ「束」ではなく，「花束」（ゲシュタルト）なわけです。「焼鳥」も同様です。このように，複数の**構成要素**からなる語（**合成語**：compound）の意味は，構成要素の意味を足し合わせた以上の意味を持っている場合が多く，このような様相を部分的合成性（partial compositionality）といいます。これはまさに，ゲシュタルトです。

4.2.2 言語構造とゲシュタルト心理学

次に，図 4.3 をご覧ください。図の白い部分に着目してみると，向き合う 2 人の人物（顔）にみえますが，黒い部分に着目してみると，さきほどまでみえていた顔は背景と化してみえなくなり，盃がみえるようになります。どこに着目するかによって，前景化するものと背景化するものの役割が互いに入れ替わります。前景化するものは図（figure），背景化するものは地（ground）と呼ばれるため，この図は図／地反転図形ともいいます。この図形は図と地の認識が要素（例えば，顔と盃）に還元できず，表裏一体の関係にあることをよく表しています。例えば，黒い部分は白い部分があってこそ，はじめて「盃」として，すなわち「図」として現れます。同様に，白い部分は，黒い部分があってこそ，はじめて「顔」として現れます。そして，片方をみているときは，決してもう片方をみることはできません。

図 4.3　ルビンの盃
白に着目すると顔が向き合っているようにみえ，黒に着目すると盃にみえる。

このような「図」と「地」の区分は言語構造にも反映されています（籾山，2010; 大堀，2002）。例えば，以下の 4 つの文があります。

　　例 4.1　a. ナツさんと結婚したのはハルさんだ。
　　　　　b. ハルさんと結婚したのはナツさんだ。
　　　　　c. ハルさんとナツさんが結婚した。
　　　　　d. ナツさんとハルさんが結婚した。

これらは「ハルさんとナツさんの結婚」という同一の出来事を表しています。しかし，例 4.1a と例 4.1b では，どちらの方に着目したか（つまり，どちらが「図」か）が異なります。例 4.1a では，ナツさんよりもハ

ルさんに焦点を当て，例 4.1b ではハルさんよりもナツさんに焦点を当てています。ルビンの盃においてどこに着目するかで見え方が変わったように，異なる部分に着目することで，**言語構造**（語の配置）が変わるわけです。それに対し，例 4.1c と例 4.1d は，先の 2 つに比べると，着目の仕方に差がないように思えます。しかし，言語には線状性（線状性については 2 章参照のこと）があり，「と」で結ぶ場合も，何らかの観点からどちらかを先に持ってこなければならないため，着目の仕方に差が出てしまいます。名前などを記す際に「順不同」などと書くのも，名前を書く順番に自ずと何かしらの意味が付与されてしまうことによるためです。

例 4.1 の例とは若干異なる，以下のような文も「**図**」と「**地**」の区分を反映しています。

例 4.2　a. 大学から駅まで約 1 キロです。
　　　　b. 大学から駅まで歩いて約 15 分です。

これら 2 つの文における「地」が何かというと，「大学と駅の位置関係」（あるいは，移動）です。「2 つの地点（あるいは，その移動）が問題になっている場合に，移動する距離と所要時間が概ね比例関係にあることを前提として」(籾山, 2010, p.31)，「図」として，例 4.2a では空間的距離に着目し，例 4.2b では所要時間に着目しているといえます。

このような位置関係（移動）を表す言語構造に関して，タルミー (Leonard Talmy) はまさに「図」と「地」を使った概念化を行っています。図は英語でフィギュア，地は英語でグラウンドといいますが，タルミーはフィギュアを「移動している，または移動が可能な存在」，グラウンドを「参照される存在で，フィギュアの経路，位置，方向性はグラウンドに対して指定される」と定義しています (鍋島, 2020, p.172)。すなわち，位置関係（移動）を表すとき，「図」となるのは移動するものであり，「地」となるのはその移動の背景にあるもの（グラウンドを基点としたフィギュアの経路，位置，方向性）と考えられるので，フィギュアとグラウンドが上記のように定義されています。そして，それは言語構造にも反映され，フィギュアが主語，グラウンドが場所句という割り当て

で文が構成されます（大堀, 2002)。例えば，以下の例 4.3 の 2 つの文は同じ内容を記していますが，フィギュアとグラウンドの割り当てが入れ替わると不自然な文になっています。しかし，例 4.4 のように，自転車ではなく自転車置き場にすると，フィギュア，すなわち移動可能な存在ではなくなり，12 号館と自転車置き場との間に「図」のなりやすさに違いが大きく存在しなくなるため，例 4.3b と文の構造は同じでも，例 4.4 は自然な文になっています。

例 4.3　a. 自転車は 12 号館のそばにある。
　　　　b. 12 号館は自転車のそばにある。
例 4.4　　12 号館は自転車置き場のそばにある。

4.2.3　言語の意味とゲシュタルト心理学

以上のような「図」と「地」の区分を，知覚的なイメージだけではなく，知識の成り立ち全般を含んだより広義なものに応用して，ラネカー（Ronald Langacker) は，**プロファイル**（profile）と**ベース**（base）という概念を提唱しています（大堀, 2002）。ベースとは対象を認知する際に背景となる知識（語の意味の基盤となるもの），プロファイルとはその中で焦点の当たる部分（その語の意味が直接指し示す部分）と定義されています（籾山, 2010; 大堀, 2002）。

図 4.4 をご覧ください。図中の太線は (a)–(c) でそれぞれ，斜辺，直径，線分と一般的には呼ばれます。しかし，それぞれの大きさ，かたち，向き（角度）は全く同じです。それにもかかわらず言語表現（言語の意味）が異なるのは，それぞれでベースが異なるからです。図 4.4 (a) で太線が斜辺と言えるのは，直角三角形がベースにあるからです。そして，直角三角形を背景とした上で斜めになっている部分に着目したからこそ，プロファイルとして「斜辺」が浮かび上がります。同様に，図 4.4 (b) の太線を直径といえるのは，円がベースに，そして，そのもとで（プロファイルとして）直径に着目しているからです。

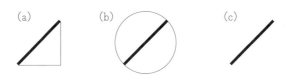

図 4.4 ベースとプロファイル
太線は，(a) では斜辺，(b) では直径，(c) では線分と呼ばれる。全部同じモノであるが，言語表現のベースが異なるため，プロファイルも異なる。

このようなベースとプロファイルの関係は，さらに複合的な知識についてもあてはまります。例えば，「おば」という言語表現は，自己を中心とした親族関係をベースにして，親の姉妹を指し示すもの（プロファイル）です（図 4.5）。そして，今度は，その「おば」を新たなベースとして，「伯母（親から見て姉）」なのか「叔母（親から見て妹）」なのかと，プロファイルを絞ることもできます。

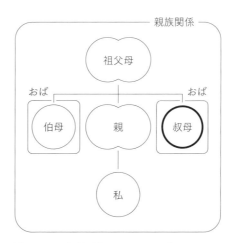

図 4.5　おば（叔母）のベースとプロファイル

このようにベースとプロファイルは，図と地の区分を言語構造だけでなく，言語の意味にまで拡張したと捉えることができます。図が地を前提としなければ，図として意味をなさなかったように，ベースを前提としなければ，プロファイルは意味をなさないというわけです。

　ゲシュタルト心理学との関連を例にあげましたが，認知言語学は認知心理学とのつながりもありますし（例えば，今井，2010），方法のレベルで

心理学ともつながってもいます（例えば，中本・李，2011）。

> コラム

ベースとプロファイルを応用して「心」に働きかける

　安原（2017）はベースとプロファイルという概念を使って，「心」に働きかける興味深い言語表現を分析しています。2節では，認知の反映としての言語の側面について書いてきましたが，認知言語学のもう1つの側面，すなわち，認知システムとしての言語について，安原の分析を紹介します。

　安原が着目するのは，銃規制に反対する全米ライフル協会のスローガン「人を殺すのは人であって，銃ではない」です。この言語表現のベースは，加害者が銃を使って被害者を殺害するという1場面です（図4.6）。銃規制派は「銃によって人が死んだ」と考える，すなわち，銃にプロファイルを位置づかせることで，銃の規制を推進しようとします。他方，全米ライフル協会は，銃ではなく「人」（加害者）が殺したと主張することで，そのプロファイルを銃から加害者に移し，「銃が人を殺す」という点を背景に退かせることで，銃規制の声を小さくしようとしています。言語によって認知システム（物事をどのように捉えるか）が左右される一例です。

　このようなことは日常にありふれています。どのような事例があるか，折に触れて考えてみると，扇動的な情報に騙されずに済むかもしれません。

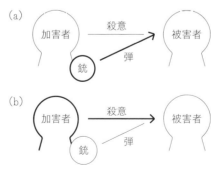

図4.6　スローガンに現れるベースとプロファイル
(a)は銃規制派の考え方，(b)は全米ライフル協会のスローガン。

4.3　認知言語学の成立背景

2節冒頭で，認知言語学は心理学として実践されてきたという歴史があると述べましたが，そもそも現代言語学自体が初期の頃から心理学とつながっていました。ここでは西村・野矢（2013）に基づき，その流れを整理し，認知言語学が成立した背景，認知言語学の特徴を紹介します。

4.3.1　現代言語学のはじまり

現代言語学は，1916年に発表されたソシュールの『**一般言語学講義**』から始まったといわれています。それまでの言語に関する研究は，歴史的な研究が中心でした。共通の起源と想定される言語からどのように派生して様々な現在の言語ができたのか，その法則性を明らかにしようとしていました。しかし，ソシュールは，そのような時間の流れに沿って捉えられる言語のあり方（**通時態**）だけでなく，むしろ，同時代的に捉えられる言語のあり方（**共時態**），すなわち，言語全体を1つの体系あるいは構造として捉え，その中で個々の言語を捉えるべきで（例えば，「赤」という言語は，「青」や「黄」などのほかの言語との関係においてはじめて理解可能となる，など），通時態も共時態の積み重ねとして捉えなければならないと考えました。こうして，言語学とは「言語という一つの構造体を研究対象とする学問である」（西村・野矢，2013, p.10）という学範（ディシプリン）が生まれます。

その後，現代言語学は，地域によっていくつかの方向に分かれていきます。その1つにアメリカ構造主義言語学がありました。**アメリカ構造主義言語学**は，絶滅の危機に瀕していたアメリカ先住民語（ネイティブ・アメリカンの言語）を記述するために，それまでによく知られていた言語とは大きく異なる言語を研究するにあたって何をどうしたらよいのか，その理論的枠組みをどう考えればよいのか，そのような問題に取り組む中で体系化されました。そのときの理論的基盤となったのが，行動主義心理学です。こういう状況ではこういう言語行動があった，すなわち，刺激―反応図式で，言語行動の規則性を捉えようとしました。アメリカ構造主義言語学は，言語の持つ意味の問題を避け，音声や語の形のように観察可能な対象を一定の基準に従って分析する方法を精緻化す

る方向に進んでいきます（大堀, 2002）（行動主義については 6 章で詳しく解説します）。しかし，そのような行動主義的な理論に反旗を翻したのがチョムスキーでした。

4.3.2　チョムスキーの反抗

チョムスキーは，刺激―反応図式では人間の言語の創造性を捉えることはできないと批判します。例えば，人間は，母語の場合であれば，新規にいくらでも適切な文を作り出せますし，適切な文であればはじめて見聞きした文も理解できます。原理的には，作り出せる文の数，理解できる文の数は無限にあり，そうした言語の創造性は刺激―反応図式では捉えきれないとチョムスキーは考えました。チョムスキーにとって問うべきなのは，「われわれ（人間）が言語を創造的に使えるのはいかにしてなのか？」，言い換えると「われわれの言語使用が可能になるために必要な知識はどのようなものなのか？」でした。すなわち，言語使用が可能となる心の仕組み（知識）を解き明かそうと考えます。**行動主義**にとってブラックボックスであった言語使用の仕組みを科学的に，すなわち数理モデルを利用して説明しようとしました。それが，**生成文法**（generative grammar）と呼ばれる理論につながっていきます。その際，チョムスキー（あるいは，生成文法）は，言語専用の能力・知識を想定しました。言語使用が可能となる心の仕組みを解き明かそうとはしたものの，その「心」は知覚や記憶などの他の心的機能からは自律していると想定しました。すなわち，心理学（などの隣接科学）に依存しない言語学を打ち立てようとしたのです（牧内, 1976）[2]。

4.3.3　認知言語学の誕生

認知言語学は，生成文法が想定する，言語に特有の能力・知識を批判することから開始しました。認知言語学でも，生成文法と同様に，言語習得や言語使用を可能にしている知識のあり方を解明することを目標とし，その言語知識を心の仕組みの一環として捉えます。しかし，言語知識がどういうものかを明らかにするためには，言語に特化しない一般的な認知能力（知覚や記憶など）を考慮に入れなければならないと考える点で，認知言語学は生成文法と異なります。認知言語学の旗手の 1 人で

あるレイコフ（George Lakoff）は，認知言語学を以下の 2 つの目標（コミットメント）の観点から定義し，その中でも認知的目標の方が重要であると指摘しています（Lakoff, 1990; 鍋島，2020）。

（ⅰ）　認知的目標：認知科学の知見と整合性があること
（ⅱ）　一般化目標：言語現象の一般化を見出すこと

　認知科学の中には認知心理学などの心理学も含まれるため，言語学が再び心理学（などの隣接科学）に接近したといえます。1990 年代以降，認知言語学はまたたく間に発展を遂げますが（酒井，2013），こうして認知と言語が切り離せないものとなりました。

4.4　認知言語学の重要概念：
　　　認知文法，メタファー，カテゴリー

以下の文をご覧ください。

　例 4.5　a. 先生は授業課題を（生徒に）課した。
　　　　　b. 生徒は授業課題を（先生から）課された。

　これらは事態としては同じことを表しています。「言語表現の意味はその言語表現が指し示す対象（事態）である」と考える場合，これらは同じ意味を持ちます。このような世界や対象は客観的に存在し，それによって言葉の意味を規定しようとする考え方は客観主義といえます（西村・野矢，2013）。一方で，認知言語学では，これらの文章の意味は異なると考えます。なぜなら，例 4.5a と 例 4.5b で視点（認知）が異なるからです。例 4.5a は先生の視点で事態が捉えられ，例 4.5b は生徒の視点で事態が捉えられています。

4.4.1　認知文法

　ラネカーは，このように意味と形式（統語）を並行的に取り扱い，意味をイメージとして捉える**認知文法**を提唱しました（鍋島，2020）。例え

ば,「ドアの近くのテーブル(a table near the door)」とは,以下のように意味と形式が作られます(図4.7)。まず,1番下の「近い(near)」とは物事が互いに「近い」というイメージです。何に近いのか,つまり基準となる物事(ランドマーク:landmark)はドアであり,「近い」と「ドア」がはじめに統合されます。その後,基準をもとに位置づけられるもの(トラジェクター:trajector),すなわちテーブルが「ドアに近い」と統合され,最終的に「ドアの近くのテーブル」となります。このように,認知文法では,意味的な統合過程と形式的な統合過程(図4.7右側)が対応していると考えます。

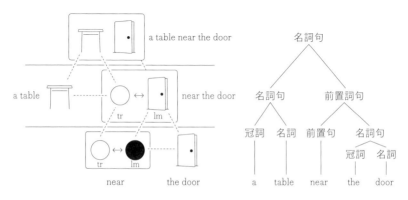

図4.7　認知文法の意味と形式(鍋島(2020)に基づき,一部修正して作成)
図中のtrはトラジェクター,lmはランドマークを表す。

また,ラネカーは部分構造と合成構造という区分も行いました。部分構造とは,図4.7でいう「テーブル(a table)」「近い(near)」「ドア(the door)」で,合成構造とは「ドアの近くのテーブル(a table near the door)」です。「ドアの近くのテーブル」は,部分構造を合成すると,その意味が得られます。すなわち,部分の総和が全体となります。これを合成性の原理(表現全体の意味は,それを構成する部分の意味を規則に従って合成すれば得られるとする考え方)と呼びます(鍋島,2020)。一方,「赤い(red)」と「ペン(a pen)」の部分構造を合成して,「赤いペン(a red pen)」という合成構造を得たとき,その意味は,少なくとも2通りあります。いわゆる赤ペン(インクが赤いペン)と,(インクは赤くなくてもよい)表面が赤いペンです。これは部分の総和が全体の意味

を決定しないので，ラネカーはこれを部分的合成性（4.2.1で紹介）と呼びました。

4.4.2　メタファー

　ラネカーは文法（統語）の問題を扱いましたが，ラネカーと同じく認知言語学の旗手であったレイコフは，ジョンソン（Mark Johnson）とともに，それまで言語学で脇に追いやられていたメタファーが言語にとって本質的であり，かつ，人間の概念体系として重要であると『レトリックと人生』において主張しました。

　メタファーとは，「2つの物事・概念の何らかの類似性（similarity）に基づいて，本来は一方の事物・概念を表す形式を用いて，他方の事物・概念を表す」比喩です（籾山，2010, p.35）。メタファーが成立するのは，人間には，物事を比較して，共通点を見出すという認知能力があるからといえます。例えば，コンピューターのポイントを手で操作する機器を「マウス」といったり（ネズミの形に似ている），生卵を混ぜないでそのまま焼いたものを「目玉焼き」といったりするのはメタファーの例です。

　我々の身の回りには，「時は金なり」，「人生は旅」，「愛は盲目」，「親ガチャ」などたくさんのメタファーがありますが，これらは概念メタファーと呼ばれます。概念メタファーとは，「ある対象が直接把握しにくい場合，あるいはある対象をよりよく理解したい場合に，別のよくわかっている物事を通して理解する」認知の仕組みを指します（籾山，2010, p.40）。例えば，「時は金なり」というメタファーの場合，「時間」は直接把握しづらい（わかりづらい）ので，普段から多くの人が使用して慣れ親しんでいる「お金」と比較し共通点を見出すことで，「時間」をより理解しようとしています。このとき，理解したい対象（例えば，時間）を目標領域（target domain），よく分かっている物事（例えば，お金）を起点領域（source domain）といい，起点領域から目標領域への写像（mapping）によって，目標領域をよりよく理解しようとします（図4.8）。

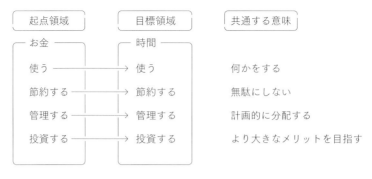

図 4.8 「時は金なり」メタファーの写像

　ただし，**メタファー**や概念メタファーは，共通点を基にしているため，目標領域の 1 側面（起点領域と対応する側面）のみに焦点を当て，ほかの側面は（重要であるかもしれないにもかかわらず）背景化させてしまうことには注意が必要です。例えば，「コミュニケーションはキャッチボール」というメタファーがあります。これは「意味はモノ（Meaning are Objects）」，「言語表現は容器（Linguistic Expressions are Containers）」，「意思伝達は送付（Communication is Sending）」という 3 つのメタファーから成立していると考えられます（Reddy, 1979）。すなわち，話し手は，ボール（＝意味）を適切なかたち（＝言語表現）で投げ（＝意思伝達），受け手はそれを受け取るというメタファーです（1 章の導管メタファーの像も参照のこと）。これはコミュニケーションという一見分かりづらいものを，具体的に分かりやすくしてくれます。しかし，コミュニケーションの全てを説明しているわけではありません。例えば，以下例 4.6 の会話をご覧ください。

　　例 4.6
　　A：オレ，最近，課金しまくってて，やばいわ。バイト増やそ。
　　B：まじか，たりーな。ってか，お腹空いたから，牛丼でも食い行
　　　　こうぜ。奢るよ。
　　A：お，まじ！　あざーす！

　この会話において，A さんは，「金欠だからご飯を奢ってほしい」とい

う意図を込めて最初の発話をしたわけではないと思いますし，Bさんもそう受け取っていないと思いますが，Aさんの金欠という事情を踏まえて「奢るよ」と伝えています。すなわち，キャッチボールはしていませんが，コミュニケーションは成立しています[3]。

また，「コミュニケーションはキャッチボール」というメタファーは，コミュニケーションを能力（いわゆる，コミュ力）と捉える考え方にも関連していると考えられます。キャッチボールと考えるからこそ，投げ方が下手，うまく受け取れない（KY など）といった発想が出てくるといえます。本来，コミュニケーションは2者（以上）がともに関与することで成立するものであるにもかかわらず，キャッチボールで捉えてしまうと，コミュニケーションに成否があったり，その成否が関与者の誰か個人の責任にされたりしてしまうのです。メタファーが我々の認知にとっていかに重要かを示しているといえます。

ところで，**メタファー**（概念メタファー）には，未知なもの・理解し難いもの（目標領域）を既知なもの・理解し易いもの（起点領域）によって理解しようとする働きがありました。しかし，既知なもの・理解しやすいものであれば，何でもメタファーの起点領域になれるかといえばそうではありません。例えば，「これくらいのことは，軽くやってのける」という文の「軽い」は，「容易に／苦もなく」という物事の難易度を表しています。この文は，身体感覚（物が軽い，など）を起点領域にしたメタファー（身体領域→難易度）ですが，その逆方向のメタファーはないようです（籾山，2010）。このように，メタファーには方向性があり，起点領域になるような基本的なものは経験に基づいていると考えられます（野村，2014）。例えば，「数量の多さ」を「上」（容器の水が増えると水面が上昇するなど）に喩えたり（例えば，給料が上がる），「理解する」ことを「見る」こと（百聞は一見にしかず）に喩えたりするのも（例えば，話が見えない），経験に基づいているためと考えられます。メタファーに限らず，認知言語学では，認知や言語の習得・使用の基盤に経験（身体的経験，社会文化的経験）があると考えており，このような考え方を経験基盤主義といいます（籾山，2010；大堀，2002）。

4.4.3　イメージスキーマ

　先ほどの「コミュニケーションはキャッチボール」というメタファーの際，「言語表現は容器」というメタファーを紹介しました。この「容器」の部分は，**イメージスキーマ**と呼ばれます。イメージスキーマとは，身体を通して世界と相互作用をする中で繰り返し出会うことによって，抽象化（一般化）した形で抽出することができる認知図式のことです（籾山，2010）。イメージスキーマは概念やその概念が使用される言語表現に基盤を与えています。例えば，「空気を吸い込む／吐き出す」「教室に入る／教室から出る」などの言語表現は，「容器」のイメージスキーマを基盤とした概念（「肺」，「教室」）を反映しています。「肺」「教室」は，内部と外部を区切る境界があり，入り口から空気，人，物が出たり入ったりする点で「容器」と見なせます。このほか，「木陰に入る」や「芝生に入らないでください」も，「容器」のイメージスキーマに準じて，言語表現を考えることができます。例えば，「木陰」は明確な境界はないですが，日光が遮られる場所とそうでない場所に出たり入ったりできますし，「芝生」も芝生のある空間領域（芝生は本来二次元平面なので入ることはできませんが，芝生の上の「領空」も含めて「芝生」と捉えている）を想定することで，入ったり出たりできます。「容器」以外にもたくさんのイメージスキーマがあり，ジョンソンは，そのリストを作成しています（Johnson, 1987）。

　上記の例のように「入る」という動詞は，「容器」と見なせる空間領域の内部に移動する場合に使われますが，複数の人間から構成される「組織」に加わることを「入る」という動詞で表すこともあります（例えば，サークルに入る）。このような表現の背後には，「組織に加わることを，容器の内部に移動することを通して捉える」という概念メタファーが存在していると考えられます（籾山，2010）。すなわち，イメージスキーマに基づいた行為を起点領域として，より抽象度の高い行為を理解しようとしています。それが言語表現に表れているのです。

　なお，ジョンソンによるイメージスキーマとラネカーのいうスキーマは似ていますが，別の概念です（テイラー，2008）。スキーマとはカテゴリー成員の共通性の抽象的表示と定義されます。例えば，果物で考えて

みます（図 4.9）。リンゴ，みかん，ももに共通する部分が抽象化（スキーマ化）されて，果物$_1$が表示されます。この果物$_1$がスキーマです。このスキーマは**プロトタイプ**（典型例）として機能します。バナナは，この果物$_1$と似ていない部分もありますが，甘さやカラフルさなど何かしらの点を果物$_1$と共有することで，果物カテゴリーに含まれるとともに，そこから抽象化されて果物$_2$が表示されます。この果物$_2$もスキーマです。これが今度はプロトタイプとして機能し，同様のプロセスを辿ります。すなわち，スキーマ（＝プロトタイプとして機能）が拡張する（図 4.9 の波線矢印）際に，また新たなスキーマが生まれます（鍋島，2020）。端的にいえば，具体例の比較を通じて得られた抽象的知識がスキーマだといえます（大堀，2002）。

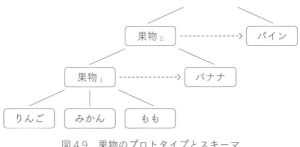

図 4.9　果物のプロトタイプとスキーマ

4.4.4　カテゴリー

ところで，上記で「カテゴリー成員」，「果物カテゴリー」などと述べましたが，カテゴリーも重要な概念です。様々な物事に対して有意味なまとまりを作ることをカテゴリー化（categorization），そのまとまり 1 つ 1 つを**カテゴリー**（category）といいます。ただし，カテゴリーの考え方には変遷がありました。

まず，古典的カテゴリー観では，必要十分条件に基づいてカテゴリーを定義していました（例えば，人間というのは，「2 足歩行」かつ「動物」である，というように）。このように意味は複数の定義的要素（素性：そせい）から成立するという考え方は素性意味論と呼ばれます（鍋島，2020）。例えば，男性（man），女性（woman），少年（boy），少女

(girl) の区別は，［± MALE］と［± ADULT］という 2 つの素性で表現できるという考え方です（表 4.1）。素性はみんなが同意できる客観性を持つ，すなわち，世界や対象は客観的に存在し，それによって言葉の意味を規定できると考える点で，素性意味論[4]および古典的カテゴリー観は客観主義といえます。

表 4.1 キャッツらの素性意味論（鍋島（2020, p.22）の表 1 に基づき作成）

	[+MALE]	[-MALE]
[+ADULT]	男性 man	女性 woman
[-ADULT]	少年 boy	少女 girl

注）±はその素性に当てはまる（+）か当てはまらないか（-）を表す。

　こうしたカテゴリー観に対して，**ウィトゲンシュタイン**という哲学者は，「カテゴリー（概念）に本質的なものなどなく，いくつかの共通する特徴が部分的に重なり合いながら 1 つのカテゴリーに撚り合わされている」と批判して，家族的類似という考え方を提唱します（**家族的類似については 1 章参照のこと**）。例えば，チェス，将棋，囲碁，ソリティア，野球，卓球，人生ゲームなどはすべて「ゲーム」と呼ばれますが，これらのゲームに共通する要素はありません。それぞれのゲームが部分的に特徴を重ね合わせながら「ゲーム」というカテゴリーを形成しています。

　このような考え方を背景に，ロッシュ（Eleanor Rosch）が，古典的カテゴリー観をくつがえす**プロトタイプ理論**という新しいカテゴリー観を提唱しました。同理論では，カテゴリーには，典型例（プロトタイプ）とその周辺例があると考えます（図 4.10）。そのカテゴリー「らしい」成員とらしくない成員があり，それらは段階をなしていると考えます。ロッシュらは，直接評定（すずめやぺんぎんが鳥らしいかどうか，1 から 7 で評定してもらう，など），反応時間（「すずめは鳥である」「ぺんぎんは鳥である」といった文を提示し，その真偽判定にかかる時間を測定する，など），事例の提示（「鳥の例を挙げてください」といって事例を挙げてもらう，など）といった多面的な方法でそのことを調べました。このようにして，カテゴリーの意味の曖昧さ，言い換えると，「これ

は1つのまとまりである」という人間の認知の曖昧さを捉えることができるようになりました。

図 4.10 「鳥らしさ」(なじみ深さ familiar) のグラデーション

4.5 認知言語学における認知・言語観と実践としての言語

ここまで認知と言語は密接に関連していると書いてきました。最後に，認知と言語の関係についてこれまでとは違ったかたちで考えてみたいと思います。

4.5.1 認知言語学における認知・言語観

これまでみてきたように，認知言語学では，認知から言語を考える，あるいは，言語から認知を考えることで認知と言語の関係を扱っていました。しかし，そこからさらに注目すべき点があります。それは，言語が使われている実践をみることです。

例えば，コップに水が入っているときに「水がほとんど入っていない」という場面を考えてみます。これは，「水が少ない」という認識の反映として「ほとんど入っていない」という言語表現になったと考えられていると思います。そして，例えば，運動した後で喉が渇いている時，マネージャーに「水をください」と伝えたところ，コップに少量しか水

を入れてもらえなかった状況で，「ほとんど水が入っていないじゃないか！」という（思う）ことはあると思います。ところが，別の状況を考えてみましょう。例えば，接客相手であるお客さんに水を出そうと思い，近くにいた同僚に，「ごめん，お客さんに飲み物出したいから水を持って来てくれる？」と依頼したとします。同僚は快く応じてくれたものの，なかなか運んできてくれません。痺れを切らして給湯室に水を取りに行ったところ，コップに少量しか水が入っていないという状況でした。そのとき，「ほとんど水が入っていないじゃないか！」という（思う）こともあると思いますが，このときの「ほとんど入っていない」は，「水が少ない」というよりも，依頼を承諾したのにその依頼を達成していない（ことに対する怒り）という意味になるでしょう。

　つまり，認知言語学では，ある一定の状況を想定して認知と言語の関係を扱っていたと考えられますが，実際に言語が使われている現場には多様な状況があり，その多様な状況によって，同じようにみえる言語でも違った言語（意味）になると考えられます。

4.5.2　実践としての言語

　このように，多様な状況で言語は使われています。ときには，言語を完全に内面化していなくとも，他者や言語を含めた環境を活用して言語を完全に扱っている（ようにみえる）こともあるでしょう（吉川，2021）。例えば，「好き」という言葉を考えてみると分かりやすいかもしれません。あなたに好きな人がいて，その人に「好きです」と伝えたとします。そのとき，相手から「なんで私が好きなの？」と尋ねられ，その人を好きな理由をあなたはいくつも述べることができるかもしれません。しかし，それだけでは「好き」をいい尽くせないように感じると思いますし，果ては「好き」とは何なのだろうかと考えてしまうかもしれません。このようによく分からないままでも言語を使うことができ，よく分からないままでも言語表現が成立することがあります。言語は決して完全ではありません。そのため，ときに実践の中で問題が生じることもありますが，それによりあらたな言語が生まれてくるかもしれません。こうした**実践として言語**を捉えること，すなわち，言語が使われている状況をつぶさにみながら言語を捉えることが，心と言語の豊かさを

感じることにつながると考えられます。

4.6　ことばと認知との関係：4章のまとめ

　この章では，ことばと認知との関係に着目しました。言語は認知を反映しているとともに，認知に影響も与えます。このような相互関係を踏まえると，ことばは心そのものです。そのようなことば＝心をしっかりとみつめる際には，そのことばが使われている実践をつぶさにみることも忘れてはならないと思います。

1　少しずつ動きを変えた静止画の連続提示が動いて見えるのもこの原理に基づいています（例えば，パラパラマンガ）。
2　とはいうものの，チョムスキーが，言語使用が可能となる心の仕組み（知識）を解き明かそうとしたように，心理学と言語学が離れたわけではありません。むしろ，チョムスキーの考え方が心理学に大きく影響を与えました。そう考えると，言語学が，心理学に接近，心理学から独立，心理学に（再）接近ではなく，言語学が，心理学から影響を受ける，心理学に影響を与える，心理学から（再）影響を受ける，という影響方向の相対的な強弱で成立背景を整理できるかもしれません。なお，言語心理学におけるチョムスキー流の考え方と，それに対する批判の簡潔な紹介としては『新装版わかりたいあなたのための心理学・入門』（別冊宝島編集部編）の茂呂雄二執筆の章をご参照ください。
3　「…牛丼でも食いに行こうぜ。奢るよ。」「お，まじ！　あざーす！」はキャッチボールとして捉えることもできます。なお，会話（コミュニケーション）をどのように捉えるかに関して，三木（2022）が参考になります。
4　なお，フィルモア（Charles Fillmore）は，そのような考え方を意味のチェックリスト理論（ある単語の意味が素性に当てはまるかどうかで決定される）と呼んで批判し，様々な事例の検討から，意味はフレーム依存すると主張しました（鍋島, 2020）。フレームとは出来事を理解する枠となる知識構造と定義されます（大堀, 2002）。

引用文献

　今井むつみ (2010)『ことばと思考』岩波書店
　Jonhson, M. (1987) *The body in the mind.* University of Chicago Press.

Lakoff, G. (1990) The invariance hypothesis: Is abstract reason based on image-schemas? *Cognitive Linguistics*, *1* (1) , 39–74.

牧内勝（1976）「人間学のための言語学――チョムスキー思想の再考」『フェリス女学院大学紀要』, *11*, 87–106.

三木那由他（2022）『会話を哲学する――コミュニケーションとマニピュレーション』光文社

籾山洋介（2010）『認知言語学入門』研究社

鍋島弘治朗（2020）『認知言語学の大冒険』開拓社

中本敬子・李在鎬（編）（2011）『認知言語学研究の方法――内省・コーパス・実験』ひつじ書房

西村義樹・野矢茂樹（2013）『言語学の教室――哲学者と学ぶ認知言語学』中央公論新社

野村益寛（2014）『ファンダメンタル認知言語学』ひつじ書房

大堀壽夫（2002）『認知言語学』東京大学出版会

大谷直輝（2015）「認知言語学を用いてコーパスから意味を探る――入門編」『研究社WEBマガジンLingua』(Retrieved January 9, 2023 from https://www.kenkyusha.co.jp/uploads/lingua/prt/15/OtaniNaoki1502.html)

Reddy, M. (1979) The conduit metaphor. In A. Ortony (Ed.) , *Metaphor and thought* (pp.164–201) Cambridge University Press.

酒井智宏（2013）「認知言語学と哲学――言語は誰の何に対する認識の反映か」『言語研究』, *144*, 55–81.

サトウタツヤ・髙砂美樹（2022）『流れを読む心理学史――世界と日本の心理学（補訂版）』有斐閣

サトウタツヤ・渡邊芳之（2019）『心理学・入門改訂版――心理学はこんなに面白い』有斐閣

Taylor, J. R. (2004) *Linguistic categorization* (3rded.) . Oxford University Press. （テイラー，J. R. 辻幸生・鍋島弘治朗・篠原俊吾・菅井三実（訳）（2008）『認知言語学のための14章（第三版）』紀伊國屋書店

安原和也（2017）『ことばの認知プロセス――教養としての認知言語学入門』三修社

吉川正人（2021）「認知言語学の社会的転回に向けて――「拡張された認知」が切り開く認知言語学の新たな可能性」 篠原和子・宇野良子（編）『実験認知言語学の深化』(pp. 213–238) ひつじ書房

エクササイズ

　本章で紹介した認知言語学の例ではどのような状況が想定されていると思いますか。別の状況を想定するとことばと認知の関係はどのように違ったものとして見えてくるでしょうか。

読書案内

- 認知言語学の入門書としては，西村義樹・野矢茂樹『言語学の教室——哲学者と学ぶ認知言語学——』(2013, 中央公論新社）が読みやすいです。
- メタファーに関心のある方は，古典であるレイコフ＆ジョンソン『レトリックと人生』（渡部・楠瀬・下谷訳，1986, 大修館書店）を読むのも良いかもしれません。

第5章

ことばと語り
会話・ディスコース・ナラティブ

　本章では，漫画，教室，家庭などにおける会話場面の事例を参考に，「語り」としてのことばに焦点をあてます。ことばというと，私たちはどうしても「文」をイメージしてしまいます。しかし私たちの生活場面に目を向けると，そこで語られることばには，「文」には到底ならない端切れのようなことばがあふれています。あるいは，私たちのふるまいは，常識や習慣に縛られていたり，その場の流れや雰囲気に大きく左右されたりしますが，こうした私たちのことばに作用するものはなかなか「文」にはあらわれません。こうした，「文」にならないことば，そして「文」にあらわれるものを超えたことばについて理解を深めてもらうのが，本章のねらいです。

5.1 「文」にならないことばと「文」を超えたことば

5.1.1 漫画にみる「気まずさ」のことば

　一般的に，「ことば」として想像されるものの多くは，「文」として完成されたものが多いのではないでしょうか。別の言い方をすると，私たちがことばについて考えるとき，「文」という単位を重視することが多いといえます。こうした「文」という単位を重視する立場では，「文」として未完成なことばは，あまり意味を持たないもののようにも思えてきます。

　実際，チョムスキーが提示した言語観では，「文」という単位がとても

大事なものであると考えられていました。このことは，以下のようなチョムスキーのことばからも明らかです。

  ありのままの発話を記録したものは，話し始めでの言い間違い，諸規則からの逸脱，話している途中での計画変更などを，数多く含んでいる。(…中略…) もし言語学が本格的な学問分野であろうとするならば，そういった事柄自体が言語学の実際の主題となることは決してあり得ない。   (Chomsky, 1965 福井・辻子訳 2017, p.37)

　こうした**チョムスキー**の考えをもとにすると，「話し始めでの言い間違い，諸規則からの逸脱，話している途中での計画変更」といった，文にならないことばはすべて言語学的には意味を持たないということになります。チョムスキーは実際に，我々が日常的に話すような会話は言語能力研究の対象として適切ではないと結論づけています。
　しかし，ここでチョムスキーが意味を持たないとしたことばは，本当に意味を持たないものなのでしょうか？　例えば，創作作品からの例ですが，下記のような場面をみると，「文」にならないような断片が，コミュニケーションでは重要な意味を持つことが分かります。

  例5.1　漫画「ゆるキャン△」のとある場面
    リン「あのさ…」
    リン「この間はごめん」
  なでしこ「このあいだ？　なんだっけ？」
    リン「サークル誘ってくれたのになんていうか…　すごい嫌そうな顔したから…」
  なでしこ「あー」
  なでしこ「私もなんだかテンション上がってて　無理に誘っちゃってごめんなさい」
              (あfろ, 2015, p.99)

　この場面では，リンがなでしこから受けたサークルへの勧誘を，無下に断ってしまったことへの後悔や「気まずさ」が，言い淀みや空白に

よって効果的に表現されています。このように，我々自身がことばを発する場合も，また創作作品や他者のコミュニケーション場面におけることばを理解する場合も，それは「文」として成立するものだけで達成されるのではありません。むしろ，「文」に満たないような断片的なことばのかけらたちが意味を持ち，私たちのことばを形作っているのです。

　また，上記の会話をみて，皆さんはどのようなシーンを想像するでしょうか。おそらく，皆さんが想像した映像にはある程度共通性があるはずです。こうした理解に関わっているのは，「文」やそれに満たない断片だけではありません。例えば「サークル」とはなにかを全く知らない人は，上の会話からどのような場面を想像できるでしょうか。「サークル」が，同好の士が集まり趣味や学習の時間を共有すると共に，メンバーが他者を勧誘し，新規のメンバーを増やしていくことで活動の継続性が保証される制度なのだという知識，そして場合によってはそうした集団への勧誘や参加が，本人の意思にそぐわないものであった場合，精神的な負担につながってしまうのだという我々の「常識」がないと，この会話，そしてリンとなでしこの間に流れる「気まずさ」と互いの思いやりはなかなか理解できないでしょう。

5.1.2　「言い間違い」か，「手掛かり」か：教師の「リスタート」

　次の例です。私たちの会話のなかで頻繁にあらわれる「文」に満たない断片の1つに，「**話し始めでの言い間違い**（false start）」があります。下に引用したのは，学校の教室場面で教師が実際に発話した場面のデータから抜粋した「話し始めでの言い間違い」の例です。

　　　例5.2　教師の「話し始めでの言い間違い」

教師：　　　ろく（0.6秒沈黙）　はいー　んじゃー　んじゃあ　聞くな（1.2秒沈黙）　60センチか…
子どもA：　　　　　　　　　　　　　　　　シーーーーーー
その他の子ども：(口々に話している)　　　　　　　　　　　（徐々に話すのをやめる）

　　　（茂呂（1996）より抜粋，一部筆者が表記方法のみ改変，太字は大声を示す）

この場面では,「ろく」と何かを言いかけて途中でやめていること,「んじゃー」が2回連続していることが「話し始めでの言い間違い」にあたります。**チョムスキー**の考え方に則れば,この「ろく」や「んじゃー」は,文に満たない断片であり,言語能力研究の対象としては不適切なものであるということになります。しかし,教室内の子どもたちの様子を詳細にみてみると,実はこの発話が教室内で重要な役割を果たしていることに気づくことができます。

　教師が話しはじめたとき,教室内では子どもたちが好き好きにおしゃべりをしています。この「集団的な自由発話」によって教室内は騒がしくなっていて,なかなか授業に集中できる状態ではありません。しかし教師の「はいー」「んじゃー」という発話のあと,子どもAは周囲に「シー」と,おしゃべりを止めるように注意をし,その後徐々に子どもたちのおしゃべりは止んでいきます。教師は1.2秒の沈黙の間に,教室の子どもたちが自分の話を聞く態勢を整えたことを確認し,授業の内容に入っていっています。

　こうした詳細なやりとりをみてみると,教師の「話し始めでの言い間違い」が単なるエラーなのではなく,子どもたちに「おしゃべりを止めて自分のほうを見なさい」という要求をする,明確なメッセージとなっていることが分かります。より難しい言い方をすると,この場面での教師の言い間違いは,子どもたちに対する「視線接触要求の手掛かり」(茂呂,1996) となっていたのです。

　Goodwin(1981) は,こうした視線接触要求としての「**話し始めでの言い間違い**」の機能に着目し,これを「**リスタート（restart）**」と呼び変えました。上記の場面では,教師の言い間違いをきっかけに,教室は「自由なおしゃべりの場」から,より公式な「授業をする（受ける）場」へと転換しています。このように,我々の日常生活における会話場面は「文」として成立するものだけで構成されているのではありません。むしろ,「文」に満たないような断片的なことばのかけらたちが意味を持ち,その場の状況を生み出しているのです。

5.1.3　語られない背景：言説,法,文化

　もう1つ,例を挙げます。次の例は,つい先ほど,私の娘（A）と私

(B) が交わした会話を再現したものです。

例5.3　歩きたい子どもと焦る父
A「Aちゃん自分で歩きたいの」
B「自分で歩きたいの？」
A「自分で歩く」
B「んーでもさー，今日保育園遅刻しちゃってるからさー」
A「遅刻してるの？」
B「そうなのよ，だからビューンって行っちゃおうよ」
A「じーぶーんーでーあーるーくーのーーっ！」
B「ひーーん分かった分かった」

　この会話も，どのような状況で交わされたものかを想像することは容易なはずです。父と幼い子ども（娘は現在，2歳半です）が，朝，保育園に行く途中に交わした会話であること，子どもは父にだっこされているか，もしくはベビーカーのようなものに乗せられていること，父は子どもの「自分で歩きたい」という願いに反し，できるだけ早く子どもを送り届けようと急いでいることなどが想像できると思います。
　しかしこの会話をリアルな場面として想像するには，直接的には語られていない，様々な背景を理解している必要があります。保育園には事前に決めた登園時刻どおりに登園しなければならないこと。保育園に子どもを送り届ける親は，多くの場合その後仕事に向かう必要があること。保育園の場合も仕事の場合も，遅刻には何かしらのペナルティがあったり，あるいはペナルティがなかったとしてもなんとなく気まず

かったりするので，なるべく避けたいし，避けるべきだということ。2歳頃になると子どもは親の言うことに反対したがる「イヤイヤ期」を迎えたり，何でも自分でやりたいといったりすること。こうした様々な社会的・文化的背景を理解していないと，なぜこの場面でAとBの意見は対立しているのか，Bはなにに葛藤を感じているのかという，ここで語られていることばの意味を理解することは困難になってしまいます。また，ことばを発している当人である私と娘も，これら全てではないにしても，ある程度こうした背景についての理解を共有していないと，この会話は成立しないでしょう。

このように，私たちが発することばは，そこで実際に「文」となっている情報を超えた，様々な社会・文化的背景によって理解可能なものとなっています。具体的には，「2歳ぐらいの子どもって○○だよね」というような「言説」，登園時刻や出勤時刻といったルールや保育園に関する法律などをあらわす「法」，そして「ペナルティがなくても，遅刻はなんとなく気まずい」と感じさせる「文化」などについての理解がないと，様々な場面で発せられることばは意味のあるものにはなりません。このように，私たちのことばやそれによるコミュニケーションは「様々な関係を基礎づけている言説・法・文化」（板場，2011a）によって理解可能なものとなっているのです（このうち，言説（ディスコース）については後ほど詳しく扱います）。

5.2　エスノメソドロジー：ことばの「常識」を読み解く

5.2.1　エスノメソドロジーとは

「ことば」とは，一体なんでしょうか？　それは人々の口から発せられた発話だけを指しているのでしょうか？　例えば話し手の視線や体や顔の向き，姿勢などが加われば，そこで語られている「ことば」がさらにリアルに想像できるようになります。またその際，親と子ども，教師と生徒，上司と部下，先輩と後輩といった関係性やそれに関わる社会的背景も，私たちの理解を大いに助けてくれているでしょう。

こうした，ある場面で起きた出来事を，発話だけではなく身体的な動

きや社会的背景なども含めて描写していくことで「ことば」のあり方を考えるための手法に，**エスノメソドロジー**（ethnomethodology）があります。エスノメソドロジーというのは，社会学者**ガーフィンケル**（Harold Garfinkel）による造語で，直訳すると「人々の（ethno）方法の（method）学（-logy）」といった意味になります（田上・佐々木，2015）。

「エスノ（ethno）」ということばは「エスニック料理」というように，一般的には「民族的な」といった意味で用いられるイメージがありますが，考案者のガーフィンケルによると，このことばは学術的には「ある社会のメンバーが，彼の属する社会の常識的知識を，「あらゆること」についての常識的知識として，なんらかの仕方で利用することができるということを指す」(Garfinkel, 1974 山田・好井・山崎訳 1987, p.14）場合があります。このことについて，我々の日常会話を例に説明をしてみましょう。

5.2.2 「調子どう？」によるコミュニケーション

出張などで会議や集会に参加すると，何年も会っていなかった人とばったり出くわすことがあります。そうした場面では，例えばその人は「おー新原君！ 久々だねぇ。調子どう？」と聞いてきたりします。その場合，私は「いやーぼちぼちですね」とか，「いまいちっすねー」などと返し，その後さらに会話は続いていくことになります。

しかし，よくよく考えると「調子どう？」という言葉は非常にあやふやです。一体この人は，私の何を知りたいのでしょうか？ 体調でしょうか？ 体調だとしたら，疲労の度合いを聞いているのでしょうか，それとも消化器系や呼吸器系の様子でしょうか？ もしくは，仕事や研究の進捗状況を心配されているのかもしれないし，妻や子どもとの関係について興味があるのかもしれません。なぜこんなにあやふやな問いかけに対して，私は即座に返答することができるのでしょうか？ なにが「ぼちぼち」だったり，「いまいち」だったりするのでしょう？

普通に考えると，他者になにかを尋ねるとき，その質問は明確であればあるほどいいはずです。親や先生に「なにが言いたいの？ はっきりしなさい！」といわれたことのある人も多いでしょう。逆に，他者からあいまいな質問を投げかけられ，それが何を尋ねているのかが不明なときは，相手に質問をし返して，何を知りたいのかを明確にする必要があ

るはずです。

　しかし現実のコミュニケーション場面でそのような，あいまいな質問の内容を明確にするような問いかけを行うと，実際にはコミュニケーションが促進されるどころか，コミュニケーションが崩壊したり，会話不能になってしまうのです。

　例として，**ガーフィンケル**が学生に指示したある実験（Garfinkel, 1964 北澤・西阪訳 1995）を紹介します。ガーフィンケルは学生に，「自分の知人もしくは友人と日常的な会話をし，その相手（被験者）が用いた平凡な言葉の意味を明確にしてくれと，その相手に言い張るように」という課題を与えました。その結果，例えば下の会話のように，通常であればスムーズに進んでいたはずの会話が崩壊し，いつものようなコミュニケーションが不可能になったという実例が多数集まりました。

　　例 5.4　言葉の意味を明確にしてみる実験
　　被験者：やー，レイ，彼女元気かい？
　　実験者：彼女が元気ってどういうことだ？　肉体的にかい，それとも精神的にかい。
　　被験者：彼女は元気かって言っただけだよ。お前どうかしたんじゃない？
　　（彼はいらいらしたようだった）
　　実験者：なんともないよ。お前の言ったことをもう少しはっきりさせてくれないか？
　　被験者：もういいよ。医学校の願書どうなった？
　　実験者：どうかって，どういうことだ？
　　被験者：お前，おれの言っていることわかっているんだろ？
　　実験者：いいや，わかんないよ。
　　被験者：どうかしたんじゃない，お前，大丈夫かい？
　　　　　　　　　　　　　　（Garfinkel, 1964 北澤・西阪訳 1995, pp.42–43）

　以上の例から分かるのは，私たちはことばを，常にその場にあった適切な形でやりとりすることのできるやり方を，常識として知っているのだ，ということです。「調子どう？」や「彼女元気かい？」ということば

は，表面的に理解すれば私や彼女の体調や精神状態など，なんらかの健康状態を尋ねるものだと理解することもできます。しかし私たちは，そこで「え，調子ってなんですか？　精神的な？　肉体的な？」といった，あいまいな質問内容を明確にするような働きかけは適切ではないことを知っています。また「調子どう？」が，場合によっては何かを把握するための質問なのではなく，ただ久々に会った者同士がなんとなく会話をはじめるためのきっかけづくりに過ぎないということも知っています。こうした，私たちが誰から習ったわけでもないにもかかわらず，なんとなく知っている常識が，私たちの日常的なことばの実践を支えているのです。

このように，その場における様々な常識を「利用」することで，私たちは，「日常的なあらゆる状況」において，「その場面にあった実践を行うこと」ができます（Garfinkel, 1974 山田・好井・山崎訳 1987）。このような，私たちが共有しているが言語化することのあまりない，人々が「観察可能な社会的活動を協同して作り出す方法」（山田, 2018）が，**エスノメソドロジー**です。

5.2.3 「女性として生きる」という実践

では，ガーフィンケルはどのような「観察可能な社会活動」を明らかにしたのでしょうか？　そしてその研究には一体，どのような意義があったのでしょうか？

ガーフィンケルの有名な研究の1つに，アグネスという女性についての研究（Garfinkel, 1967 山田・好井・山崎訳 1987）があります。アグネスの印象について，ガーフィンケルはこのように記しています。

> 彼女は背が高く，スリムでとても女らしいプロポーションをしていた。サイズは上から，96，63，96，細くて長いダークブロンドの髪で，かわいらしく，若々しい顔をしていた。肌はピンクで，顔には産毛もなく，眉毛はかすかに引き抜かれており，口紅の他にはなにも化粧をしていなかった。はじめて現れたとき，ほっそりした肩と豊満な胸と細いウエストをきわだたせるタイトセーターを着ていた。
>
> （Garfinkel, 1967 山田・好井・山崎訳 1987, p.221）

しかしアグネスには，実はある生まれつきの身体的な特徴がありました。彼女の身体には，一般的な女性と同じように，思春期に胸のふくらみといった第二次性徴があらわれました。しかし彼女は正常な男性の外性器をもっており，逆に様々な検査をしても，彼女の体には子宮や卵巣といった女性生殖器の痕跡が見当たらなかったのです。アグネスは，身体的には男性と女性の特徴が両方備わっているという特性を持っていたのです。

　アグネスは生まれてから思春期を迎えるまで，男性の外性器を持っていたという理由で，男性として育てられました。しかし第二次性徴以降，アグネスは自らの性自認に気づき，積極的に女性になろうとしました。

　この時アグネスがとった行動は，服装や髪形といった見た目に関するものだけではありません。例えばアグネスは，子どもの頃の自分を，「野球のような乱暴な遊び」を好まず，人形遊びをしたり，泥んこでパンケーキを作ったりしていたと語りました。また彼女は，「話のなかでだけでなく，会話のおりおりに，はにかみやで無垢で愛らしく受け身的で感受性に富んだ「若い娘」であることを示し」続けました（Garfinkel, 1967 山田・好井・山崎訳 1987, p.237）。他にも，**ガーフィンケル**がアグネスを「女性」として気遣ったとき，例えば「道をわたるとき，彼女の手をとって導いた」り，「ハンガーにコートを掛けてあげようと申しでたり，彼女のハンドバックを持ってあげたり，車に乗るときにドアをもっていてあげたり」したときには，アグネスは喜びを示しました（Garfinkel, 1967 山田・好井・山崎訳 1987, p.243）。このようなやり方でアグネスは自分を「120%の女性」として提示するだけでなく，自分のボーイフレンドを「120%の男性」として描きました。以上のように，アグネスが日常生活で示す「女性としての自分」という行動の全てが，アグネスが女性として生き，そして周囲から女性として扱われるという「観察可能な社会活動」を作り上げることにつながっていたのです。

　こうしたガーフィンケルの研究は，男女という一見常識的な区分が，生得的に与えられた身体的特徴によってだけでなく，我々の日常的で微細な行動によって作り上げられているのだということを教えてくれます。ガーフィンケルによれば，「自分の性別をあたりまえのものとみなし

ている人たちにとって，社会構造の組織や作用は，日常的出来事の，「ルーティン化され」「目に見えてはいるが気づかれていない」背景となっているにすぎ」ません（Garfinkel, 1967 山田・好井・山崎訳 1987, p.219）。男性と女性が区別可能であるという我々の日常世界は，意識しているか否かに関わらず，我々が自らの行動で作り上げているのです。

男女の性差が生まれ持ったものではないという考え方は，現代では徐々にではありますが，一般的な考え方になってきています。自らの性的なアイデンティティが生まれ持った固定的なものではなく，場合によっては選択可能なものだと考える人々も増えてきました。しかしかつて（今でもそういう考えの人もいますが）は，性別は生まれつきのものであるという考えが常識であり，生まれ持った身体的性と自身の性自認とのギャップで苦しむ人々の苦しみは，長い間理解されませんでした。**エスノメソドロジー**が提示した「性とは日々の相互行為で達成される社会的実践である」という考え方は，性を生まれつき固有のものではなく，社会的・文化的に作り上げられるものとして捉える視点を提案し，その後の議論に大きな影響を与えました。

5.3　会話分析

5.3.1　「その場の理解」はどう作られるか

エスノメソドロジーはその後，様々な分野の研究に影響を与えました。社会学者サックス（Harvey Sacks）はエスノメソドロジーを発展させ，「**会話分析**」という手法を生み出しました。会話分析は，「人々が実際に行っている会話をデータにして，やりとりにおける規則やルールを見出そうとする研究方法」です（鈴木, 2007, p.7）。こう書くと，文法上の規則を明らかにするのが会話分析の目的のようにみえてしまいますが，そうではなく，会話分析が対象とするのは，その会話に参加している人々がどのように「その場に関する理解」を積み上げていくのかという問いです。

「その場に関する理解」とはなんでしょうか？　例えば私たちは，普段の何気ない会話で，「今，自分は話し手なのか，聞き手なのか」をその瞬

間その瞬間で判断し，会話を進めていきます。どんなに大人数がかかわる会話であっても，基本的に話し手が1人，その他は全員聞き手という秩序は崩れることなく会話が進行しますし，仮に秩序が崩壊する（2人以上の人が同時に話し始めるなど）ことがあっても，ほんのコンマ数秒のやりとり（「あ，すみません」「どうぞどうぞ」）で秩序は回復します。このような，「今，誰が話し手なのか」という理解は，事前に明文化されたものでも，誰かから教わったものでもないにもかかわらず，私たちは目まぐるしく変わる状況の中で，話の流れや互いの視線や身体の動き，息づかいなどから瞬時にそれを判断し，理解することができています。

　こうした，その場の微細なやりとりによって，その場の理解がどのように構成されていくのかを明らかにするのが，**会話分析**です。では，会話分析の手法を使うことで，どのようなことが明らかになるのでしょうか。

5.3.2　教室の秩序はいかに作られるか

　会話分析が明らかにすることの1つ目として，「ある社会的秩序が，当たり前に存在するものなのではなく，私たちのことばでのやりとりによって作り上げられている」ことが挙げられます。例えば社会学者ミーハン（Hugh Mehan）はエスノメソドロジーや会話分析の手法を応用して学校の授業場面における会話を分析することで，授業中の教師と生徒の会話には，ある特殊な構造があることを明らかにしました（Mehan, 1979）[1]。下記のような会話は，みなさんも幾度となく体験してきたはずです。

　　例5.5　よくある授業の1場面（創作）
　　教師：はい，では茨城県の県庁所在地はどこでしょう？
　　生徒：水戸！
　　教師：はい，いいですね。

　この場面では，教師の発問「茨城県の県庁所在地はどこでしょう？」によって会話が開始（Initiation）された後，生徒がそれに「水戸！」と応答し（Reply），さらにそれを教師が「いいですね」と評価する

(Evaluation）という形で一連のシークエンスが完結しています。この Initiation-Reply-Evaluation という3つのパートの頭文字をとって，こうした会話の連鎖は**I-R-E 連鎖**と呼ばれ，教室場面によくみられる会話構造として知られています。

　I-R-E 連鎖の構造は，一見当たり前のもののようにみえますが，よくよく考えてみるととても「不自然」なもののようにも思えます。例えばあなたが友人から「いま何時？」と尋ねられ，「11時半だよ」と答えたのに対し，友人が「正解！」と言ってきたらどうでしょう？　普通，質問に対して応答をした際には，「ありがとう」といった感謝の言葉が返ってくることはあっても，それを評価されるなどということはなかなか起こらないのです。

　佐藤（1994）は，こうした I-R-E 連鎖をはじめとした教室での会話の特殊性が「よく知っている人（教師）がよく知らない人（生徒）に尋ね，その応答に対して，尋ねた人は感謝するどころか，成否を判定し評価する」，「話者を選択し発言の順序を決定するのは，この会話を一方的に主導する教師である」といった構造によって特徴づけられていると指摘します（佐藤，1994, p.11）。この構造は，教師と生徒という教育的関係が，「教師の権力と権威によって人為的に組織されている」ことを示しています。教室空間において，教師はある種の権力を持ちますが，その権力が教師と生徒の相互行為によって構築されていることの一端を示すのが，I-R-E 連鎖という特殊な会話構造なのだといえるでしょう。

5.3.3　遊びの工夫としての I-R-E 連鎖

　ただし，I-R-E 連鎖が持つ機能は，教師の権力を構築するということだけには留まりません。下に紹介するのは，ある音楽家が小学校において行った出張授業の場面です（新原，2017）。この例では音楽家が「きらきら星」が作られた時代背景について解説を行っています。

　　例5.6　音楽家による出張授業の一場面
　　　音楽家：さてみなさんに質問です。この「きらきら星」なんですけども，一体何年ぐらい前に生まれた歌だと思いますか。

児童：100。
　　　音楽家：100。もうちょっと前。
　　　児童：200。
　　　音楽家：200？　400まで行きません。
　　　児童：［150］
　　　児童：300。
　　　音楽家：300まで行きません。
　　　児童：（（複数が一斉に））250。
　　　音楽家：お，すごい，近い。240年前に，フランスという国知っ
　　　　　　　てますか。
　　児童一同：はい。
　　　音楽家：はい，パリで流行っていたヒットソングでした。

（新原，2017, p.125）

　この場面は，音楽家による修正やヒントの提示などを経ることでI-R-E連鎖が達成される「拡張連鎖」と呼ばれる会話構造になっています。この「きらきら星」の解説場面では，この拡張連鎖を含め，5回もの**I-R-E連鎖**が生じていました。

　このようにI-R-E連鎖が頻発することで，この場面では何が起きていたのでしょうか。まず指摘できるのは，通常の授業場面と同じような教室空間の秩序が，この日が初対面であった音楽家と児童の間でも保たれていたという事実です。もちろんそのことには，教室の後ろから担任の教師が授業の様子を見守っていたことも関係していたかもしれません。それでも音楽家が，児童にとってなじみのある「授業っぽい会話」を再現してみせたことで，互いにとってこの場面がまぎれもない「授業」として認識されていったことの重要性は大きいといえるでしょう。

　しかしそれ以上に重要なのは，そこで提示された知識と児童とのかかわり合いです。音楽家は，「きらきら星」がパリで240年前に作られた曲であるという事実を既に知っているのであり，それを児童に伝えるだけであれば，わざわざ拡張連鎖のような回りくどいことをしなくてもいいはずです。しかし児童にとっては，ただ一方的に「この曲は240年前にパリで作られました」と知らされるだけであった場合と，（たとえ予

定調和的であったとしても）児童みんなと音楽家との共同作業でその事実にたどり着いた場合とでは，その知識に対する思いは大きく異なるのではないでしょうか。

このように，**I-R-E 連鎖**という会話構造は教師の権力を一義的に定めるだけでなく，教える側にとっては事前に明らかな知識であっても，遊び的にそれに接するようなプロセスを，教室全体の共同作業として作っていく過程を演出するために用いることもできます。つまり I-R-E 連鎖や拡張連鎖といった会話構造は，「場に参与するすべての児童たちにとって，何らかの回答を行うことが可能」にする，教師の「「質問」の工夫（デザイン）」として用いることもできるのです（今井，2020, p.122）。このように，教室をはじめとした様々な社会的空間の秩序を作り上げたり，またその空間を創造的に作り変えたりするような，私たちの細かなことばのやりとりの豊かさを，会話分析は明らかにしてきたといえるでしょう。

5.3.4　会話分析が迫る問い直し：医師と患者の信頼関係

会話分析はさらに，様々な現場で生み出される問題を明らかにすることに用いられてきました。例えば医療現場では，医師中心的な行動が患者の癒しを半減させていることが指摘されていました（Byrne & Long, 1976）。800 人の外来患者を対象に行われた調査では，患者の 24% が診療に著しい不満を感じると共に，医師の指示を中程度にしか守らない患者が 38%，全く守らない患者が 11% いたことが明らかになりました。ある研究者らは，こうした患者の非協力的な態度の原因として，患者が期待を裏切られたと感じたり，医師との関係に温かみがないと感じたり，診断内容や原因について十分な説明を受けていなかったりしたことなどを指摘しました（Francis et al, 1969）。

こうした問題に対して，会話分析はいくつもの有益な研究成果を残しました。例えばロビンソン（Robinson, 2006 黒嶋訳 2015）は，診療場面において医師が患者の心配事を引き出すために用いる問いかけに注目しています。こうした医師の問いかけは，「今日はどうされましたか？」「気分はどうですか？」のようにイエス・ノーでは答えられないような**開放型の質問（オープン・クエスチョン）**と，「痛いのは人差し指だけですか」

「耳が腫れてるんですね」のようにイエス・ノーで回答可能な**閉鎖型の質問（クローズド・クエスチョン）**の2種に大別されます。また一般的に，医師には患者とのコミュニケーションを深めるために開放型の質問を多く用いることが推奨されています。

　しかしロビンソンは**会話分析**によって，同じ開放型の質問であっても，それぞれの質問は全く異なる内容を伝えていると患者に理解されており，それぞれ異なったやり方で応答されていることを指摘しました。そのことがよく分かるのが，以下のような例です。

　　例5.7　ぎごちない医師と患者
　　医師：それで今日はどうして診療所に見えたんですか？
　　（1秒沈黙）
　　患者：ええと私の，足（1秒沈黙）んんと（1秒沈黙）…
　　　　　　　　　　　　　　　（Robinson, 2006 黒嶋訳 2015, p.43）

　この場面では，医師はセオリーどおり，開放型の質問で診療をスタートさせています。しかしその後の患者の反応をみると，長い沈黙が続き，あまり会話がスムーズには進んでいない様子です。その理由は，この場面の続きをみると明らかになります。

　　例5.7　つづき
　　患者：…日曜の夜にも来たんですが
　　医師：そうですか
　　患者：実は再診です
　　医師：ええあなたのカルテを見ました。えーとそれは救命救急室で
　　　　　書かれたもので日曜日に…
　　　　　　　　　　　　　　　（Robinson, 2006 黒嶋訳 2015, p.43）

　「今日はどうして診療所に見えたんですか？」という質問は，診療を始めるには一見最適のように見えます。しかしその後患者が何度も言い淀んでいる様子をみると，患者はこの質問を不適切なものであると感じているように見えます。なぜなら，「それで今日はどうして診療所に見えた

んですか？」や「今日はどうされたんですか？」という質問は，いずれも患者に新たな心配事があると医師が考えている場合，つまり初診の際に用いるべきものだからです。

　医師はカルテをみながら診療をしているので，この患者が日曜日にも診療を受けていることは知っているはずです。しかし「それで今日はどうして診療所に見えたんですか？」という質問が再診の場合には不適切であるということに注意を払っていなかったため，患者とのコミュニケーションに問題が生じてしまっています。これに対し，患者は長い沈黙をはさむ，「日曜の夜にも来たんですが」と言うなど，何度か危険信号を出していますが，医師は患者に「実は再診です」とはっきり正されるまで，そのことに気づいていません。

　こうした事例から学ぶことによって，医師は同じ**開放型の質問**でも，実はそれぞれの質問には個別の機能があり，適切に使い分けないと患者との信頼関係が壊れてしまう可能性があるということや，信頼関係を適切に築けているかを知るために診療中の患者の細かな反応に常に注意を向け続けることの重要性に気づくことができます。こうした細かな配慮や繊細さを養うため，現在の医学教育では診療場面を疑似的に演じてみる**ロールプレイ**の重要性が共有されています。例えば徳島大学の医学部系キャンパスでは長い間，ボランティアの一般市民が患者役として参加するようなロールプレイの授業が行われています（長宗他, 2010）。こうした教育実践の重要性が幅広く認識されるきっかけの一端を，**会話分析**は担ったといえるでしょう。

5.4　ディスコースとはなにか

5.4.1　ディスコース，談話，言説

　ここまで説明してきた「会話」は通常，日常場面における人と人との言語によるやりとりを指しますが，言語心理学でよく使われる，より広い概念として「**ディスコース（discourse）**」があります。日本語では「**談話**」もしくは「**言説**」と訳されることもあったり，そのまま「**ディスコース**」と言うこともあったりと，少しややこしい言葉です。

「談話」と「言説」は，英語ではどちらも「**ディスコース（discourse）**」なのですが，言語学では伝統的にディスコースを「談話」と訳してきたのに対し，哲学や社会学ではこのことばを「言説」と訳してきたという出自の違いがあります。それによって「談話」は主に話し言葉や新聞，書物などの書き言葉を（鈴木, 2018a），「言説」はなんらかの具体的な考えや意味を含んだ，まとまりのあるものの言い方や語りを指す（鈴木, 2018b）といったように，両者は微妙に異なった使い方をされています。鈴木（2018c）は，こうした言語学，哲学，社会学における議論と区別するために，心理学ではそのまま「ディスコース」の語を用いることを提案しています。なので本章でも，「談話」や「言説」といった語との細かい違いは一旦置いておいて，「ディスコース」で話を進めていきます。

5.4.2　「女性がいる会議は時間がかかる」発言にみるディスコース

さて，ディスコースとは一体なんでしょうか？　そしてなぜ，心理学はディスコースに注目しなければならないのでしょうか？　このことを考えるために，東京 2020 オリンピックに関連して物議をかもしたある政治家の発言を紹介します。

> 例 5.8　日本オリンピック委員会臨時評議員会における森喜朗氏の発言
>
> これはテレビがあるからやりにくいんだが，女性理事を 4 割というのは，女性がたくさん入っている理事会，理事会は時間がかかります。これもうちの恥を言います。ラグビー協会は倍の時間がかかる。女性がいま 5 人か。女性は競争意識が強い。誰か 1 人が手を挙げると，自分もやらなきゃいけないと思うんでしょうね，それでみんな発言されるんです。結局，女性はそういう，あまり私が言うと，これはまた悪口を言ったと書かれるが，必ずしも数で増やす場合は，時間も規制しないとなかなか終わらないと困る。そんなこともあります。
>
> 私どもの組織委にも，女性は何人いますか。7 人くらいおられるが，みんなわきまえておられる。みんな競技団体のご出身で，国際的に大きな場所を踏んでおられる方ばかり，ですからお話もきちんとした的

を射た，そういうご発言されていたばかりです。

（日刊スポーツデジタル版，2021）

　この発言には，女性に対する森氏の「考え」が如実にあらわれています。森氏は，女性とは「競争意識」が強い存在なので，女性が多いと会議に時間がかかってしまうと感じているようです。また，組織委員会の女性は「競技団体のご出身」で「国際的に大きな場所を踏んでおられる方ばかり」だから「わきまえておられる」という発言も，スポーツで大舞台を経験すれば，女性は「わきまえて」，会議に時間がかからなくなる，という考えをあらわしています。言い方を変えると，大舞台を経験して実績を残し，「わきまえた」女性としか，森氏は働きたくないし，そういう女性しか組織委員会には求めていないということになります。

　この発言が女性蔑視であると問題視され，森氏は東京オリンピック開催を目前にして，組織委員会の会長を辞任することになりました。しかし，それで問題は果たして解決されるのでしょうか。森氏の発言にあらわれた，「女性は競争意識が強い」「女性が多いと会議は時間がかかる」「女性はわきまえるべきだ」という考え方は，森氏だけの考え方でしょうか。

　「女性は〇〇だ」とか「女性は〇〇するべきだ」というような考え方を，どこかで私たちは持っていたり，あるいはそれを言葉にしてしまったりしているのではないでしょうか。これが「**ディスコース**」です。心理学者パーカー（Ian Parker）は**言説**を「特定の社会的結合関係をつくるべく言語を組織化したものである」(Parker, 2004 八ツ塚訳 2008, p.122) と定義しています。上記の発言では，森氏はさかんに，「女性」を「男性とは根本的に異なる存在」として描き出しています。さらに「わきまえておられる」といった発言からは，男性中心の組織に参画する場合には女性は「わきまえる」，つまり男性の邪魔をしないように配慮すべきなのであり，あくまでも組織の中心は男性であるというように男性－女性関係を考えていることがわかります。森氏は「女性」や「わきまえる」といった概念を中心に組織化された言語を用いることで，男性中心の社会，そしてそれに従属すべき女性という「社会的結合関係」を明らかにしているといえるでしょう。

パーカーによると，**ディスコース**は現代社会において「カテゴリー（たとえば階級や人種）のちがいにそって人間存在を区別するはたらき」を持ちます（Parker, 2004 八ツ塚訳 2008, p.121）。こうしたディスコースのはたらきを明らかにすることは，自己と世界についてどれほど強固なイメージが社会のなかに行き渡っているのか，そしてそうした強固なイメージがいかに我々の言語の使用によって構成されているのかを明らかにすることにつながるのです。

そして森氏の発言の例からも分かるとおり，現代社会におけるディスコースの構成と運用は，時に差別的なものや極端な誤解に結びついたり，ある特定のカテゴリの人々を不当に抑圧したりすることにつながる場合が多々あります。こうした「社会的，政治的不平等，権力の濫用，差別や制度化された格差」を明らかにすることを重視するやり方は，ディスコース分析のなかでも特に「**批判的ディスコース分析**」と呼ばれます（五十嵐, 2018）。以下では批判的ディスコース分析の実例を示しながら，ディスコースのあり方についてさらに理解を深めていきましょう。

5.4.3　ディスコース分析が迫る問い直し：
　　　　市場原理の落とし穴

朴（2013）は，朝日新聞に掲載された橋下徹大阪市長（当時）の語りをもとに，橋下氏が教育に対して前提とする様々なディスコースの問題点を指摘しています。

例えば橋下氏は，生徒が学校を自由に選ぶことのできる「学校選択制」の導入を提案し，次のように言います。

> 例 5.9　橋下徹氏の教育に関するディスコース
> 「『選ぶ権利』に上回る価値はない。〔学校選択性を導入すれば〕地域が崩壊するというが，選択される地域になればいい。行きたくない学校に無理やり行かせるのは上から目線だ。」2012 年 3 月 1 日，大阪市議会代表質問
>
> 「〔学校が生徒に〕選ばれていないという事実は非常に重い。行政というのはそこが抜けてしまって，特性だとか効率の役割だとかいろいろな理屈をつけて言うが，それをはるかに超える要素として，選ばれ

ていないということを軽く見過ぎだと思う」2012年1月30日，大阪府市統合本部会議

　「ある学校が選ばれないということは，他の学校が選ばれているのである。選ばれなかった学校が，自分たちには存在意義があると言い続けるのはおかしい。府立高校の定員割れした学校の役割は，選ばれた私立高校が狙っている」2012年2月3日，ツイッター

（朴，2013, p.54 より引用）

　橋下氏の語りのなかで繰り返し登場するのが，「選ぶ」という言葉です。橋下氏は，生徒が通う学校を自分で自由に選ぶことができれば，良い学校は選ばれて生き残り，反対に良くない学校は生き残ることができず消えていくだろう，その結果教育の全体の水準が向上するだろう，と考えているようです。橋下氏の発言に限らず，教育にこうした市場原理を導入すれば教育の質が向上するはずだという**ディスコース**は根強く支持されています。

　しかしこうした考えに潜む問題点を，朴は次のように指摘します。

　「選ぶ」という言葉が前提にしているのは，「選ぶことができる人間」である。しかし，選ぶということは簡単なことではない。何かを選ぶということは，その選ぶ対象について十分な知識があり，また自分の選択がもたらす結果について具体的に想像することができてはじめて可能になる。

（朴, 2013, pp.54-55）

　学校を自由に選択できるようになったからといって，全ての人が多くの学校のことを事前に十分に調べ，その選択の結果を具体的に想像できるわけではありません。家庭での生活に余裕があり，熱心に情報を集めてきてくれる大人がそばにいて，たくさん相談にのってもらえる子どもばかりではないのです。「学校選択制」に限らず，市場原理は時に，環境に恵まれず何かを十分に考え選択する余裕がない人々の苦しさを，「でもそれはちゃんと選べなかった君の責任だよね」としてしまう危険性をはらんでいます。このような説明は，格差が生じている社会自体が問題のはずなのに，それを個人の責任として説明してしまう，問題のすり替

えだといえるでしょう。

　別の言い方をすれば，こうした「問題のすり替え」も，私たちが世界をどう語るかを通じて世界を作り上げているということの一例だといえます。しかしそうして作り上げられた世界は，時と場合によってはある権力を持った人たちの都合のいいものになってしまっている場合があります。実践としてのことばを学ぶことは，そうした一部の人々による世界の作り上げ方に目を光らせ，異議を唱え，そして自分はいったいどのような世界を作り上げていくべきなのかを考えることにもつながるのです。

5.5　ナラティブとはなにか

5.5.1　ナラティブとしてのことば

　ここまで解説した「会話」「ディスコース」と並んで，ことばに着目する心理学でよく話題となるのが「**ナラティブ**（narrative）」です。「物語」や「語り」と翻訳されることもありますが，心理学ではそれよりも「ナラティブ（あるいはナラティヴ）」とカタカナ表記で記されることのほうが一般的です。本章の最後に，ごく簡単にではありますが，ナラティブの概念について紹介します。

　ナラティブとは，人が何かを語るということ，そしてそれによって語られたものの両方を指す用語です。例えば「昨日は起きるのが遅かったので，朝ご飯を食べる時間がなかった」という語りはただ事実を述べているわけではありません。そのとき周囲に起きていたことはここに述べられていること以外にも無限にあるはず（着ていた服，部屋にあったもの，起きる前に見ていた夢，出かける支度をしながら考えたこと）ですが，そのなかから今後語られる物事に関係する事象のみが選び取られ，時間軸上に並べられています。さらに，「起きるのが遅かった」という事実と「朝ご飯を食べなかった」という事実をただ並べるだけでなく，その2つの事実が因果関係として結びつけられています。このように，我々がなにかを語るとき，我々はただ客観的事実を述べているのではなく，複数の出来事に意味をもたせながら，それを時間軸上に並べていく

ことでなんらかの物語を作り上げています。このような，語るという行為，そしてそれによって生み出された物語の双方を指す概念が**ナラティブ**です。

ナラティブに着目することで，心理学の研究のあり方は大きく変わります。ことばで語られたことは，例えば語った本人が嘘をついていたり，あるいは嘘のつもりがなくても記憶違いがあったりというように，現実を正しく反映していないものとなっている可能性が常にあります。なので「客観的事実」を重視する科学的心理学研究では，ことばは次第にデータとして重視されなくなっていき，代わりに外部から観察可能な「行動（behavior）」が重視されるようになっていきました（やまだ，2021, p.165）。

しかしナラティブ研究では，ことばや語りが客観的事実をどれだけ正しく反映しているかといったことはあまり考えません。やまだ（2021, p.165）は，ナラティブ研究では「たとえ嘘が語られたとしても，その語りには，語りの形式（フォルム）とルールがあると考える」といいます。嘘をつくといっても，人はなんの制約もなく自由に嘘を語れるわけではなく，嘘の語り方からも「人がいかに物語を語るか」を考えることが可能だ，というのです。またその嘘から，その人にとって何が大事で何が大事でないのかを読み解くことも可能でしょう。ナラティブの概念によって，客観的事実かそうでないかという二分法を克服し，人がことばで世界を編んでいくという，実践としてのことばの側面に注目することが可能になるのです。

ナラティブという概念を導入することによる研究のアプローチの変化を，**ブルーナー**（Jerome S. Bruner）は「2つの思考様式」（ブルーナー，1986 田中訳 1998）として整理しています。ブルーナーによると，私たちがものごとを考えるやり方には「**論理－科学的様式**（logico-scientific mode）」と「**物語様式**（narrative mode）」という2つの様式があります。「論理－科学的様式」でものごとを考える時，私たちは「真理性」を重視し，「形式的および経験的な証明をもたらす」という実証科学的な手続きによって真理性を立証しようとします。一方，私たちが「物語様式」でものごとを考える時に重視されるのは「真理性」ではなく「迫真性」であり，真理よりも「真実味」をもたらすことが目指されます（ブルー

ナー，1986 田中訳 1998, p.16)。

　従来の心理学ではこうした我々の考え方のうち，「**論理－科学的様式**」に注目されることが多く，「**物語様式**」の思考は研究対象にはなりがたいものでした。しかしナラティブの概念が広がることによって，多くの研究者が「物語様式」の思考のあり方を研究するようになりました。この変化は「**ナラティブ・ターン**」と呼ばれ，その後多くの新たな研究領域が開拓されていきました。

5.5.2　臨床現場とナラティブ

　ナラティブの概念で変わるのは心理学研究のあり方だけではありません。この概念をもとに，臨床現場では**ナラティブ・セラピー**と呼ばれる方法論が提案され，注目を集めています。

　他の心理療法と同様にナラティブ・セラピーも，相談にきた人が自分の置かれた状況について詳細に語ることから始まります。しかしこのとき，カウンセラーは相談にきた人の語りから，その人の置かれている問題状況の原因や解決策を探ろうとするのではありません。ナラティブ・セラピーにおいてカウンセラーが考えるのは，語られた物語が「唯一の物語ではない可能性」です（Payne, 2006 横山他訳 2023, p.12)。

　ナラティブという観点から考えると，ことばとは客観的事実を写しとったものではないので，ある1つの出来事についてもいろんな物語を語ることができるはずです。しかし相談者が語る問題状況についての物語は，その時点で相談者を縛りつけている，ある限定的な見方や考えを反映したものとなっていることが多々あります。このような物語をホワイト（Michael White）は「**支配的な物語（ドミナント・ストーリー）**」と呼びます（ホワイト＆エプストン，1990 小森訳 1992, p.60)。ナラティブ・セラピーでは，こうした相談者が語る「支配的な物語」にカウンセラーが注意深く耳を傾けることと同時に，「支配的な物語」とは異なる別の語り方の可能性を，カウンセラーと相談者が協力しながら模索していくことを重視します。

　「支配的な物語」から別の語り方を探る工夫の1つが，「**問題の外在化**」です。つまり，「問題がその人の内に存在したり，その人に本質的に備わっている」という支配的な物語ではなく，「むしろ問題がその人に影響

を与えているのだ」という別の物語の可能性を考えるのです（Payne, 2006 横山他訳 2023, p.13）。例えば「私はうつ病になった」という物語では，私自身のあり方や私の心の弱さなどが問題とされてしまいます。しかしこれを「私の人生にうつ病が侵入してきた」という捉え方に変えると，悪いのは私自身や私の心の弱さではなく，あくまでもうつ病が私に影響してきただけなのだ，と考えることが可能になります。このようなナラティブ・セラピーのアプローチは，医療現場にも大きな影響を与え，近年では様々な病気の治療過程においても科学的なエビデンスだけでなく，患者のナラティブを大切にする「**ナラティブ・ベースド・メディスン（Narrative Based Medicine）**」という考え方が広がっています。

5.6 語りをみるということ：5章のまとめ

　本章では，漫画や教室場面，家庭などの会話場面を参考に，「語り」に関する様々な概念や研究例を紹介しました。これらの例から分かるのは，チョムスキーが研究の対象にはならないと断じたような，文にはならないことばの破片が，実は私たちのことばの実践を彩る重要な役目を果たしているのだということです。漫画の登場人物たちの間に流れる気まずさの表現，教師と児童が一緒に教室の空気を切り替える様子，医師と患者の間にただよう緊張感。これらのことばの実践を形作っているのは，言いよどみや沈黙といったことばの破片たちです。ことばの実践をみる際には，こうしたことばの破片といった細部にこそ注目することが重要なのです。

　また本章では，こうしたことばの破片や細部に注目することで，逆に性に関する偏見や市場原理の矛盾といった，社会の歪みに気づくことができるということについても解説を試みました。政治家をはじめ，権力を持つ人々のことばの細部に注目し批判する姿勢は，時に「重箱の隅をつつくような議論だ」と非難されることもあります。しかしことばの細部にあらわれるものは決して些末なことではなく，むしろ細部にこそ，本人がどのようなことばの実践を進めようとしているのかという本質的な価値観があらわれるのです。

　最後に，こうした気づきは私たち自身の日常的なことばの使い方にも

教訓を与えてくれます。先日，ある学生が，教育実習中の授業内で「3分あげるからね」と生徒に言ったところ，後から指導教諭に注意を受けたと話していました。「3分あげる」ということばに，「教師が生徒に何かを与えてあげる」という姿勢があらわれている，という内容だったそうです。人の心に関わる職業を目指す上では，自分たちが使うことばに，自分のどのような姿勢や考えがあらわれているのかを，常に自省することが重要であるといえるでしょう。

---

1 ミーハン自身はこの研究を，会話分析やエスノメソドロジーを参考とした「構成的エスノグラフィー」によるものであると説明しています。

引用文献

あfろ（2015）『ゆるキャン△　1』芳文社

Bruner, J. S. (1986) *Actual Minds, Possible Worlds*. Harvard University Press. （ブルーナー, J. S.　田中一彦（訳）(1998)『可能世界の心理』みすず書房）

Byrne, P. S., & Long, B. E. L. (1976) *Doctors talking to patients: A study of the verbal behaviours of doctors in the consultation*. Her Majesty's Stationery Office.

Chomsky, N. (1965) *Aspects of the theory of syntax*. MIT Press.（チョムスキー, N.　福井直樹・辻子美保子（訳）(2017)『統辞理論の諸相』岩波書店）

Francis, V., Korsch, B. M., & Morris, M. J. (1969) Gaps in doctor-patient communication: Patient's response to medical advice. *New England Journal of Medicine*, 280, 535–540.

Garfinkel, H. (1964) Studies of the routine grounds of everyday activities, *Social Problems*, 11 (3), 225–250.（ガーフィンケル, H.　北澤裕・西阪仰（訳）(1995)「日常活動の基盤——当たり前を見る」G. サーサス・H. ガーフィンケル・H. サックス・E. シェグロフ（著）北澤裕・西阪仰（訳）『日常性の解剖学——知と会話』(pp.31–92) マルジュ社）

Garfinkel, H. (1967) Passing and the managed achievement of sex status in an "intersexed" person part 1. In H. Garfinkel, *Studies in ethnomethodology* (pp.116–185). Prentice-Hall.（ガーフィンケル, H.　山田富秋・好井裕明・山崎敬一（訳）(1987)「アグネス，彼女はいかにして女になり続けたか——ある両性的人間の

女性としての通過作業とその社会的地位の操作的達成」山田富秋・好井裕明・山崎敬一（編訳）『エスノメソドロジー——社会学的思考の解体』(pp.215–295) せりか書房）

Garfinkel, H. (1974) The origin of the term "ethnomethodology". In R. Turner (Ed.) *Ethnomethodology* (pp.15–18) Penguin Books.（ガーフィンケル, H.　山田富秋・好井裕明・山崎敬一（訳）(1987)「エスノメソドロジー命名の由来」山田富秋・好井裕明・山崎敬一（編訳）『エスノメソドロジー——社会学的思考の解体』(pp.9–18) せりか書房）

Goodwin, C. (1981) *Conversational organization: Interaction between speaker and hearer*. Academic Press.

五十嵐靖博 (2018)「批判的ディスコース分析」能智正博・香川秀太・川島大輔・サトウタツヤ・柴山真琴・鈴木聡志・藤江康彦（編）『質的心理学辞典』(p.265) 新曜社

今井聖 (2020)「学校教育における〈教授〉－〈学習〉－〈評価〉に関する一考察」『神奈川大学心理・教育研究論集』, *47*, 113–125.

板場良久 (2011a)「コミュニケーション学を学ぶことの意義」板場良久・池田理知子（編）『よくわかるコミュニケーション学』(pp.20–21) ミネルヴァ書房

板場良久 (2011b)「コミュニケーションを管理する言説の力」板場良久・池田理知子（編）『よくわかるコミュニケーション学』(pp.14–15) ミネルヴァ書房

松島恵介 (2018)「テクスト」能智正博・香川秀太・川島大輔・サトウタツヤ・柴山真琴・鈴木聡志・藤江康彦（編）『質的心理学辞典』(p.214) 新曜社

Mehan, H. (1979) *Learning lessons: Social organization in the classroom*. Harvard University Press.

長宗雅美・石田加寿子・岩田貴・赤池雅史・高石喜久・玉城俊晃・林良夫 (2010)「徳島大学蔵本キャンパスにおける模擬患者（SP）の活動報告——社会人ボランティア協力による医療人教育」平成22年度全学FD大学教育カンファレンス in 徳島　徳島大学（Retrieved February 16 2024 from https://www.tokushima-u.ac.jp/fs/1/1/9/6/7/4/_/p58–59.pdf）

日刊スポーツデジタル版 (2021)「森会長「私が悪口を言ったと書かれる」/ 発言全文 2」(Retrieved September 1, 2022 from https://www.nikkansports.com/olympic/tokyo2020/news/202102040000029.html）

茂呂雄二 (1996)「対話する身体のアーティファクト——Vygotskyの相互行為論的拡張」『認知科学』, *3*, 25–35.

朴育美 (2013)「橋下大阪市長の教育ナラティブの批判的談話分析——ナラティブを成り立たせているディスコースの前提と排除」『関西外国語大学人権教育思想研究』, *16*, 47–62.

Parker, I. (2004) *Qualitative psychology :Introducing radical research*. Open

University Press.（パーカー，I. 八ツ塚一郎（訳）(2008)『ラディカル質的心理学──アクションリサーチ入門』ナカニシヤ出版）

Payne, M.（2006）Narrative Therapy Second Edition: An Introduction for Counsellors. Sage Publications.（ペイン，M. 横山克貴・バーナード紫・国重浩一（訳）(2023)『ナラティブ・セラピー入門──カウンセリングを実践するすべての人へ』北大路書房）

Robinson, J. D.（2006）Soliciting patients' presenting concerns. In L. Heritage, & D. W. Maynard（Eds.）Communication in medical care（pp.22-47）. Cambridge University Press.（ロビンソン，J. D. 黒嶋智美（訳）(2015)「患者の心配事を引き出すこと」川島理恵・樫田美雄・岡田光弘・黒嶋智美（訳）『診療場面のコミュニケーション──会話分析からわかること』（pp.21-52）勁草書房）

佐藤学（1994）「教室という政治空間──権力関係の編み直しへ」森田尚人・藤田英典・黒崎勲・片桐芳雄・佐藤学（編）『教育のなかの政治（教育学年報3）』（pp.3-30）世織書房

新原将義（2017）「ワークショップ型授業における教授・学習活動の対話的展開過程」『教育心理学研究』, 65, 120-131.

新原将義・茂呂雄二（2015）「音楽家はアウトリーチ実践をいかに語るか──修正版グラウンテッド・セオリー・アプローチを用いた検討」『筑波大学心理学研究』, 49, 9-19.

鈴木聡志（2007）『ワードマップ会話分析・ディスコース分析──ことばの織りなす世界を読み解く』新曜社

鈴木聡志（2018a）「談話」能智正博・香川秀太・川島大輔・サトウタツヤ・柴山真琴・鈴木聡志・藤江康彦（編）『質的心理学辞典』（p.202）新曜社

鈴木聡志（2018b）「言説」能智正博・香川秀太・川島大輔・サトウタツヤ・柴山真琴・鈴木聡志・藤江康彦（編）『質的心理学辞典』（p.99）新曜社

鈴木聡志（2018c）「ディスコース」能智正博・香川秀太・川島大輔・サトウタツヤ・柴山真琴・鈴木聡志・藤江康彦（編）『質的心理学辞典』（pp.208-209）新曜社

田上大輔・佐々木啓（2015）「規範理論と秩序問題──社会学における規範的問いと経験的問いに関する一考」『東洋大学人間科学総合研究所紀要』, 17, 75-90.

White, M. & Epston, D.（1990）*Narrative Means to Therapeutic Ends*. W. W. Norton & Company（ホワイト，M., & エプストン，D. 小森康永（訳）(1992)『物語としての家族』金剛出版）

山田富秋（2018）「エスノメソドロジー」能智正博・香川秀太・川島大輔・サトウタツヤ・柴山真琴・鈴木聡志・藤江康彦（編）『質的心理学辞典』（p.29）新曜社

やまだようこ（2021）『ナラティブ研究──語りの共同生成』新曜社

エクササイズ:「○○になる」実践

「○○になる」あるいは「○○にならない」ために自分が実践している方法を考えてみましょう。

(例:バイト店員になる→大声で「いらっしゃいませ」と言う,ダサい大学生にならない実践→髪型に気をつかう)

読書案内

- エスノメソドロジーについては,考案者のガーフィンケルをはじめ複数の論文で構成されたガーフィンケル他『エスノメソドロジー──社会学的思考の解体』(山田・好井・山崎編訳, 1987, せりか書房)が読みやすくおすすめです。本章で紹介したアグネスの事例も収められています。
- 会話分析,ディスコース分析の入門書としては,鈴木聡志『ワードマップ会話分析・ディスコース分析──ことばの織りなす世界を読み解く』(2007, 新曜社)が理論面も実例も豊富です。

第6章

ことばの獲得
スキナーからヴィゴツキーまで

　多くの場合，子どもは成長するにつれて周囲の大人が話していることばを話せるようになります。それはいったいなぜでしょうか？

　これまで，その謎を説明するのにいくつもの理論が提案されては，検討がなされてきました。本章では，そうした理論のうち主要なものを取り上げます。それぞれの理論の重要なポイントとなる部分をお互いに比べてみて，どこがどのように異なるのかを考えてみましょう。

6.1　ことばを覚えるのは，覚えたらいいことがあるから：行動主義

　言語心理学の歴史をさかのぼり，古くからある考え方からはじめてみましょう。はじめに紹介するのは行動主義に基づく説明です。

6.1.1　行動主義とは

　行動主義（behaviorism）とは，外から見える行動に基づいて人間の変化を説明する方法です。人間が心の中で思ったことや考えたことは客観的に観察することができません。そのような対象を用いて科学的研究はできないので，観察可能な**行動**に基づくべきだと主張したのが行動主義に立つ研究者たちでした。その1人が，本節で登場する行動科学者のバラス・スキナー（Burrhus Skinner）です。スキナーの考え方（Skinner, 1957）を紹介しましょう。

　生き物はみなそれぞれの環境の中で行動をとっています。そうした行

動の中には，何度も起こるものもあれば，めったに起こらないもの，あるいは1度起きたけれどもすでに出現しなくなったものもあります。行動が起こる可能性には，このようにその種類によってばらつきがあります。

　スキナーによれば，行動が起こる可能性が上がったり下がったりするのは，その行動が取られた後に起きた環境の変化によります。

　例えば，スマホに新しいゲームアプリをダウンロードした後，はじめてプレイする状況を想像してみましょう。試しに遊んでみると，たまたま高得点が得られたとしたら，あなたがこの後で再びゲームをプレイする可能性は高まると予想されます。逆に，プレイしはじめてすぐにゲームオーバーになってしまうような高難度のゲームだとしたら，再びプレイする確率は低くなるでしょう。

　このように，行動（この例では，ゲームをプレイすること）によって起こる環境の変化（この例では，高得点が得られること，あるいは，ゲームオーバーになること）に応じて，次に同じ行動が起こる可能性が上がったり下がったりするわけです。スキナーのように行動主義に立つ研究者たちはこうした行動を「**オペラント行動**」と呼び，行動が起こる確率の変化に関わる環境の変化を「**強化**」と呼びました。

6.1.2　行動主義からみたことば

　この立場に立つと，ことばもまた**行動**の一種となります。スキナーによれば，私たちが話したり書いたりすることはもちろん，聞いて理解することも行動です。なぜなら，人が誰かのことばを聞いて理解したかどうかは，聞いた人の反応から分かるため，行動をみなければならないことに変わりないからです。

　スキナーや彼にしたがう研究者たちは，ことばをこのように定義しています。「同じ言語共同体に属する他の成員のオペラント行動を介した強化によって形成・維持されているオペラント行動。他の成員による強化をもたらすオペラント行動は，その言語共同体特有の行動随伴性のもとでオペラント条件づけされたものである」（佐藤，2001, pp.6-7）。

　要するに，あることばを使うという行動を取ったとき，環境に何らかの変化が起きたので，それに応じて，そのことばがより多く使われるよ

うになったり，逆に使われなくなったりするというわけです。

このとき環境となるのは，「同じ言語共同体に属する他の成員のオペラント行動」です。話し相手が用いることばも**オペラント行動**なので，会話の中で起こり続けるオペラント行動がお互いに強化しあっている，という関係です。何かをことばとして発して，それに対して相手が応答してくれればそのことばを使う可能性が高くなります。逆に，何も応答してくれなかったり，怒られたりしたら，可能性が下がるというわけです。

6.1.3　言語習得を行動主義で説明する

スキナーは，子どもがことばを学習するやりかたを2種類に区別しています（山本，2001）。1つが，何かを要求するときのことば，もう1つが，何かを述べるときのことばです。これらの違いは，ことばを使った後に起こる環境の変化の種類に基づきます。

まず，何かを要求する場合，例えばおなかがすいたのでミルクがほしい場合を考えてみましょう。小さい子が「マンマ」という語を早く使えるようになることはよく知られています。子どもが「マンマ」と言い，その直後に大人がミルクを子どもにあげます。このような環境の変化は子どもにとって好ましいものです。ですから，次におなかがすいたときにも「マンマ」という言語行動が起こる可能性が高くなります。

何かを要求することばの学習過程はこのように説明されます。このとき，「マンマ」のようなことばは**要求言語**とか「マンド」と呼ばれます。

もう1つは「**報告言語**」とか「タクト」と呼ばれるものです。例えば，子どもの目の前にイヌがいたとします。このとき，子どもはイヌを見て興奮して色々な発声をするでしょう。「うー」，「マンマ」，「あー」などと発話する中に「ワンワン」ということばが混ざっていたとします。同じような状況で，「ワンワン」という特定の語をいったときだけ，周りの大人がにっこり笑ったり，「そうだね」と反応したりしたら，それが強化となるのです。

このとき子どもが「イヌがほしい」と要求しているわけではないことは明らかでしょう。もしかすると，「イヌがいるよ！」と報告したいのか

もしれません。このように，特定の対象を指し示すために用いられるようになる言語行動が「報告言語」と呼ばれるものです。

　まとめましょう。スキナーのような行動主義者たちにとって，ことばとは**行動**です。子どもが行う言語的行動によって引き起こされる環境の変化に応じて，ある特定の言語使用だけが強化された結果として，子どもの言語学習を説明することができます（図 6.1）。

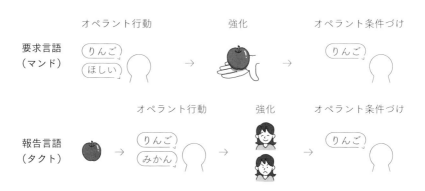

図 6.1　行動主義に基づいた言語学習理論

6.2　ことばを覚えるのは，もともと知っていたものだから：普遍文法

　行動主義は心理学の中で中心的な地位をながらく占めていました。しかし，1960 年代以降，人間の心の中の仕組みを仮定し，実験参加者の行動や反応からその仕組みの確からしさを検討するアプローチも現れました。心の中にある仕組みを仮定し，ことばの獲得をそれによって説明する 1 つのアプローチが，言語学者ノーム・チョムスキー（Noam Chomsky）の提唱した「**普遍文法**」(universal grammar, Chomsky, 1965 福井・辻子訳 2017) というものです。

6.2.1　生まれつきそなわった能力としての言語

　チョムスキーによれば，人間はことばを産出するための器官を生まれつき持っています。世界中の人間の体をみると，もちろんばらつきはあ

るとは言え，だいたい同じ姿形をしています。それは，遺伝的にある程度の幅でそうなるようあらかじめ決まっているからです。外見はもちろんのこと，内側にある脳や内臓など様々な器官も同様です。声を出すための肺，声帯，口腔や鼻腔の形もまた，だいたい同じです。

　チョムスキーは，ことばもまたそれらの器官と同じようなものだと考えました。もちろん，日本人が日本語遺伝子，イギリス人が英語遺伝子を持って生まれた，というわけではありません。人間が持っているのは，ことばの統語的な規則をすばやく獲得するための仕組みです。**言語獲得装置**（LAD: Language Acquisition Device）が脳の中にプリセットされている，と考えるのです。

　生まれながらにして（専門的には，「生得的に」と言います）統語規則を獲得する装置を持っている証拠としてチョムスキーや彼の学派が挙げるのは，統語規則に則った文とそうでない文とを子どもが早期から区別できるという点です。昔から子どもたちがふざけて唱えていたことば遊びに，次のようなものがあります。

　　「昨日生まれた婆さんが，85，6の孫連れて…」

　内容としては互いに矛盾する表現が並び，全くのナンセンスであることが分かります。このような文を子どもは日常生活の中で聞くことはあり得ないため，6.1節で見た行動主義に立つならば，当然ながら学習できないことになります。

　しかし，上の言葉遊びが日本語の文法に従っているかどうかを判断してもらうと，文法的であることは判断できるのです。

　そもそも，子どもの周囲にいる大人がふだん使うことば，特に話しことばは文法規則から逸脱することも多々あります。正しい文法を学習するためのモデルとしては適していないかもしれません。しかし，子どもは文法規則にしたがった文を判断できますし，そのような文を話すことができます。

　したがって，文法は行動主義者たちの言うようなオペラント学習の結果ではなく，生得的に持っているものだとチョムスキーは主張しました。生得的なものとしての文法を，彼は**普遍文法**と呼びました。

6.2.2　原理とパラメータによるアプローチ

　ことばを実際に使ったり聞いたりする経験は無意味なのかというと，そうではありません。**普遍文法**は，潜在的な「素質」としての能力です。その素質がどう開花するかは，周囲の大人からの働きかけに依存しています。環境から与えられることばは，子どもの素質を花開かせる「きっかけ」(トリガー) として機能するとチョムスキーは説明します。この点について，「**原理とパラメータによるアプローチ**」と呼ばれるチョムスキー派の考え方に基づいて説明しましょう (Chomsky, 1981; 杉崎，2015)。

　このアプローチでは，普遍文法を「原理」と「パラメータ」に分けて考えます。これにより，普遍文法の普遍的な側面と，日本語や英語といった個別文法の規則とが両方説明できるようになります。まず，原理とは文字通り，全ての言語に共通する規則です。これがあることで，周りの大人が非文法的な文を話していたとしても，子どもは原理にしたがって理解したり話したりできるとされます。

　ただ，全ての言語に共通する規則はないように一見すると思われます。例えば，文の中の動詞の位置について考えてみますと，英語では主語の直後に置かれるのに対し，日本語では文の終わり頃に現れるといったように，大きく異なります。そうした個別言語の特性を決めるのが，パラメータの部分です。

　パラメータとして説明できそうな具体例を挙げてみましょう。日本語を第一言語とする子どもは，言語発達の初期に，発話の不思議な場所で助詞のような「の」を挿入することが報告されています。次の例 6.1 と 6.2 はそのような発話の例です。下線部の箇所に注目してください。

　　例 6.1　２歳３ヶ月児「ゆうたがあしょんでる<u>の</u>やちゅはこれ，これ。」
　　　　　　　　　　　　　　　　　　　　　　　　　　(村杉，2014, p.167)
　　例 6.2　２歳０ヶ月児「まーるいうんち，まーるい<u>の</u>うんち」
　　　　　　　　　　　　　　　　　　　　　　　　　　(横山，1990, p.3)

　例 6.1 は「遊んでいるもの (やつ) はこれ」，例 6.2 は「丸いうんち」といいたいのだろうと推測できます。それぞれ，「やつ」や「うんち」を

詳しく説明する補足的な部分（遊んでいる，丸い）の語尾に助詞のような「の」がついています。

　この「の」は，英語でいうところのいわゆる関係代名詞と文法的には同じ機能を果たしているものと考えられます。英語では "that" を用いて "the book that Yuta bought" などと表現します。この that は文の中に文（関係節）を埋め込むことを示す「しるし」で，専門的には「補文標識」と言います。先の 2 つの例文に現れていた「の」は，that と同じような補文標識と考えられる，という研究（村杉，2014）があるのです。

　この補文標識は，言語によって使われたり使われなかったりします。日本語話者の成人が使う日本語文法では，補文標識の「の」は使われず，「遊んでいるもの」「丸いうんち」と表すのが適切です。他方，英語では本文標識 "that" を使っても使わなくても，どちらでも適切です。つまり，"the book that Yuta bought" という文も，"the book Yuta bought" もどちらも文法にのっとっています。

　まとめますと，英語では補文標識を使うことも使わないこともできますが，日本語文法では一貫して使えないのです。原理とパラメータの話に戻りますと，「補文標識をともなうことが可能か，不可能か」がパラメータだと考えられるのです。

　パラメータをイメージするには，スマートフォンなどの「設定」を思い浮かべるとよいかもしれません（図 6.2）。様々な設定項目がありますが，それらはデフォルト（使い始めた時点での設定状態）ではオンの項目やオフの項目があるはずです。デフォルトではプッシュ通知がオンになっているアプリの設定を，わずらわしいのでオフに切り替えたこともあるでしょう。**普遍文法**においては，原理と並んでいくつものパラメータが存在すると考えられています。そのうちの 1 つが，「補文標識をともなうことが可能かどうか」なのです。このパラメータは，デフォルトでは「可能」となっており，周囲の大人の発話を聞くことでパラメータの値が変化します。もしも，周りの大人が補文標識を使ったり使わなかったりしていたら，デフォルトのままです（「可能」とは「使ってもいい（使わなくてもいい）」という意味です）。反対に，周りの大人が補文標識を使うことがなければ，パラメータが「不可」に変更されます。日本の子どもが補文標識「の」を使っていた理由は，パラメータが不可に変わ

るまでには，ある程度ことばを聞いておかないといけないためです。そのため，話しはじめの段階では，デフォルト（可能）のまま，補文標識を使ってしまうのです。これが，**普遍文法**，および，**原理とパラメータのアプローチ**による，子どもの言語獲得過程の説明となります（村杉，2014）。

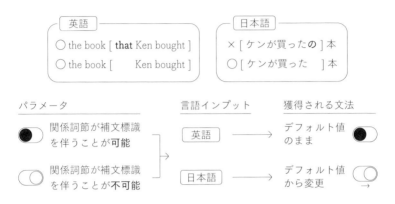

図 6.2 原理とパラメータによるアプローチ

6.3 ことばを覚えられるのは，大人が手助けしてくれるから：語用論的アプローチ

6.3.1 語用論的アプローチとは

ことばは状況の中で使われるものですから，状況に応じたことばの使い方，すなわち，いつ，どんなときに，どんな話し方をすればいいのかといった**語用論的な知識**（2章を参照）についても子どもは覚えなければなりません。

6.2節でみた普遍文法はあくまでも文法に関する知識の話です。チョムスキーはそれを「**言語能力**」（コンピテンス）と呼んでいます。チョムスキーは，実際にことばを使う「**運用能力**」（パフォーマンス）は状況に

よって揺れ動きや誤りを含むため，規則を見つけ出す言語研究の対象としてはふさわしくないと考えました。ちょうど，2章で説明したように，**ラング**（抽象的な言語体系）が最も重要なもので，**パロール**（使用された言語）は副次的なものとソシュールが考えたのと似ています。

このような考え方に対して，アメリカで長く活躍した教育学者・心理学者であるジェローム・ブルーナー（Jerome Bruner）はパフォーマンスの側面に注目するように研究者たちをうながしました。確かにチョムスキーのいうように，大人のことばは文法的に必ずしも正しくありません。しかし，会話の中での実際の運用においては，文法的には不十分な文であっても，十分に有効な役割を果たしています（であるからこそ，会話が成立しているわけです）。このように，ことばがどのように使われ，それがどのように機能しているのかに注目するのがブルーナーらの**語用論的アプローチ**です。

6.3.2　言語獲得援助システム

ブルーナーによれば，子どもがことばを習得する上で重要なのは，大人と子どもの間で展開されるやりとりの構造です（Bruner, 1983 寺田・本郷訳 1988）。生まれたばかりの赤ちゃんとその親は，生まれたときから親密なコミュニケーションを行っています。そのときに大人が赤ちゃんに対して話しかけるそのやりかたのうちに，赤ちゃんがことばの規則的な側面に気づくことを助けるような仕掛けがある，というのがブルーナーの考え方です。この仕掛けを，彼は**言語獲得援助システム**（LASS: Language Acquisition Support System）と呼びました。

ブルーナーが LASS として例に挙げているのは，大人と子どものコミュニケーションにみられる「**フォーマット**」と「**ルーティン**」と呼ばれる現象でした。フォーマットとは，使われることばや，やりとりのパターンが決まった形を持ち，定型的であることです。また，ルーティンとはひとまとまりのやりとりのパターンが繰り返されることを指します。

分かりやすいところでは，「いないいないばあ」という大人と赤ちゃんの間で展開される遊びはフォーマットとルーティンの例となります。これは，赤ちゃんの目の前で大人が両手で顔を隠して（いないいない），次

に顔を見せる（ばあ）遊びです。ここには子どもがことばを習得するための仕掛けがはっきりとみられるというのがブルーナーの説明です。

赤ちゃんがはじめて「いないいないばあ」を経験したとしましょう。はじめは，手に隠れて見えなかった顔が見えるようになることに目が奪われるのかもしれません。このとき，「いないいないばあ」という音声も，大人の顔の見え隠れにともなって聞こえているはずです。「いないいない」で見えなくなり，「ばあ」で顔が現れることが繰り返されます。すると次第に，赤ちゃんは「いないいない」に続いて「ばあ」という音声が発せられることを予測するようになります。

実際にブルーナーは，お母さんの言う「ばあ」に声を合わせて，1歳2ヶ月の子どもが微笑みながら「ばあ」と叫んだことを報告しています（Bruner, 1983 寺田・本郷訳 1988）。このとき，お母さんの発話は定型的であるため，**フォーマット**に相当します。さらに，その反復はブルーナーによると**ルーティン**と呼ばれるものです。

6.3.3　ことばに気づきやすくする仕掛け

大人からの働きかけには，赤ちゃんが言語の様々な定型的・構造的側面に気づきやすくなるような仕掛けがたくさんあります。例えば，声の大きさや音の高さといった音響的側面にも工夫がみられます。「いないいないばあ」の例でいうと，「ばあ」は「いないいない」に比べると，大きな声でいうことがあります。このような仕掛けも，赤ちゃんには「いないいない」と「ばあ」の間にある区切りを聞き取りやすくさせていると考えられます。

このように，赤ちゃんに対して大人が言う発話には，声の高さが高くなるとか，抑揚が大きくなるといった特徴がしばしばみられます。また，こうした特徴を持つ発話は，赤ちゃんに向けられているというところから「**対乳児発話**」(IDS: Infant Directed Speech) と呼ばれています。IDSには子どもがことばの構造に気づくための手がかりが含まれていると考えることができます。

6.3.4　言語獲得援助システムとしての読み聞かせ

言語獲得援助システムの例としては，絵本の**読み聞かせ**も挙げられま

す。ブルーナーたちが行った実際の観察を挙げてみましょう。下の①〜③は，お母さんが1歳の子どもに絵本を読み聞かせている場面で起きたことを順番に示したものです（Ninio & Bruner, 1978）。

①ページをめくりながらお母さんは「見て！」と大きな声を出し，描かれたウサギの絵を指さす。
赤ちゃんはお母さんの声と指差しを手がかりとして，絵に注目する。
②お母さんが「これは何？」と質問する。1歳児は絵を見たまま，答えない。
③「そうね，ウサギさんだね」とお母さんが発話する。

ブルーナーが観察した読み聞かせでは，この親子のやりとりは③まで進んだあと再び①に戻ることの繰り返しで進んでいました。おそらく，この絵本にはページをめくるごとに異なる動物が描かれていたのでしょう。すると，絵本の読み聞かせを終えるまでに，「見て！→これは何？→そうね，○○だね」という**フォーマット**が繰り返されることとなります。先ほど取り上げた，「いないいないばあ」と同じ仕掛けがここにもみられることが分かります。さらに，3番目の母親の発話に現れる動物の名前が，ページをめくるたびに変化していきます。すると，読み聞かせのフォーマットには定型的な部分と変化する部分があることも予期できるようになります。このように，ブルーナーは，子どもと大人のコミュニケーションそれ自体に，ことばの使い方を際立たせ，理解を導くための仕掛けがあることを指摘しました。

6.4 ことばを覚えられるのは，ことばの使い方を自分なりに作るから：用法基盤理論

6.4.1 子どもはパターンを作り出す

ブルーナーの言う LASS は，大人と子どものやりとりに，パターンに気づく手がかりがあるという考え方でした。この場合，子どもがすべき

課題は，パターンを発見することとなります。

　しかしながら，何がパターンなのかをはっきりと示す手がかりはなかなか与えられないのも事実です。そのようなとき，子どもは発見されたパターンから自分なりの規則を作り出し，それを用いて発話するかもしれません。

　このことは，子どもが示す様々な「言い間違い」を検討するとみえてきます。たとえば，小さい子が「これ食べたら死む？」ということがあります（広瀬，2017）。おそらく，「これを食べたら死んでしまうの？」と尋ねたいのでしょう。通常，周囲の大人は「死む」という表現を用いません。ここから指摘できるのは，子どもは自分なりのことばの使い方を，独自に発見した規則に基づいて自分なりに試しながら作っている，という可能性です。

　独自に発見した規則とはどのようなものか，「死む」の例で考えてみましょう。「死ぬ」は「死んだ」「死んでない」のように活用します。一方，「噛む」や「たたむ」といった，終止形が「む」で終わる動詞も「噛んだ」や「たたんでない」のように，「死ぬ」と同じような活用の仕方をとります。このことから，「死んだ」という活用形を聞いた子どもはその終止形を「死む」ではないかと予想すると考えられます。このように，子どもが独自の規則を自ら作り出し，それを新しい語を使う際に適用していると説明できます。

6.4.2　用法基盤理論とは

　周囲の大人が使うことばの使い方からパターンを抽出し，それに基づいて規則を徐々に作り出していく過程として子どもの言語発達を説明しようとするのが，アメリカの心理学者，マイケル・トマセロ（Michael Tomasello）です。本節では彼の提案する用法基盤理論を紹介します。

　用法基盤理論（usage-based theory）とは，子どもが文法を習得するプロセスに関する理論の1つです（Tomasello, 2003 辻他訳 2008）。具体的には，語の使い方の実例に基づき，自分なりに使用の規則を作っていくという考え方です。周囲の大人の話しことばが使用の実例となります。子どもはそれらを聞いて，ことばの意味や文法規則をその使用の状況から推測します。同じような状況において，推測された意味や規則に基づい

た言語行動を取るというわけです。

このようなことができるのは，他者の**意図**を読む（intention-reading）能力が人間の子どもには備わっているからだ，とトマセロは主張します（Tomasello, 1999 大堀他訳 2006）。彼はチンパンジーなどの類人猿と人間の子どもの能力を比較する実験も行っています。その結果に基づいて，人間の子どもの特異性は，大人の意図を読む生得的な能力にあることが見いだされました。こうした能力を用いることで，子どもは大人がどのような意図でことばを使っているのかを推測することが可能となります。

逆にいえば，あることばが何を意味しているのかは，話し手の意図を読めないと理解できないのです。すなわち，ブルーナーが主張したようなパターンを見つけ出す能力だけでなく，他者の意図を読む能力もまた重要なのです。なお，他者の意図を読む能力は言語を習得するためだけに使われるわけではありません。ことばも含む，様々な文化的道具の使い方を学習するのに必要な，一般的な能力だとされます。

6.4.3　普遍文法と用法基盤理論を比べてみると

トマセロの主張は，6.2節で紹介したチョムスキーの考えと大きく異なっています。

第1に，言語の生得性に関する問題です。チョムスキーは，**言語能力**そのものが生得的だと主張しました。他方で，トマセロは言語能力そのものが生得的なのではないと主張します。

第2に，一般的な認知能力や学習能力と言語能力との関係に関する問題です。チョムスキーは，言語能力は他の認知的な能力からは独立に機能すると主張していました。一方，トマセロは他者の意図を読む能力と一般的な学習能力が機能して，結果的にことばや様々な文化的道具の使い方が学習できるのだと主張しています。第1と第2の点を総合すると，用法基盤理論において言語は学習の結果です。

第3が，文法規則の習得の仕方に関する点です。チョムスキーの理論では，全人類共通の文法的な規則が普遍文法として子どもにはあらかじめ備わっていると考えます。一方で用法基盤理論においては，ことばの使い方の規則をあらゆる語について1度に身につけるわけではないと考えます。そしてこの点が，用法基盤理論の大きな特徴の1つです。詳し

くみていきましょう。

6.4.4　動詞の島仮説

　そもそも，大人によることばの使用例は，ある語についてあり得る全ての用例を網羅するわけではありません。言い換えると，会話の中でよく出てくることばの使い方は限られているのです。このことについてトマセロが説明のために用いるのは動詞です。

　例えば"throw"（投げる）という動詞は，何かを投げるときに使われます。その際，"throw"の後には，文法で言う目的語，すなわち投げられるものを表す語が続きます。一方で，子どもが日常生活でよく聞くはずの"give"という動詞は，"Give me milk."や"I will give you a present."のように，「あげるもの」と「あげる相手」が動詞の後に続く形で用いられることがしばしばあります（図6.3）。文法的には，2つの目的語が続く動詞なのです。これら2つの動詞は，子どもが耳にする使用例の中では異なった形で用いられる可能性が高いのです。子どもは，ある程度定型的な文の形（これを**構文**（construction）と呼びます）と，それとともに出現しやすい動詞とをワンセットにして覚えている，というのがトマセロの主張です。

　ポイントは，子どもが習得するのはことばの規則そのものではなく，ことばの使い方，すなわち用法だということです。その用法に基づいて，ある程度一般的な規則を自分なりに作っていきます。

　ただし，ここで規則といっているのは，あらゆる場面に適用できる抽象的なルールではないことに注意してください。それは，文の核となる語と，そこに付随する可能性の高い語のまとまり方についてのイメージのようなものです。トマセロはそのイメージを「**スキーマ**」と呼んでいます。スキーマとは，ものごとを認識したり理解したりする際のひな形のようなものと考えればよいでしょう。子どもは経験を通じて自分なりにスキーマを頭の中に作るのです。

　用法基盤理論においては，ことばを理解したり話したりする際のスキーマは，全ての動詞に適用できるような抽象的なものではなく，あくまでも動詞ごとに作られていると説明されます。さらに，ある動詞に適用されるスキーマ（たとえば，"give"の後に直接と間接の2つの目的語

が続く二重目的語構文）は，別の動詞（たとえば，"throw"）には適用されないのです。

このように，動詞ごとに**スキーマ**が作られており，ある動詞のスキーマが別の動詞のスキーマに影響しないとする説を，「**動詞の島仮説**」（verb-island hypothesis）と呼びます（Tomasello, 1992）。つまり，「動詞"throw"の島」と「動詞"give"の島」には，発達初期の子どもにおいてはそれぞれ独自のスキーマが存在しており，両者の間を橋渡しするような抽象的な規則はないと考えられます。

ただし，発達の過程で，個々の動詞の島を橋渡ししてくれるような，より抽象的な構文スキーマが形成されるようになると，トマセロは主張します。実は，先ほどの"throw"は，文法的には，"give"と同じように二重目的語構文をとることができます。そして実際に，子どもは次第に二重目的語構文のスキーマに動詞"throw"を当てはめることができるようになるのです（図 6.4）。

図 6.3　動詞の島仮説

図 6.4　二重目的語構文スキーマの形成

6.5 言語発達を実践という観点からながめてみると

6.5.1 ここまでの整理

ここまで4つの「理論」をみてきました。歴史をたどると，言語発達研究はチョムスキーの学説以前と以降に分けることができるかもしれません。

チョムスキー以前は，子どもによることばの使い方の観察に基づいた記述が主でした。そうした中，アメリカでは行動に基づいて人間を理解しようとする**行動主義**が普及しました。チョムスキーは，行動主義に対して，言語は学習されるのではないとして，生得説に基づいた言語獲得研究を提起しました。その後，チョムスキーに対抗する形で，親子のコミュニケーションに見られる仕掛けや状況の中での言語使用に注目したブルーナーの**語用論的アプローチ**が出てきたり，言語的な知識の形成過程に関するトマセロの仮説が提出されたりしてきました。

今でも，これら4つの理論にはそれぞれフォロワーがいて，それぞれの立場に立った研究が進められています。また，これら4つの理論はどれも確かに言語発達のある側面を説明できているように思われますし，同時に，それぞれの理論では説明できない部分もまたあるでしょう。

6.5.2 実践論に立った言語発達理論

では，本書がよって立つ実践論の考え方に基づくと，言語発達過程はどのように説明できるのでしょうか。確認しておくと，実践とは頭の中で何かを思い浮かべるだけでなく，物理的な世界に働きかけることを指します。このとき，「物理的な世界」には，自分以外の人びとや，「自分自身の頭」も含まれていることに注意しましょう（脳も物理的存在ですから）。すると，ことばの実践とは，他者や自分の頭の中も含む物理的な環境に，ことばを通して働きかけることだといえます。

ここまでにみてきた4つの言語発達理論は，ことばの実践にほとんど注意を払っていなかったといえます。チョムスキーやブルーナー，トマセロらが注目していたのは，子どもが言語の統語的構造に気づいたり，会話の構造が分かったり，構文的な構造を頭の中に作ったりすることで

した。要するに，頭の中にことばができる過程を説明しようとしていたといえます。もちろん実際の具体的な研究では，自然な会話の観察や実験的な場面を設定して，子どもに発話してもらうこともあります。しかし，ここでの子どもの発話は，その頭の中で起きていることを知るための手段として扱われているのです。

　また，**行動主義**的な言語発達理論では，「子どもの頭の中」に注目することはありません。子どもの言語行動と環境の関係を通して言語学習過程を記述しようとするのですが，研究者が主眼を置くのは，環境の特定の変化によって子どもの行動がどのように変化するかという点です。なぜなら，行動主義に立つ研究者たちの究極的な目的は，環境を制御することで人間の行動をコントロールすることにあるからです。人間が環境に働きかけることに注目する実践論とは，働きかけの方向が逆になっていることに気づかれるでしょう。

6.5.3　模倣の重要性

　ことばの実践論に立って言語発達過程をみるときに基本となるのは，赤ちゃんが音声を用いて物理的な環境に働きかける姿です。赤ちゃんが環境に働きかけるための手段には，声以外の様々な身体器官も含まれます。しかし，単語らしきものが赤ちゃんの口から発せられ始めると，それは働きかけのための主要な道具として機能します。赤ちゃんが発する「マンマ」や「ブーブ」に対して，「はい，はい」や「そうだね，ブーブだね」といった発話を伴わせながら，周囲の大人はそちらに注意を向けて何らかの応答をします。赤ちゃんは音声を通して大人という物理的環境に働きかけ，自らに注意を向けさせることができたといえるでしょう。

　赤ちゃんの初期の音声が，特定の形式を持ち，そこから意味が作り出される「ことば」となるにはどのような条件が必要なのでしょうか。赤ちゃんはしょっちゅう泣きますが，その泣き声が「ことば」とみなされることはないでしょう。「ことば」として大人が受け止めるためには，やはり，大人が認めるような形式と，その使用にふさわしい文脈の存在が必要であるように思われます。しかし，当然ですが，赤ちゃんは生まれながらにして特定の言語形式を持っているわけではありません。

したがって，赤ちゃんがことばの実践を行うためには，外の世界で交わされていることばを，まずはマネすること，すなわち**模倣**することが決定的に重要だと言えます。いってみれば，赤ちゃんは大人からの「借り物」を用いて環境に働きかけるのです。当然ながら，模倣されたことばを大人たちがどのような意味で用いているか，赤ちゃんは知るよしもありません。逆にいうと，大人たちが共有することばの意味を知らなくても，模倣は可能なのです。私たち大人も，知らない国の知らないことばを聞いたところで意味は分からないでしょうが，分からないなりに音声を模倣することは十分可能です。学習能力のみずみずしい赤ちゃんならなおさらでしょう。意味が分からなくてもことばの実践は可能なのです。

6.5.4　赤ちゃんを話し手にする・赤ちゃんが話し手になるという実践

　赤ちゃんが大人のことばを模倣すると，周囲の大人はそれに対して何らかの反応をするでしょう。このとき，大人は赤ちゃんを「会話の話し手」に仕立て上げるという作業をしているともいえます。通常，会話は話し手と聞き手の間の発話の交換として成り立っています。しかし，私たちはただ単に声を出せばすぐさま会話の話し手になれるわけではありません。誰かがそれを「聞き手」として受け止めてくれることが必要です。大人にとって，赤ちゃんの発話が大人のことばの模倣（のように聞こえる音声）であるからこそ，それをことばとして受け止め，反応するのです。このようにして赤ちゃんは，自らの行動を受け止めてくれる人びとが周囲にいることではじめて「話し手」となることができます。話し手となることは，ことばで環境に働きかける，第1歩です。

　もちろん，成熟した大人たちがやるような洗練された話し方を赤ちゃんが使えるわけではありません。その意味では，赤ちゃんはまだ「話し手」とはなりきれていません。しかし，先にみたように，大人たちが赤ちゃんの発話をことばとして受け止めることで，その赤ちゃんは「話し手」となることができます。すなわち，赤ちゃんはことばが話せないままに，大人との協働作業を通して「話し手」となることができているといえます。

ことばに限らず，子どもの精神的な発達過程において，他者との協働の重要性を指摘したのが，旧ソ連の心理学者，レフ・ヴィゴツキーでした。ヴィゴツキーによれば，子どもは独力では達成できない難易度の課題でも，他者との協働を通してならば達成できることがあります（Выготский，1934/1996 柴田訳 2001）。ヴィゴツキーは，子どもが他者との協働によって達成できる課題は，発達の後に，その子が1人でもできるようになるものだと指摘しました。いってみれば，子どもは他者との協働のさなかに，「課題が独力ではできない現在の自分」のままで，「課題を遂行できる未来の自分」にもなっているのです（Newman & Holzman, 1993/2014 伊藤・川俣訳 2020）。

　ことばについても同様に考えることができるでしょう。赤ちゃんは確かに洗練されたやり方で話すことはできません。しかし，大人が「聞き手」となるような協働を通して「話し手」となることができているのです。その姿は子どもの未来を先取りするものだといえるでしょう。

　こうした考え方は，親子の間の会話を**言語獲得援助システム**（LASS）として捉えるブルーナーの理論に似ているように思われるかもしれません。確かに大人による援助が子どもの言語発達をうながすと捉える視点は同じように思われます。

　大きく異なる点は，発達とは何かという考え方にあります。ブルーナーらの理論においては，「大人と同じようにことばが使えるようになること」が発達の行く先です。大人は自分と同じようなことばの使い手になるように，子どもを援助するのです。

　他方で，実践論においては，子どもが自分のやり方で環境に働きかけるだけでなく，自分なりの独自の意味を創造することもまた発達した姿として捉えます。決して，大人と同じになることが発達のゴールではないのです。ともすると，大人たちを越えていくこともあるかもしれません。実際に，1章ですでに見たように，ことばの実践は常に変化し，また新しくなっています。そうした言語変化を引き起こすのは大人だけではなく，子どももまた，新しいことばの使い方を世の中に発信し続けているのです。そうした子どもの創造的な言語能力を含んだ発達理論が現在求められているといえるでしょう。

6.6　子どもの変化をとらえるための理論：6章のまとめ

　この章では，言語発達のプロセスを説明しようとしてこれまでに提案されてきたいくつかの理論を概観してきました。

　みてきたように，子どもの言語発達過程のどの側面に注目し，どのような前提を置いてどのように説明するのかは理論の提案者ごとにまちまちです。どれもが間違っているわけではないでしょうし，いずれか1つが絶対的に正しいというわけでもないでしょう。

　読者のみなさんに忘れないでほしいのは，目の前の子どものことばを観察するとき，私たちはかならずなんらかの「理論」に基づいてそれをみているのだということです。言い換えると，なんらかの「思い込み」にしたがって私たちは子どものことばの変化過程をみてしまうのです。

　それがいけないことなのではありません。重要なのは，自分が拠って立つ「理論」がどのようなものなのかを明確に自覚しておくことです。それを自覚できれば，別種の理論に乗り換えることも可能でしょう。すると，子どもの姿がそれまでとは異なったものにみえてくるかもしれません。

　目の前にいる子どもの現実の姿は1つかもしれませんが，その説明の仕方は理論によって変わってくることを，しっかりとおさえておいてください。

引用文献

Bruner J. (1983) *Child's talk: Learning to use language*. Oxford University Press. (ブルーナー, J.　寺田晃・本郷一夫（訳）(1988)『乳幼児の話しことば――コミュニケーションの学習』新曜社)

Chomsky, N. (1965) *Aspects of the theory of syntax*. MIT Press. (チョムスキー, N.　福井直樹・辻子美保子（訳）(2017)『統辞理論の諸相』岩波書店)

Chomsky, N. (1981) *Lectures on government and binding: The Pisa lectures*. Foris Publications.

広瀬友紀 (2017)『ちいさい言語学者の冒険――子どもに学ぶことばの秘密』岩波書店

小玉一宏・野澤元 (2009)『言語習得と用法基盤モデル』研究社

村杉恵子（2014）「生成文法理論に基づく第一言語獲得研究」『国語研プロジェクトレビュー』, 4 (3), 164-173.

Newman, F., & Holzman, L. (1993/2014) *Lev Vygotsky: Revolutionary scientist.* Psychology Press.（ニューマン, F., & ホルツマン, L.　伊藤崇・川俣智路（訳）(2020)『革命のヴィゴツキー――もうひとつの「発達の最近接領域」理論』新曜社）

Ninio, A., & Bruner, J. (1978) The achievement and antecedents of labelling. *Journal of Child Language*, 5, 1-15.

佐藤方哉（2001）「言語への行動分析学的アプローチ」日本行動分析学会（編）『ことばと行動――言語の基礎から臨床まで』(pp.3-22) ブレーン出版

Skinner, B. F. (1957) *Verbal behavior.* Appleton-Century-Crofts.

杉崎鉱司（2015）『はじめての言語獲得――普遍文法に基づくアプローチ』岩波書店

Tomasello, M. (1992) *First verbs: A case study of early grammatical development.* Cambridge University Press.

Tomasello, M. (1999) *The cultural origins of human cognition.* Harvard University Press.（トマセロ, M.　大堀壽夫・中澤恒子・西村義樹・本多啓（訳）(2006)『心とことばの起源を探る――文化と認知』勁草書房）

Tomasello, M. (2003) *Constructing a language: A usage-based theory of language acquisition.* Harvard University Press.（トマセロ, M.　辻幸夫・野村益寛・出原健一・菅井三実・鍋島弘治朗・森吉直子（訳）(2008)『ことばをつくる――言語習得の認知言語学的アプローチ』慶應義塾大学出版会）

Выготский, Л.С.(1934/1996) Мышление и речь. Лабиринт.（ヴィゴツキー, L.S.　柴田義松（訳）(2001)『新訳版　思考と言語』新読書社）

山本淳一（2001）「言語の獲得と拡張――条件性弁別と刺激等価性」日本行動分析学会（編）『ことばと行動――言語の基礎から臨床まで』(pp.49-74) ブレーン出版

横山正幸（1990）「幼児の連体修飾発話における助詞「ノ」の誤用」『発達心理学研究』, 1 (1), 2-9.

エクササイズ

4つの言語発達理論を比べて、それらの間の違いを表で表してみましょう。

📖 読書案内

　本章第 5 節で紹介したヴィゴツキーの言語発達理論は，主著である『思考と言語』(柴田訳，2001，新読書社) で読むことができます。

第7章

ことばのはじまり

　この章では，子どもたちのことばの発達の流れについて解説します。誕生してから，5から6歳までの，小学校に上がるまでの時期に，どのような言語発達の出来事（事実）がみられるのかを概観します。そして，そのような様々な言語発達の事実の背景に，1章で吟味したことばの実践がどのように関わっているのかを考えてみたいと思います。

　私たちは，音声，語彙，文法，語用（場面や役割に応じた使い方），表情や身体動作などの様々な側面から成り立つ，言語記号を利用しています。1章で強調したように，ことばを理解し，ことばを発するには，これらの言語記号を利用するだけでは不十分です。言語記号を意味あるものとする，生活の流れ（コンテクスト）とその流れの中での実践が必要です。本章では，ことばの実践が，どのように言語発達を支えているのかを吟味して，より広く人間の発達と学習の問題も考えてみたいと思います。

7.1 就学前のことばの発達

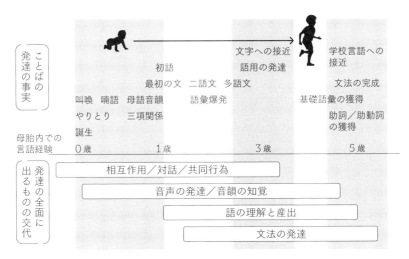

図7.1 ことばの発達の道筋

図7.1に示したのは，誕生前後から小学校入学前までの，ことばの発達の大まかな道筋です。この図は，これまでの言語発達研究で明らかにされてきた，発達の事実をまとめたものです。横軸の年齢経過とともに，どのような特徴的な言語発達の事実が出現するかを示したものです。言語記号のどのような側面の，どのような事実が着目されてきたのかについて，大まかな流れを表したものです。現在，さらにたくさんのことが明らかにされていることからすると，言語発達の事実のごく一部でしかありませんし，個々の子ども達が示す際限のない発達の多様性を考えると，極めて抽象的な図に過ぎないことはいうまでもありません。

さて，図7.1は，2つのこと示そうとするものです。その1つは，ことばの側面が，年齢の変化とともに，次々と前面に出てくるという「言語発達の主要側面の交代」です。もう1つは，小学校入学期までの，「言語発達の第1次の完成」です（坂野・天野，1993）。

7.1.1 言語発達の主要側面の交代

図7.1は，ことばの様々な側面を，相互作用の側面，音声の側面，意味の側面，文法の側面（語と語の組み合わせ方）の合計4種に整理して

います。この4つの側面で、小学校入学までの言語発達の流れを整理してみると、どの側面が、どのような年齢段階でスタートを切るのかがみえます。これによって、4つの側面のスタート時期に差があることが分かります。スタート時期の差から、この4側面がまるで交代するように次々と現れます。4種類の側面が、次々と前面に出て、主役を交代しながら、ことばの発達の道筋が作られているのです。時代ということばで比喩的に表せば、4種類の言語実践の側面がそれぞれの時代を作り、交代しながら進行していくのです。

最初にスタートを切るのは、**相互作用**です。母親の働きかけに対して、赤ちゃんが身体動作や視線などで応答する。あるいは逆に、赤ちゃんの何らかの行動に対して、母親があやしたりすることで、相互作用が成立します。この側面は、赤ちゃんが母胎内にいるときから開始されています。

第2にスタートを切るのは、**音声面**です。誕生後の最初の発声は産声と呼ばれます。これは、最初の呼吸で肺に空気が入った事で発せられるもので、日本語の音声というよりも、生物としての叫び声です。その後、叫ぶ声は次第に洗練されて、日本語の音声として成長していきます。

第3は、**語の意味**です。1歳の誕生日前後には、「初語」と呼ばれる、意味を持つことばがはじめて出現します。典型的な初語の例は「マンマ」で、それを聞いた養育者にとっては「ご飯・食べ物」を意味したり「お母さん」を意味します。その後、幼児は理解できる語彙や使用できる語彙を爆発的に増やしていきます。小学校入学までには、日本語の基礎的な語彙を習得してしまいます。

最後は、**文法**の時代です。文法とは意味を表すために、語と語を、どのようにどのような順番で組み合わせればいいかの仕組みを意味しています。日本語では、文法関係は、助詞と助動詞によって示されます。日本語助詞・助動詞も小学校に入学する頃には、習得されます。

言語の発達の主要な側面のうち、相互作用の側面が最初に現れるということは、何を意味しているのでしょうか。それは、相互作用が最も基本的なことばの側面であるということを意味します。まず、相互作用を通した、やりとりの基本的な形が習得されます。その後、言語記号の音声、意味、文法の側面が、必要に応じて働きが分化し、より精緻な記号

の使い方を習得していくといえます。

7.1.2　ことばの最初の完成

　図 7.1 が示していることが，もう 1 つあります。それは学齢期（小学校入学頃）までに，日本語の基本的な仕組みについては，一応の完成を迎えるという事実です。

　日本語に限らず，言語の基本的な仕組みは，語彙（単語の意味システム）と文法が中心となって作られます。

　まず，**文法**の面についても，動詞や助詞・助動詞の使い方が，6 歳段階までにほとんど習得されることが示されています。国立国語研究所（1975）の研究は，3 歳から 6 歳の 300 人の幼児の語りを収集し文字化し，この語りのデータに，文法的な形の変化（動詞で言えば「読む」「読んだ」「読むだろう」「読もう」「読んで」など）が含まれているかどうかを調べたものです。その結果，300 人全体で見ると，6 歳段階で全ての文法項目が習得されていることが分かりました。

　一方で，**語彙**についても，日本語の表現に必須の基礎的な語彙，2,000 語から 3,000 語は，小学校入学段階ですでに習得され，1 年生段階でも書きことばの表現に使うことができるのです（国立国語研究所, 1989）。

　さて，この結果は，何を表しているのでしょうか。ひとつには，発達のかなり早い段階で，日本語の基本的仕組みが習得されることを示しています。

　しかし，ここで日本語が完成して，発達はここで終わり，という事ではありません。図 7.2 のように，ことばの発達過程は，「**らせん**」のようなものと考えることができます。ここまで，日本語の基本的な側面が，やっと 1 回転しただけです。これからも，らせん状にぐるぐると回転しながら，さらに洗練され，より良いものへと変化していくことができるのです。

ことばの豊かさ
5 歳台：最初の日本語の完成
2 歳以降：語・文法・語用
1 歳台：やりとり→音声→意味・語

図 7.2　ことばの発達のらせんのイメージ

7.2 初期の言語発達

7.2.1 前言語期の言語発達

前言語期

　人間の赤ちゃんは，1歳前後で**初語**が出現します。初語が出現するまでの時期を，**前言語期**と呼びます。大人が使用するような，単語や文などの言語記号よりも前の時期という意味です。

　大人のような言語記号を使えない赤ちゃんは，コミュニケーション（意味のやりとり）は不可能なのでしょうか？　そんなことはなく，可能なのです。

　赤ちゃんは，発声，からだのふれあい（身体接触），見つめ合い（視線接触），表情，姿勢（頭部や上体の向き），身体の動きなどを通して，母親や養育者と，意味をやりとりすることができます。この時期は，大人が利用する言語記号には頼らずに，ことばにならない発声や身体動作によって，母親や養育者と意味をやりとりするので「ことばの前のことば」（やまだ，1987）ともいわれます。

　言語記号を使わなくても可能な意味のやりとりは，ことばの発達を考える上で非常に基本的なものです。このことは，1章で強調した「言語記号だけではことばの意味は十分伝わらない」ということとも，つながっています。

胎内から新生児模倣へ

　実はこのようなやりとりは，体内にいる時から始まっています。胎児の聞く力（聴力）の発達は早く，妊娠後期になると，母親の声に対して反応を示すことが知られています。また生まれた後すぐの時にも，人間の声を他の音よりも好んだり，母親の声を他の人間の声から聞き分けることもできるといわれています。

　生まれたばかりの赤ちゃん（新生児）は，何もできない無力な存在ではなく，生まれてから獲得したものではない，持って生まれた能力（生得的能力）を使って周囲に働きかける存在であることが知られるようになってきました。

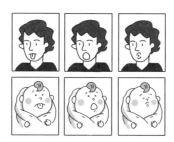

図 7.3　新生児模倣（Meltzoff & Moore（1977）より）

　例えば，生後間もない時期でも大人の表情を真似する「**新生児模倣**」が出現します．図 7.3 のように，大人の表情を真似することで「この子は私の真似をしている」という大人側の理解を引き起こすでしょうし，大人側は可愛らしさや楽しさを感じるでしょうから，この新生児と大人の間には一定の意味のやりとりが成立することになります．この種の模倣はいずれ意図的な模倣が生じる頃には消失してしまいますが，赤ちゃんの有力な働きかけの手段になり，赤ちゃんと周囲の大人たちとの意味のあるコミュニケーションを作り出します．

　この他にも，生後 2 ヶ月頃に出現する「**社会的微笑**」や，養育者の発する声のリズムに合わせて手足を動かす「**エントレインメント**」といわれる同期現象などがあり，いずれも周囲の大人の働きかけに対する応答となり，乳幼児と周囲の人間のやりとりの意味を作り出す有効な手段として働きます．

　このような乳幼児と母親が作り出す人と人の 2 者が作り出す関係は，「**二項関係**」(やまだ，2017）と呼ばれます．赤ちゃんと母親（養育者）は，一緒に，共鳴し，協調しあう，最初の意味あるやりとりを行うのです．6 ヶ月頃には，お母さんの言葉と赤ちゃんの発する喃語が，まるで会話でもしているようにスムーズにリズミカルに進行する様子もみられます．

　この人と人の二項関係以外にも，赤ちゃんが物（対象物）に対して働きかけることで作り出す，赤ちゃんと物の二項関係も成立します．手につかんだ積み木を，床にバンバンと打ち付けることで，発せられる音を感じて楽しみ，積み木と床の硬さや質感を吟味するのです．

三項関係と共同注意

ところで，初語が現れる少し前の生後9ヶ月ごろに，「**三項関係の成立**」と呼ばれる変化が現れます。今までは赤ちゃんと物または赤ちゃんとお母さんという2者関係に限定されていましたが，誰かと一緒にその対象物を見るという3者関係に拡大します。発達心理学者のトマセロ (Tomasello, 1999 大堀他訳 2006) は，この変化が非常に大きな意味を持つものだとして「9ヶ月革命」と呼んでいます。

生後9ヶ月ごろに成立するのは，人との関係と，物との関係を，同調することだとトマセロはいいます。赤ちゃんと物，赤ちゃんと人（母親など）の関係が，統合・協調されて，三角形で表すことのできる，3者の切り離せない関係が成立するというわけです（図7.4）。

図7.4　三項関係と共同注意

この三項関係の成立は，言い換えれば，特定の対象物に対する注意を，赤ちゃんと大人が共有する「**共同注意**」によって支えられている物です。例えば，赤ちゃんが大きな黒い犬を見つけてそれを「指差し」で示すことで，お母さんの注意を犬の方に向けたりする場合に，この共同注意が達成されて，三項関係が成立したとみることができます。そのほかにも，自分の気に入っているおもちゃをお母さんに渡したり（「ギビング」（あげること）と呼ばれます），お母さんにみせる（「ショウイング」と呼ばれます）ことも，指差しと同じく，三項関係と共同注意で支えられた社会的な行動といえます。

この時期には，まだ赤ちゃんのことばは不完全で，身振りや表情や喃語によって行われるに過ぎません。しかし，この段階でも，まるで，養育者と会話しているかのように聞こえる，やりとりとして進行すること

ができます．やまだ (1987) は，これを「やりとり遊び」と呼んでいます．このやりとり遊びの意味は，後に詳しく考えてみたいと思います．

7.2.2 音声・音韻の発達

音声表出の発達

産声と共に生まれる新生児は，**前言語期**の間にも声を発することができ，この声を利用して養育者との意味のあるやりとりを作り出していきます．

まず，私たちの発する言語音というのは，肺から出した息（呼気）を加工することで作られます．その加工とは，呼気の通り道を狭めたり，止めたり，鼻の方に流すことなどです．加工の時に口や喉にある唇や，歯，歯茎などの器官が利用されます．

新生児は，この言語音を作りだす器官がまだ未発達なために生後2ヶ月ごろまでは，言語音を作り出せません．不快な場面では，反射的に発する「**叫喚**」（叫び声）を発することで，養育者が不快に気づいて，ケアをします．

生後2ヶ月から4ヶ月ごろになると，声の器官も発達します．養育者とのやりとりなどの楽しい場面やリラックスした状況で，音声を発することができるようになります．これは，「**クーイング**」と呼ばれます．「アー」「ウー」「クー」など，唇などを使用しない発声がクーイングの例となります．

次の4ヶ月から6ヶ月は，「**音の遊び**」**の時期**とも呼ばれ，赤ちゃんが色々な音声を出しながら，音を遊んだり試したりする時期です．大声や囁き声，高い音や低い音など，自分の発生器官を試して，色々な音声を実験しているかのようにみえる時期です．

6ヶ月より後には「**基準喃語**」が出現します．初語よりも前に出現する赤ちゃんの音声表出を広い意味で**喃語**（カタコトの言葉という意味です）といいますが，6ヶ月以降に表出させるのは，「本当の」つまり典型的な喃語という意味で，基準喃語といわれます．

例えば，／バババ／や／ナナナ／などの，子音と母音の組み合わせを連続させる音声が基準喃語です．養育者には，一見，言葉を話しているようにも聞こえるものです．

10ヶ月以降，初語の出現につながっていく時期に発せられる音声は「**ジャーゴン**」と呼ばれます。ジャーゴンは，音声に強弱がつけられたり（強勢），音声の高低のメロディー（韻律）がつけられたりして発せられる音声で，まるで会話しているように聞こえます。

　養育者が赤ちゃんの喃語を意味のあることばと受けとめることで，前に述べたように，特定の対象物に共同注意を向けて三項関係を作り，まるで会話のようなやりとりを始めるのもこの時期です。

音声の知覚の発達

　私たちは，音声を表出すると同時に，音声を聞き分けて，これは同じ音，同じことばと認識することも必要です。このような音声が同じか違うかの認識と判断が，音声の知覚です。

　生まれる前の赤ちゃんの時代から，この音声知覚は始まります。胎児も30週ごろには，聴覚器官も脳の聞くための神経も充実（髄鞘化）してきて，音刺激に反応することができるといわれています。お母さんの胎内で聞いた，読み聞かせの絵本のフレーズや，歌ってもらった歌を覚えていて，生まれて直後に，そのフレーズや歌に注意を向けやすいといわれています。

　ところで，音声知覚は音声を同じか違うか聞き分けることですが，その聞き分けには音声のいくつもの側面が関わります。その代表には音韻と韻律があります。

　音韻は，ある特定の言語（日本語や韓国語などの個別言語）で，利用される音のカテゴリー（分類，仲間分け）を意味します。例えば，日本人が英語学習で苦労するエルとアールの区別は，日本語では利用されません。英語でエルとアールを間違えると，単語の意味が全く違ってしまいます（riceは米，liceはシラミ）。音韻というのは，このように特定の言語（日本語や韓国語など）において語の意味を区別するのに利用される音声のカテゴリーをいいます。

　一方韻律は，言語音声の音楽的な要素のことで，アクセント（単語の意味の違いを表す音声の特徴，日本語の場合音声の高い低い），イントネーション（抑揚)］，リズムが含まれます。**音韻**と**韻律**の知覚は，単語の意味を区別したり，単語の区切れ目を理解したりするなど，ことばを

使う上で，重要な役割をしています。

　まだ日本語が話せない乳幼児は，音を聞いて「同じ，違う」を教えてくださいといっても，答えることができません。そこで，様々な手法の音声知覚実験が工夫されてきました。

　その1つに「吸啜法(きゅうてつ)」があり，乳幼児のお乳を吸う反射を利用します。同じ刺激音声が連続すると，吸う反応が弱まります（**馴化**(じゅんか)と呼ばれる慣れの過程です）。そのまま馴化している時に，異なる音声を聴かせると，これは何だと新しい刺激への注意が起こり，再びお乳を吸う反応が強まります（**脱馴化**）。この馴化と脱馴化反応を利用して，乳幼児がその音を同じものとみなしているのか，それとも違う音声と分類しているのかを調べることができます（Eimas et al., 1971）。

　図7.5からは，同じ/p/の音を聴かせ続けると，お乳を吸う反応が減少していきますが（馴化），途中で/b/の音に変えると再び増加する（脱馴化）ことがわかります。

音韻の発達：吸啜の馴化・脱馴化法による音韻の区別の測定

1ヶ月児と4ヶ月児

吸啜＝お乳を吸うこと
センサー付哺乳瓶

馴化・脱馴化法
・馴化：外部刺激への慣れとともに反応が減少する傾向
・脱馴化：新しい刺激によって，反応が回復する
・乳児など，言語反応ができない場合に有効な実験方法

図7.5　乳児の音韻知覚（Eimas et al.（1971）より）

音声や音韻知覚の発達過程で，興味深いことが起きます。それは，最初は色々な言語で利用される音韻の違いが区別できていたにもかかわらず，生後1年になるにつれて，できなくなるということです。生まれたばかりの時には外国語の音韻に対して持っていた感受性が失われていくのです。麦谷 (2009) は，これが母語を聞き取りやすいように「**最適化**」される過程と読んでいます。言語音声のカテゴリー化が，生後1年の間に再体制化されて，母語に特化していく（Werker & Tees, 1984）というわけです。

図7.6は，「条件付け振り向き法」という別の方法で英語を母語とする乳幼児の音韻知覚を調べたデータです。この方法は，違う音声が出てきたら赤ちゃんの後ろにおもちゃが出てくるということを事前に学習させておいて調べるという方法です。

生まれて6ヶ月から8ヶ月の乳幼児は，ヒンディー語もセイリッシュ語（北米太平洋岸地域で話される北米インディアンの言語）の音韻の違いも区別できますが，生後1年を過ぎる頃には，区別できなくなってしまい，母語である英語の音韻の区別しかできなくなる，ということがわかります。言語発達の過程に，母語への感受性を高くしていくことで，生まれながらに持っていた外国語への感受性が失われるわけです。ある意味で可能性が失われていくという変化の過程も，発達過程に含まれているというのは興味深いことです。

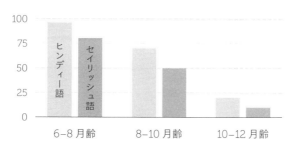

図7.6　英語を母語とする乳幼児の音韻理解（条件付け振り向き法）
（Werker & Tees (1984) より）

7.2.3　大人の働きかけの特徴

すでにみてきたように，ことばの発達過程は，子ども自身の持って生

まれた能力（生得的能力）ならびに子供の周囲への働きかけと，養育者が提供する様々な働きかけと支援が創り出す過程です。ここでは，大人の働きかけの特徴を考えてみましょう。

　私たちが使うことばには様々な型がありますが，これは**ジャンル**と呼ばれています。バイト先で仕事モードで話すジャンル，大学で教員と話すときのジャンル，友達と親しく話すときのジャンル，家族との打ち解けた会話のジャンル（無言かもしれませんが）などなど，たくさんの型を使い分けています。これを取り違えると，思わぬ結果がもたらされる場合もあります。

　私たちは赤ちゃんに対して話しかけるときには，特別なやり方をしています。これは，「**対子ども発話**（CDS: Child-Directed Speech）」と呼ばれます。これは，他にも，「**マザリーズ（母親ことば）**」，「**育児語**」などとも呼ばれますが，特別なことばのジャンルを使って赤ちゃんに話しかけることが多いのです。

　対こども発話には，いくつかの特徴があります。まず音声面では，①テンポがゆっくりとしていること（ゆっくり話すこと，早口でないこと），②強勢を誇張する（音声の高い低いを誇張して発音すること），③高いピッチであること（赤ちゃんへの話しかけの音声をより高い声で発すること），④ピッチの変化しやすさ（色々な声の高さを使って，ドラマティックに話すこと）などが挙げられます。文法的な面では，より短く単純な文で話す傾向もあります。繰り返しが多いというより冗長な表現となることも知られています。

　このような様々な特徴を持つ対こども発話は，様々な言語でみられる特徴であると同時に，赤ちゃんに非常に好まれる特徴にもなっています。この特徴を通して，赤ちゃんは，養育者の言葉に注意を向けやすくなりますし，養育者は赤ちゃんとの情緒的な結びつきを作りやすくなるといわれています。

7.2.4　初語期以降

　1歳の誕生日の前後くらいに，最初のことばである「**初語**」が出現します。これは，大人が使うような，社会的にも認められた言語記号を初めて使う，という意味で初語と呼ばれます。

「マンマ」が初語の典型例となりますが，このほかにも早期に表出される語には「(いないいないばあの) バー」，「ワンワン」，「バイバイ」「はい」「ブーブー」「あいた（痛い！）」などがあります（小椋・綿巻, 2008）。1歳後半には，有意味な語も増加していきます。この語意味の発達については8章を参照してください。

初語の出現のあと，1歳後半までには，赤ちゃんが音声を作るスキル（構音スキル）も発達していきます。

初めて発せられる有意味なことばである，初語は語（単語）であると同時に，文としての働きも持っています。靴下の意味で「クッタ」と幼児が発した場合，この「クッタ」は状況に応じて様々な意味を持つことができる文にもなります。

お母さんが靴下を選んで履かせようとしたき，「クッタ」で「この靴下は嫌い」という意味にもなりますし，別の場面で，脱ぎ捨てられた父親の靴下を指差して「クッタ」といえば「お父さんの靴下が落ちているよ」を意味することもできます。

このような1つの単語で「何が，どうした」という文の意味を表すことのできる発話は「**一語文**」と呼ばれます。1歳後半には，2つの単語がつながって「**二語文**」が作られるようになり，3歳以降にはさらに多数の単語がつながる「**多語文**」も出現するようになり，やがて助詞や助動詞も使用できるように変化していきます。

複雑な文が出現するとともに，語用論の側面も発達していきます。語用論というのは，社会関係の中で，何をどのようにいうことがより相応しいか，という言語を実際に用いる時には重要な側面です。語用論の側面も，幼児の生活が変化する中で，適切なものに発達していきます。

7.3　ことばの発達を支えることばの実践

7.3.1　ことばの発達の基本的な姿

本章では，初期の言語発達の様子をみてきました。その中に，ことばに関してもっとも重要で，最も基本的な事実をみつけることができます。それは，なんでしょうか。

その事実は，赤ちゃんと養育者の間に**三項関係**が成立し，特定の対象物に共同注意を向けられるようになる時期に現れます。赤ちゃんは，まだ喃語と身振りしか使えませんが，立派に養育者との間に，やりとりが成立できてしまいます。ことばについて，あるいは人間の成長や発達にとって，一番重要なのは，この事実なのです。赤ちゃん自身は，喃語と身振りしか使用できないにもかかわらず，養育者との間に交わす言語実践の助けで，豊かな意味が成立するという事実です。

　すでに述べたように，9–10ヶ月に出現する赤ちゃんと養育者のやり取りのようなものを，やまだ (1987) は「やりとり遊び」と呼んでいます。絵本の読み聞かせ場面に出現する，やりとり遊びの具体例を，関根 (2012) の研究からみてみましょう（例 7.1）。これは 8 ヶ月齢の乳児と母親のやりとり遊びで，用いた絵本は，まついのりこ作『ばいばい』のようです。この絵本は，ページをめくるごとに，ひよこ，象，ウサギなどが登場して，「こんにちは」と言い，さらにページをめくって「バイバイ」するという絵本です[1]。

　　例 7.1　A 児（8ヶ月齢）「ばいばい」
　　① M：〈ページをめくる〉ばいば〜い〈Co の顔を見る〉〈ページをめくる〉
　　　　　ぴょんぴょん，こんにちは〈Co の顔を見る〉〈ページをめくる〉ばいばい〈Co の顔を見る〉（演出）
　　② Co：〈目をそらす〉
　　③ M：ほら，見てごらん　きりんさん（発声）
　　④ Co：〈絵本を見る〉〈きりんの絵を見る〉（注目）
　　⑤ M：こ〜んにちは〜〈Co の顔を見る〉〈ページをめくる〉ばいば〜い〈ページをめくる〉
　　　　　こんにちはっ　ゲロゲロゲ〜ロ〈Co の顔を見る〉〈ページをめくる〉ばいばいっ〈Co の顔を見る〉
　　　　　ゲロゲロゲロ〈ページをめくる〉あ，みんなにバイバ〜イってやろうか〈Co の顔を見る〉
　　　　　〈絵本に向かってバイバイをする〉（演出）
　　⑥ Co：〈絵本を見る〉〈手を広げる〉（注目／内容的働きかけ）

⑦ M：バイバ〜イ　さようなら〜，バイバ〜イ

M＝母親　Co＝子ども　〈　〉＝非言語行動　（　）＝行動カテゴリー

(関根（2012）より)

①で，母親は「ばいば〜い」などと絵本のセリフを読みながら，赤ちゃんの顔を覗き込んでいます。

ところが，赤ちゃんは興味がわかなかったのか，②で〈目をそらす〉ことになってしまいます。これに対して，母親は③で「ほら，見てごらん　きりんさん」という声掛けをすることで，赤ちゃんの絵本への注意を回復しようとします。その結果，赤ちゃんは絵本を再び見て，注意をきりんの絵に向けることになりました。

⑤では，「こんにちは」「ばいばい」「こんにちは」「ゲロゲロ」という繰り返しで遊びつつ，最後に「あ，みんなにバイバ〜イってやろうか」と赤ちゃんを見ながら，実際に身振りも行いながら，赤ちゃんをバイバイの遊びに誘おうとしているのが分かります。

この誘いに応じて，赤ちゃんも絵本を見ながら，手を広げており，母親の身振りを真似しながらバイバイの遊びに参加している様子がみて取れます。

7.3.2　パフォーマンスとしての言語発達

例7.1のやりとりは，絵本読み場面にはよくみられる母子の楽しげな様子であり，心温まる情景です。しかし，それだけではありません。

パフォーマンス・アプローチ心理学（Holzman, 2009 茂呂訳 2014; 茂呂, 2019）は，この言語発達の基本的な事実が，子どもの言語発達の理解だけでなく，言語とは何かを考える上でも，大人の学習と発達への支援を用意する上でも，非常に重要だと指摘します。

何が重要なのかといえば，この場面で赤ちゃんがやっていることは「知らないことをやる」ということだからなのです。

私たちの多くが，そして多くの場合に，何かを知ってからそれを使えると思いがちです。何かを行うためには，まずその基礎知識なりを十分知っておく基礎が必須であり，実際にそれを実行することは事前に蓄えたものを必要に応じて応用することだと思いがちです。

しかし，例7.1をみる限り，そのように事前に基礎を準備することなどできないのです。常に本番という状況なのです。そしてこの「常に本番」という状況の特徴は，私たちの全ての学びの場面に共通するのだ，と**パフォーマンス・アプローチ心理学**は考えるのです。

　私たちは，多くの場合に，まず知らないとできない，教わらないとできないと考えがちですが，赤ちゃんとお母さんが見せてくれたように，実際には知らないことでもできてしまうのです。

　パフォーマンスの典型の1つは，俳優が舞台やスクリーンで見せるパフォーマンスです。例えば，家庭では温厚な俳優が殺人鬼の役を演じて，自分とは異なる人物になっています。もう1つの典型は，幼児のごっこ遊びです。戦隊ヒーローごっこでは，幼児はヒーローになり，勇猛におもちゃの剣をふりまわして悪と戦います。これらのパフォーマンスも，実際には，知らないことをやるという点では，例7.1の赤ちゃんと同じなのです。知らないことをやるということは，自分とは違う人物になってみることです。今の自分とは違う人物を演じて，新たな可能性を見つけていくことなのです。

　図7.7には，パフォーマンス・アプローチ心理学が考える言語発達の見方を示しました。赤ちゃんの発する喃語「バアバア」を受けて，お母さんは「おなかすいたの？」と聞いています。ここで2人がやっているのは「遊び」です。お母さんは喃語を発する赤ちゃんに「もっときちんとした日本語を話しなさい」とか「ちゃんと勉強しなさい」とかはいいません。赤ちゃんが何をいっても許される，正解のない「遊び」場面だ

図7.7　パフォーマンスとしての言語発達

と理解しているようです。ここには事前に決められた台本などあり得ないという意味で，この場面は「**即興**」だともいえます。

赤ちゃんの喃語「バアバア」は，お母さんの「おなかすいたの？」の助けによって，意味あることばになることができます。パフォーマンス・アプローチでは，これを「**ことばの完成**」と呼びます。母親の発話の助けを借りて，元々は意味を持たない喃語が，場面の中では一定の意味を持つことができるように「完成」させてもらうのです。

このような「完成」のやりとりを通して，2人は発達していきます。実際にはまだできないことも，まるでできてしまうかのように，2人はパフォーマンスすることができるのです。赤ちゃんはことばの話し手という，今の自分を「頭ひとつ分背伸び」した人物になることができるのです。もちろんお母さんも，さらにお母さんらしくなるという意味で，「頭ひとつ分」発達することができます。

このようにして，2人は「発達の環境づくり」をします。この環境づくりは，ヴィゴツキー（Выготский, 1935 土井・神谷訳 2003）によって「**発達の最近接領域**」と呼ばれています。

> コラム

ヴィゴツキー

レフ・ヴィゴツキー（1896–1934）は旧ソビエト連邦で研究した心理学者です。主著『思考と言語』を含む書籍は，日英独仏西葡中韓や東欧の諸言語などにも翻訳されているほどで，今も大きなインパクトを及ぼし続けています。ベラルーシのオルシャ市の裕福なユダヤ人家庭に生まれましたが，当時のユダ人差別にめげずにモスクワ大学などで学びました。わずか10年余りの短い研究人生の中で数百の研究論文を執筆しましたが，結核のために37歳という短く濃密な人生を閉じました。天才と早逝を重ね合わせて「心理学のモーツァルト」とも評されます。革新的すぎる考え方が災いしたせいか，政治的ネガティブキャンペーンに晒されたり，ロシア国内でも長らく出版禁止だったりと受難続きの人生でした。『思考と言語』はサナトリウム（結核病棟）の病床で口述筆記されたもので，その口述原稿は弟子の女性研究者たちが，スカートの中に隠

して病院から持ち出したと伝えられています。『思考と言語』日本語版は，世界に先駆け米国版と同じ 1962 年に刊行されました。それ以降，心理学研究者ばかりでなく，我が国のたくさんの教育・保育などの実践者を魅了し続けています。

7.4　ことばのパフォーマンスの発達：7 章のまとめ

　本章では，ことばの発達の初期の様子について考えてみました。ことばの発達の始まりにみられる赤ちゃんと養育者が作り出すやりとりは，2 人が文脈を作り，意味を作り出すという意味で，ことばの実践に他なりません。

1　関根（2012）には 8 ヶ月齢に用いた絵本はかんざわとしこ作『たまごのあかちゃん』とありますが，トランスクリプトの内容と合わないので，『ばいばい』であろうと推察しました。

引用文献

Eimas, P. D., Siqueland, E. R., Jusczyk, P., & Vigorito, J. (1971) Speech perception in infants. *Science, 171*（3968）, 303–306.

Holzman, L. (2009) *Vygotsky at work and play. Routledge.*（ホルツマン，L.　茂呂雄二（訳）（2014）『遊ぶヴィゴツキー――生成の心理学へ』新曜社）

国立国語研究所（茂呂雄二）（1989）『児童の作文使用語彙』東京書籍

国立国語研究所（高橋太郎）（1975）「幼児語の形態論的な分析――動詞・形容詞・述語名詞」『国立国語研究所報告』, 55.

Meltzoff, A. N., & Moore, M. K. (1977) Imitation of facial and manual gestures by human neonates. *Science, 198*（4312）, 75–78.

麦谷綾子（2009）「乳幼児の母語音声・音韻知覚の発達過程」『ベビーサイエンス』, 8, 38–49.

茂呂雄二（2019）「パフォーマンス心理学とは」香川秀太・有元典文・茂呂雄二（編）『パフォーマンス心理学入門――共生と発達のアート』(pp.3-13) 新曜社

小椋たみ子・綿巻徹（2008）「日本の子どもの語彙発達の基準研究」『京都国際社会

福祉センター紀要』, 24, 3-42.
坂野登・天野清（1993）『言語心理学』新読書社
関根佐也佳（2012）「乳児期における絵本読み場面の母子相互行為の変化――縦断的観察による分析」『人間文化創成科学論叢（お茶の水女子大学）』, 15, 221-229.
Tomasello, M. (1999) *The cultural origins of human cognition.* Harvard University Press.（トマセロ, M. 大堀壽夫・中澤恒子・西村義樹・本多啓（訳）（2006）『心とことばの起源を探る――文化と認知』勁草書房）
Выготский, Л. С. (1935) Умственное развитие ребенка в процессе обчения. Госдарстенное учебно- педагическое издательство.（ヴィゴツキー, L. 土井捷三・神谷栄司（訳）（2003）『発達の最近接領域の理論』三学出版）
Werker, J. F., & Tees, R. C. (1984) Cross-language speech perception: Evidence for perceptual reorganization during the first year of life. *Infant Behaviour and Development*, 7, 49-63.
やまだようこ（1987）『ことばの前のことば』新曜社
やまだようこ（2017）「前言語期のコミュニケーション」秦野悦子・高橋登（編著）『言語発達とその支援』（pp.63-89）ミネルヴァ書房

エクササイズ

ペアを作ります。1人は赤ちゃん役で、もう1人はお母さん役です。赤ちゃん役は意味ある通常の語や文を使わないで、お母さん役はふつうに会話してみましょう。一方が意味の語を使わなくても何かしら通じ合うことができるのを確認しましょう。なぜ、意味のある語や文なしで通じ合うことができたのか、話し合ってみましょう。

読書案内

本文でも引用した、ホルツマン『遊ぶヴィゴツキー――生成の心理学へ』（茂呂訳, 2014, 新曜社）はお勧めです。ことばの実践の見方から、人間の発達全般を論じていて、言語の発達を考える上でも参考になります。

第8章

語彙の獲得

　犬を見つけて「ワンワ」、からっぽのお皿を指さして「ココ」。個人差はありますが、子どもはおおよそ1歳前後から2歳ごろになると、ことばを使ったコミュニケーションができるようになります。どこもかしこもフニャフニャだった赤ちゃんからは想像できない姿を見て「いつの間にこんなふうにお話できるのになったのかしら」と驚かされます。

　では赤ちゃんはどのように言葉を覚え、お話をするようになるのでしょうか。この時期の語彙獲得は、私たち大人がイメージすることばの学び方とは違います。例えば「Youpi（ユピ）！」ということばを学ぶとします。一定の年齢以上ならば、「これはフランス語で「やったぁ！」という意味だよ」と教えてもらえればその意味を理解できますし、ことばを使いこなすことも難しくないでしょう。あらくいってしまえば、既に知っていることばを使って、新しいことばを学習することができます。

　でも、赤ちゃんはこういった手立ては使えません。ことばを理解するための「ことば」がまだ十分ではないのです。赤ちゃんはこの心もとない状態にもかかわらず、ことばの話し手になり、語彙を獲得していきます。さぁ、事例を足掛かりに語彙獲得を学んでいきましょう。

8.1　バックトゥザ赤ちゃん：赤ちゃんの視点に戻ろう

8.1.1　ことばの切り出し

　語彙獲得についての本格的な解説に入る前に、ことばに関する知識が

ない状態で言語にふれるということが一体どういう感じなのか，イメージを作っておきましょう。下の，ある居酒屋で撮影された発話を「声に出して」読んでみてください。

例 8.1　あのなむかしおいさあおきたでばな
（「秘密のケンミン SHOW 極公式」より[1]）

セリフの該当箇所は 6:02 付近から始まります。

　多くの人は自分が何を読み上げさせられたのか分からず，戸惑ったかと思います。おそらく皆さん，①語と語との境目が分からない，②内容が分からない（「むかし」以外は分からない），と感じたのではないでしょうか。文章を理解するためには，「きょう／は／いい／天気／です」のように，語と語の間に区切りをつけることが必要ですが，声に出して話す時にはこうした区切りがなく，語と語がつながった状態で話されます。つまり新しい言葉を獲得するためには，語と語との間の区切りを見つけ，ことばを切り出すことが必要となります。なお例 8.1 は，津軽弁で「あのさ（あのな）／昔（むかす）／私の家（おいさ）／いつも来たじゃない（あおきたでばな）」といっています。

8.1.2　意味の結びつけ

　ことばを理解するためには，ことばが何を意味しているか特定することも必要です。しかしこの作業も簡単ではありません。
　図 8.1 を見てください。お父さんが子どもを抱きかかえて，窓の外を見ています。「息子よ，みてごらん，プティッツァがいる」と言っています。さて，プティッツァとは何でしょうか。窓の外には，猫，小鳥，中年の男性，ヘリコプターがみえます。このように，目の前に言及され得るものが複数あり，何を参照しているかはっきり分からない状態に置かれているのが赤ちゃんの日常なのです。
　とはいえひとまずは，お父さんと子どもの目線から「きっと鳥だ。"プティッツァ" とは鳥を意味する単語だ」と推測できるかもしれません（そう思った方，正解です）。

しかし、「プティッツァ」という単語が他の意味をもつ可能性はないでしょうか。例えば「プティッツァ」という単語に、「木で休んでいる動物」、「プティッツァという種の鳥（例えば「スズメ」といったラベル付け）」など他の意味を意味すると仮定することが可能です。もしくは「プティッツァ」と名付けられた、彼らのペットである可能性すらあります。このように、あることばが意味する可能性のある対象は日常生活のなかには無数にあり、その膨大な可能性の中から「何」とことばを結びつけるかは悩ましい問題だといえるでしょう。

図 8.1　「息子よ、みてごらん、プティッツァがいる」(Cole et al., 2004) [2]

8.2　語彙獲得の基礎の「き」

8.2.1　ことばの同定条件

　では、ここから語彙獲得について具体的に考えていきます。まずは赤ちゃんが「ことば」を使っていると認定できる条件について押さえておきましょう。
　次に紹介するのは、第1著者（太田）の娘が14ヶ月（1歳2ヶ月）の時に撮影されたお手伝い場面で、室内で洗濯物を干す父親と子どもの何気ない日常の1コマです。
　この中の「どうじょ」に注目しながら、裏話を含めながら事例を読んでいきましょう。

例8.2　14ヶ月のお手伝い
01　子：（洗濯物を手に持ち）どうじょ（お父さんを見る）
02　父：（受け取ろうと手を伸ばす）ありがとう（嬉しそうな声）
03　子：どうじょ（もらわれていく洗濯物を目で追う）
04　父：（受け取った衣類を干し，子どもに視線を戻す）
05　子：（お父さんと視線を合わせ後，洗濯かごで手ごろなものを探す）ふんふん（お父さんが待っているのを確認。再度かごに目を向け，洗濯物を選びだす）どうじょ，どうじょ（手渡す）
06　父：（笑いの呼気）ありがとう

　撮影前，娘は父親のそばで遊んでいたそうです。彼女は父親が洗濯かごから衣類をとりだしピンチハンガーにつけるのを見て，お手伝いをはじめました。それを見て，父親はすかさず録画を開始しました。
　まず事例の冒頭にあるように，娘は洗濯かごから衣類を「どうじょ」と渡しています。彼女はそれまで食事中に「私（娘自身）にそれ（食べ物など）を渡してほしい」という意味で「どうじょ」ということばを使うことはあったのですが，このお手伝いの場面ではじめて，他者に渡すという意味での「どうぞ」を使ったのです。父親は驚きの混じった嬉しそうな様子で衣類を受けとります（後日談ですが，感動したと話していました）。娘のお手伝いは1回で終わらず，お父さんの様子をしっかり見ながら「どうじょ，どうじょ」と手渡しをしています。
　不明瞭な発音ではありますが，この事例で「どうぞ」と話していたことを疑う人はあまりいないかと思います。言い換えると私たちはこの事例の「どうじょ」を「どうぞ」であると「同定」しているのです。このことばの「同定条件」に，子どもが話せているか否かの判断基準のヒントがあります。ことばの同定条件として，形態と機能の両方の基準を満たすことが挙げられています（Vhiman & McCune, 1994）。本事例の「どうじょ」は，完全ではないけども大人の発声と類似しており（形態），またその使用はお手伝い場面に適していた（機能）ことから，子どもが自らの語彙を使用した事例と考えることができます。

8.2.2 語彙獲得とシンボルの理解

　ことばの同定条件からもう1歩進んで，子どもがことばを使えるようになることの認知発達的な意義に目を向けましょう。

　語彙獲得の基盤には**シンボル（象徴）機能**の発達がともないます（小椋, 2017）。シンボル機能の理解とは，四角い積み木を「電話」にしたり，「車」にしたり「お城」にしたりと，ある対象を「何かである」と見立てることができることを意味します。

　ことばの使われ方を，「どうじょ」の事例でおさらいしましょう。子どもは視線や動作を交えながら「洗濯物を渡すから，受け取ってね」と父親に働きかけていました。彼女はこうすれば「どうぞ」が「渡しますよ」という意味になることを知っており，またお父さんもそれを理解してくれるに違いないという期待があることが，一連のやりとりから読み取れます。シンボルの話から理解すると，何らかの意味を代理する記号のひとつとしてことばを使いこなしていたと解釈できます。

　なお，ことばはその**恣意性**（恣意性については2章参照のこと）のために一筋縄では扱えない，やっかいな存在でもあります。恣意性とは**ソシュール**のことばで，言語が指し示すものとそれを示す言語記号の間に必然的なつながりがないことを意味します。例えば積み木を電話に代えることが出来るのは「形」というつながりから理解できますが，ことばの場合は「デンワ」という音とそれが意味する物体との間に必然的なつながりはありません。

　このつながりについては「言語記号と，それによって表される事物とは直接結び付いているのではなく，人間の精神作用が媒介することにより関係づけられている」と説明されています（Ogden & Richards, 1923 石橋訳 2001）。ことばを使うとき赤ちゃんは，その語には音声（シンボル）とその語が意味する表象（心的イメージ）とが結びついていることを理解しているといえます。この一連の結びつきを理解できる認知能力（シンボル機能）の発達が，語彙獲得の基盤のひとつだといえます（小椋, 2017）。

8.2.3 実践からみたことばの意味

　最後に，1章で説明があった「ことばが単純な意味の乗り物でない」点についても触れておきましょう。

　　　──「このレシートを机に置いておいて」

　これはある日の何気ない第2著者（新原）と家族との会話ですが，なんとこのレシートは行方不明になりました。お願いした当人としては仕事「机」に置くようにお願いしたつもりだったのですが，いわれた相手は「机」をダイニングテーブルだと思い，そちらに置いてしまったのです。
　ふたりとも「机」という語の意味（イメージ）は共有しており，大きなズレはありません。でも，そのことばから想起する具体的な「机」が違っていたのです。こういったちょっとした理解のずれは「いえば伝わる（もしくは分かる）」という，私たちの素朴なことば観を揺り動かしてくれます。
　先ほどの「どうじょ」で考えるとどうでしょう。もしことばが単純な意味の乗り物だとするならば，極端にいえば「どうぞ」といえば意味が伝わるんだということになります。でも（あまり現実では考えられませんが），小さな子どもが前後のつながりもなく（例えば，子どもが何も持たず，何を見てるわけでもなく）唐突に「どうじょ」と言ったらどうでしょうか。私たちは「どうぞ」ということばを知っていても，そのことばが意図する所を知ることはかなり難しいのではないのでしょうか。
　実践という観点から語彙獲得をみるならば，語そのものだけでなくそれが現れたやりとりから，語とその意味に関心を向ける必要があります。例8.2では「どうぞ」を巡る動作なども書き起こしていますが，こうすることで，やりとり全体（子どもの渡す動作，「どうぞ」という発語，渡す相手がいること，渡す物があること）が「他者に渡す」という出来事を成立させていたことを確認できるのです[3]。そこでの文脈やコミュニケーションではじめて，子どもが語彙を使いこなしているか，つまり語彙の発達がみえてきます。次の節ではコミュニケーションで観察

される赤ちゃんのことばに注目しながら，子どもの語彙獲得に目を向けていきましょう。

8.3 はじめてのことば

8.3.1 話し手としての赤ちゃん

　お子さんのはじめてのことばは何ですか？　そうお父さんやお母さんに尋ねると「バイバイ」「ワンワン」などを挙げてくれます。個人差はありますが，おおよそ1歳を迎えるころから1歳半にかけて，子どものはじめてのことば（**初語**）が観察されます。

　ただし初語の観察については，ある意味矛盾する経験が語られることがあります。例えば，生後数ヶ月の赤ちゃんがしゃべったと感じた経験を持つ親が一定数いるのです。赤ちゃんは機嫌がいいときに「うーあー」や「まー」など声を出すことがありますが，赤ちゃんのお世話をしていて目が合い，微笑みかけると「まーま」といった，というような話を耳にします。Goldman（2001）によれば多くの母親が，早いと2ヶ月の赤ちゃんであっても，子どもが何か欲しがって自分に「ママ」といったと考えていたことが明らかになってます。

　どちらの捉え方もことばの獲得を考える上で，示唆に富みます。赤ちゃんが初語を話し始めるのは1歳から1歳半ごろですが，同時にそれよりはるかに前から「話す」という行為に参加しているとも捉えられるのです。一見矛盾しているようにみえるこの2つの捉え方からは，赤ちゃんがコミュニケーションを通じてことばの話し手になっていくプロセスがみえてきます。

　初語の獲得前から「話す」という行為に参加しているとは，いったいどういうことでしょうか？　例として，大人による「**代弁**」があげられます（e.g., 岡本, 2001）。赤ちゃんが何か声をだすと，養育者は赤ちゃんが何かの意図を伝えるべくおしゃべりしたように扱うことがあります。生後間もない赤ちゃんに対しても，おむつが濡れてぐずり泣いている時には「よしよし，おむつを替えてほしいのね」と語りかけ，おむつを替えている最中には「すっきりしましたね」と話しかけるのは代弁の一種です。

とはいえこの時期の赤ちゃんの泣きは，不快に対する反射的な発声にすぎません。そういった意味で，赤ちゃんを意図的な存在として扱う**代弁**は，大人のひとりよがりのように感じるかもしれません。しかし代弁のコミュニケーションは，赤ちゃんにとって生理的反応にすぎなかった泣きや発声が周りに影響を与えることに気づくきっかけになり，これによって赤ちゃんは発声することに意味を見いだすようになります (e.g., Harding, 1983)。Mosier & Rogoff (1994) によれば，早いと6ヶ月の赤ちゃんであっても，人形が手の届かない位置に置いてあるとき，自分で取ろうとするよりも母親に取ってもらうように意図的に働きかけることを報告しています。この意図的なコミュニケーションは，おおよそ8ヶ月ごろから10ヶ月ごろにはじまるといわれています。

　また7章でも触れられていた通り，健常児ならば音声の知覚ならびに音声表出が徐々に発達していきます。有意味語とのつながりという意味では，赤ちゃんが大人のようにことばを生み出そうとする「**喃語**」やそれに続く「**ジャーゴン**」は，話しはじめの段階と密接な関係を持っています。赤ちゃんは耳に入る音と産出する音の類似性や違いに気づき，基準喃語（例えば「bababa」）から子音と母音を変化させる喃語（例えば「baganabag」）を12ヶ月から13ヶ月ごろに使うようになると指摘されています (Stoel-Gammon, 2016)。さらにここからアイコンタクトや動作を伴い，イントネーションを工夫する会話のような喃語「ジャーゴン」が現れます。例えば英語話者の赤ちゃんは「bottle（ボトル）」を「bababa」と表現した喃語まじりのことばを話したりするそうです (Stoel-Gammon, 2016)。

　なお最近では大規模データを用いた解析によって，赤ちゃんの発声が有意味語につながっていくプロセスがより詳細に検討されています (Roy, 2011)。また，喃語は話しはじめの初期に持ち越されるだけでなく音の好みにもまた影響を与えており，子どもは喃語以降も同じ音や音の連続を好んで使うと指摘されています (Vihman, 2014)。第1著者（太田）の娘も1歳過ぎごろは帽子を「ぼーし」といわずに「ぼうぼう」，おそばやうどんの麺を「めん」といわずに「めんめん」と言っていました。

8.3.2　初期の表出語と理解語

表出語と理解語の関係

　語彙の獲得は，「ことばを話せているか」という側面からだけでなく，「ことばを理解できているか」という側面からも考える必要があります。語の理解は早い時期から認められており，なんと生後4ヶ月半には自分の名前を，生後6ヶ月までには「お母さん」もしくは「お父さん」という語彙を理解しているといわれています（Mandel et al., 1995; Tincoff & Jusczyk, 1999）。赤ちゃんの言語発達を扱う心理学では，語彙のうち聞いて分かることばを「**理解語**」，いえることばを「**表出語**」と区別します。

　では話しはじめの時期の表出語と理解語の関係を，1歳児クラスの絵本読み場面（例8.3）からみてみましょう。この事例では表出語は実線で，理解語は点線で，強調しています。それぞれどのような特徴があるでしょうか。

　　例8.3　もぐもぐパクパク
　　　　（保育士とYちゃんのやりとり）
　（Yちゃんが）保育者Aのもとへ『たべもの』の本を持って近づいてきました。しかし，その膝の上と両脇にはすでに友だちが座っています。それに気づいた保育士Bが「Yちゃん，読んであげるよ」と声をかけるとニコニコッと笑い駆け寄ってきて膝の上に座りました。絵本を読み始めると，絵を指しながら「ご（りんご）」「ち（ケーキ）」などと食べ物の名前を言っています。保育者は「そうね，りんご」「ケーキ」などとその名前を繰り返します。しばらくして，保育者が「おいしそうね」と言うと，それに反応したように絵を指でつかみ，自分の口に運び，もぐもぐするように口を動かします。保育者が「いいな，先生も食べたいな」と言うと，次々と食べさせてくれます。数回繰り返すと，振り返るのに疲れたのか急に立って，保育者と向かい合うようにしゃがみ，また食べさせてくれました。それが2度程続くと，絵をつまみ保育者Aとそのまわりにいた友だちのところへ行き食べさせていました。
　　　（東京都公立保育園研究会（2022, p. 100）より。強調箇所は筆者によるもの）

Ｙちゃんは保育者の誘いに応じ絵本読みに加わり，「おいしそうね」や「先生も食べたい」に対して，食べる真似や食べさせてあげる真似をしています。つまり，「おいしそう」「食べたい」などのことばは，Ｙちゃんの**理解語**になっていると判断できます。事例を読むと，理解語が**表出語**よりも多いこと，また表出語はことばとしては不完全で指差しなど動作と共に利用していることの２点が分かります。

　このように，話しはじめの時期は，表出語の数より理解語の数の方が多いことが分かっています。1歳ごろに理解語の数が50語に到達しますが，表出語ははるかに少ない数しか観察されません。同じことばが理解語となる時期と表出語となる時期のずれは，語彙によって異なりますが，「バイバイ」の場合おおよそ6ヶ月のずれが報告されています。このように話すことばが少なくても，大人が想像する以上に周りの会話を分かっているというのが，話しはじめの時期の特徴だといえます。

はじめの50語

　次に表出語に目を向けていきましょう。表出語は理解語よりも遅れて現れるという特徴の他に，語彙数が50語まで到達するまではその累積はゆっくり進むという特徴があります。この話しはじめの50語を**初期表出語**とよびます。では初期表出語にはどのようなことばが含まれているのでしょうか。初期の表出語には「バイバイ」や「いないいないばぁ」のような他者とつながることばが多いと指摘されています（Ninio & Snow, 1996）。赤ちゃんは社会的かつ知的に意味のあることばからお話をはじめるのです。

　このような知見では，子どもの日常に密着する**自然観察法**，理解した単語や発語があった単語を日誌につける**日誌法**，チェックリストに当てはまることばを確認する**質問紙調査法**などが用いられます。特に獲得語彙の調査についてはマッカーサーコミュニケーション発達質問紙（CDI: MacArthur Communicative Development Inventories）が広く使われています。この質問紙は日本語版があり（日本語CDI：日本語マッカーサー乳幼児言語発達質問紙日本語CDI），8ヶ月から36ヶ月の子どものコミュニケーションに関わる行動や語彙をチェックリストで評価することができます。

日本語 CDI を用いた調査によれば,「(イナイナイ)バー」(日課とあいさつ),「ワンワン」(幼児語),「あーあっ」(感嘆),「マンマ(食べ物)」(幼児語),「バイバイ」(日課とあいさつ)が,はじめに観察されることばとして報告されています(小椋他, 2016)。

獲得語彙を品詞で分類すると,名詞に関する語彙獲得が早い傾向があることが分かっています。この理由として,名詞は指示対象と名づけの関係の結びつけやすさがあげられます。例えば「鳥」というとき,その鳥は具体的な動物(カテゴリ)に結びつけられます。一方で動作や状態を表す語彙である動詞や形容詞は,名詞より抽象度が高く,ことばと指示対象の結びつけが難しい傾向にあります。例えば,感情を表現する「嬉しい」ですが,感情は目にみえない現象で,その状態を一意に定義することが名詞よりも難しくなります。また動詞ならば,例えば「歩く」は連続する動作のうちの一部であり,また赤ちゃんのよちよち歩きから,大人の早歩きまでヴァリエーションがあるため複雑です。

名詞に関する語彙が早い段階で獲得されやすいというのは,英語など,日本語以外の言語圏にも共通する特徴です。ただし例外もあり,中国語や韓国語は動詞が早く獲得されるとも報告されています(Choi & Gopnick, 1995; Tardif et al., 1999)。言語が異なると,ことばがどのように使われるかも異なる場合があり,それによって語彙獲得のプロセスも変化するのではないかと指摘されています。

語彙の増大

50語まではゆっくり進む語彙獲得ですが,2歳ごろになるとその語彙数が急速に伸びるようになります。これを「**語彙爆発**」と呼びます。この時期からの語彙数の伸びは目を見張るもので,2歳から5歳児が家で親が話したことばを1回聞いただけで覚えてしまうという逸話的証拠が示されています(Carey, 1978)。こういった語彙獲得の速さは2歳ごろには1週間におよそ1語,さらに進むと1日に1語,5歳になると2時間に1語とかなり速いスピードで語彙獲得が進むともいわれます(e.g., Tomassello, 2003)。

こういった2歳の終わり頃にみられる著しい語彙の発達は,新しい単語に触れるとすばやく仮説を立て適応させる「**即時マッピング**(fast mapping)」の能力から説明されることがあります（e.g., Houston-Price, et al., 2005）。古典的な研究（Carey & Bartlett, 1978）では，実験的に作られたことば「クロム」（オリーブグリーンを意味する人工的なことば）について，子どもに「クロムのトレイを持ってきて，赤いやつじゃなくて，クロムのを」とお願いしたところ，正しいトレイを持ってきたと報告されています。この実験では，子どもは「クロム」という未知の単語について，「赤とは異なる」「赤と対比されるということは，色に関する単語である」などの仮説をたてることで，「クロムのトレイを持っていく」という課題に適応していると考えられます。さらに子どもは6〜10週間後も「クロム」を覚えており，ことばを知った場面とは異なる場面でも適切に意味を理解できたことが示されています。

　この研究では3歳から4歳を対象にしていますが，他の研究では2歳から5歳と広い年齢のレンジで新しい単語とその意味をすぐに結びつけられることが確認されています（Dollaghan, 1985）。

　なお**語彙爆発**には個人差があるともいわれています。著しい語彙増加が認められる子どももいれば，ゆるやかにその数を伸ばす子どももいるのです（Ganger & Brent, 2004）。そのためことばの産出は突然起こるものではなく，子どもがことばの学習者としてスキルフルになっていく，そんなゆるやかなプロセスと特徴づけるべきだとも考えられています（Bloom, 2000）。

8.4　語彙獲得の理論

8.4.1　認知制約説

　ここでは子どもの語彙獲得を説明する理論を紹介します。1つめは，語彙獲得を生まれつきの仕組みによって説明する**認知制約説**です。冒頭の「息子よ，みてごらん，プティッツァがいる」の例でふれたように，プティッツァということばが指示し得る意味には無限の可能性があり（鳥なのか，ペットの名前なのか，プティッツァという種なのか……），ことばと意味を結びつけるというのは難しい課題です。子どもがなぜ達成できるのかの理由としてマークマン（Ellen M. Markman）が考えたの

が，子どもには語彙に関するメタ知識が生まれつき備わっているのだという説明でした（Markman, 1990）。

マークマンによると，子どもは，その生まれつき持っているメタ知識に基づいた思考様式を語彙獲得の際に適用します。この思考様式を制約と呼びます。制約はルールと言い換えることもできます（岩立, 2017）。つまり子どもは生まれつき知っているルールに従い，ことばと意味の結びつけをしているのだ，というのがこの立場になります。

マークマンが提唱した，子どもが生まれつき知っているルールとして，事物全体バイアス，事物カテゴリーバイアス，相互排他性バイアスがあります。これを図8.1の「息子よ，みてごらん，プティッツァがいる」で各ルールを概観してみましょう。なおプティッツァはロシア語で鳥を意味しますが，語の正しい意味は分からないという立場で考えてみましょう。

まず事物全体バイアスです。「プティッツァは鳥」のように，ある語が対象の全体を指しているものだと仮定する思考様式です。対象の構成要素（色，くちばし，羽ばたき方など）は置いておいて，とにかく「鳥だ」とするのがこのルールです。

また事物カテゴリーバイアスとは，新しいことばを聞いたときそれが人物名や地名といった固有名詞ではなく，対象をグループ分けするようなことば，すなわちカテゴリ名だと考える傾向を意味します。新規単語「プティッツァ」は実際に見たものに対してだけでなく，似た対象にも適用されます。

最後に相互排他性バイアスです。ある対象は1つのラベルを持つというルールで，ことば同士の関係や，ことばが表す対象の意味的つながりの関係を整理します。例えば子どもは，はじめて「プティッツァ」ということばを聞いたとき，鳥以外で見えている対象の呼び方（「猫」や「飛行機」）を知っていたならば，はじめて見た対象を「プティッツァ」だと考えます。

認知制約説は「子どもが新しい語をどのような意味に解釈しがちか」また「子どもの語彙獲得はなぜ効率的なのか」を説明可能な理論であり，興味深いものです。ただし，1つのラベルに2つの意味が付与される場合のように相互排他性に疑問を投げかける例や，バイリンガルのよ

うに対象に複数ラベルがあることが自然な子どもにとって制約がどのように機能するかなど，問題も同時に指摘されています（岩立，2017）。

8.4.2 社会的相互作用に注目する理論

　もう1つの代表的な説明は，大人とのやりとりに支えられながら，言語獲得が進んでいくという仮説です。この代表的な理論として，6章で説明があった**用法基盤理論**があげられます（Tomasello, 2003）。この立場では，伝達意図の理解が言語発達の初期基盤になるとされています。例えば「息子よ，みてごらん，プティッツァがいる」と指さすとき，息子が知らないであろう「鳥」に注意を向けてほしい，興味深いものがあるよと働きかけています。子どもは，指さしや一連の発語に意図が込められていること，また相手が何を共有しようとしているかを理解する必要があります。つまり意図と注意は，ことばと指示対象の結びつけに有益な情報になります。

　どこに注意を払っているか，すなわち同じものに注意を払うという行為は，生得的というよりも社会的かかわりのなかで現れ，認知機能として成熟していきます。8.3.1で触れたように，赤ちゃんの発声や行為は意図ある行為として意味づけられ会話の中に招き入れられています。このような社会的相互作用の積み重ねは，相手の行為に意図があることを理解するための基盤になります。手を伸ばしてものを取ろうとした経験のある乳児は，大人が同じように手を伸ばしたとき，その行為の意図を理解することが示されています（Woodward, 1998）。また，意図を持つ他者である大人が何に注意を向けているかのヒントになるのは視線です。相手の視線を追う視線追従は，生後8ヶ月ごろから観察されるようになります（Scaife & Bruner, 1975）。また相手の意図の理解は生後6ヶ月ごろから可能になるといいます。

　さらにこの時期に少し遅れて，赤ちゃんの指さし行動が観察されるようになります。指さし行動には指示的指さしと宣言的指さしがあるといわれています。「あれとって」とお願いするような場面で使われるのが指示的な指さし，「あれなんだろうね」と注意を誘導する場面で使われるのが宣言的指さしです。後者は他者も同じように注目してくれるという期待がある指さしといえます。宣言的指差しは，指示的指さしに遅れて

9ヶ月ごろに観察されるといわれています。

この関係は，7章で説明があった「**三項関係**」の成立として説明されます。「赤ちゃん」「大人」「指示対象」の3つの項を使用して整理しましょう。まず注目対象への指さしを契機に，指示対象が定められます（指差しで両者が「車」を見る）。そうすると大人は「そうね，ブーブーね」など赤ちゃんの言いたいことを代弁するなどと働きかけます。この時，赤ちゃんは指さしに満足して，ぼんやりとどこかを眺めているわけではありません。大人がきちんと指さした対象を見ているかを見ています。子どもと大人が同じ対象に一緒に注目する状態を「**共同注意**」といいます。そして視線追従した先に指示対象があることを確認すると，指さしたものに「ブーブー」が結びつけられることになります。

つまり言語の習得は，共同注意の確立，他者の意図の読み取り，大人と同様の方法で対象物に働きかける能力の獲得に支えられているといえます。特に，他者が意図を持った行為者であるとみなし模倣や他者理解を発達させる9ヶ月から12ヶ月は，言語習得の重要な時期であるとして，トマセロは**9ヶ月革命**と呼んでいます。

8.5 ことばで遊ぶ：語彙獲得とオノマトペ

8.5.1 育児語とオノマトペ

犬を「わんわん」，車を「ぶっぶー」，ダメを「め」といったように，大人たちは乳幼児に接する際，あるものを指す語彙として，自分たちが普段用いないような特別な語彙を使用することがよくあります。こうした乳幼児に向けて発せられる特別な語彙は**育児語**と呼ばれ，子どもが獲得する初期の語彙にはこの育児語が多く含まれることが知られています。

ここで例として，第2著者（新原）の娘が1歳5ヶ月だったころの，家族の会話を紹介します。

例8.4　「んめー」と「おいちい」

娘「(しょくぱんまんのおもちゃの足の裏をスプーンですくい，なめる)」
父「〇〇ちゃん，おいちいの」
娘「(うなずきながら)んめー」
父「(笑)なにがおいちいの。しょくぱんまんの……足の裏をスプーンで」
母「食べて食べて，〇〇ちゃん」
娘「(スプーンをなめて)んめー！」
父＆母「(笑)」
母「よかったねー」　　　　　　　　　　　　　　　　(2021.1.29)

　この事例では，父は「おいちい(おいしい)」という語彙を使っているのに対して，娘は「んめー」という語彙で答えています。「おいちい」と「んめー」は文字の並びは全く異なりますが，このシーンではいずれも「食べ物を食べた際の感想」を表す語彙として使用されていることが分かります。父と母はこの場面では「んめー」を使用していませんが，ここでは「おいちい」と「んめー」が同じ現象を指すことばとして，自然に同居しています。

　このように，子どもは同じ対象や現象を指す**育児語**(「わんわん」「んめー」)とそれに対応する**成人語**(「犬」「おいしい」)が混在している環境で成長していき，多くの場合，育児語のほうを先に習得していきます。小林他(2015)の調査によると，50%の子どもがそのことばを言えるようになる月齢(50%到達月齢)を調べると，例えば「わんわん」の生後15ヶ月に対し，「犬」は生後26ヶ月と，幼児語のほうが1年近く早く習得されることが分かっています。

　ではなぜ育児語は子どもに覚えられやすいのでしょうか。小林他(2015)はこの原因として，周囲の大人が育児語を頻繁に使用することに加え，音の繰り返しが多用されるといったように，育児語にはそもそも子どもが学習しやすい特徴が備わっていることを指摘しています。育児語は，表8.1のようにいくつかのタイプに分類することができますが，確かに「音韻反復」タイプだけでなく，「**オノマトペの使用**」タイプや

「音の転用」タイプにも，同じ音を繰り返すようなことばが含まれています。このような子どもにとって親しみやすい言葉が周囲の大人によって多用されることで，子どもは育児語を比較的早く習得していくのだと考えられます。

表 8.1　育児語のタイプ（小林他（2015）をもとに作成）

タイプ	例
オノマトペの使用	わんわん（いぬ），ぶっぶー（くるま），ぽーん（投げる）
音韻反復	かみかみ（噛む），おめめ（目）
接尾語の付加	くまさん（熊），あめちゃん（飴）
接頭語の付加	おさかな（魚），おみず（水）
音の転用	にゅーにゅー（牛乳），ぺそ（ヘソ）
音の省略	やだ（嫌だ），め（ダメ）

8.5.2　オノマトペの面白さ

表 8.1 からも分かるとおり，育児語の特徴のひとつとして**オノマトペ**がたくさん含まれることが挙げられます。オノマトペとは，**擬音語**や**擬態語**をまとめた呼び方です。擬音語とは「外界の音を写した」ことばです（金田一, 1978）。「ワンワン」「ニャア」といった動物の鳴き声，ドアをノックする「コンコン」や靴音を表す「コツコツ」といったものが擬音語です。対して擬態語とは，「音を立てないものを，音によって象徴的に表す」ことばを指します（金田一, 1978）。例えば全身で日光を浴びている様子を「ポカポカ」といいますが，この時，体からはぽかぽかという音が出ているわけではありません。また美しいものを「うっとり」と眺めている時も同じです。

オノマトペは私たちの日常会話から詩や音楽といった芸術表現まで，あらゆる場所で目にすることばです。変わったところでいえば，2007 年ごろに流行った芸人の小島よしおさんの「オッパッピー」というギャグを覚えているでしょうか。小島さん本人は「オーシャン・パシフィック・ピース」の略だと説明しているのに対して，ある国語史研究者はそうではないはずだとし，「そんなの関係ねえ」と「自分とは関係がないと軽く

投げ出してしまって，ちょっとだらけて無責任なさま」を表すオノマトペだと解釈するとともに，「「オッパッピー」と，詰まる音を2回使ったあと，最後に伸ばしているのが，ちょっとだらけた感じをかもしだしている」「用いられている子音がpで，明るく，軽いイメージを持つ」と分析し，「「オッパッピー」の**オノマトペ**としてのパターン選択は，絶妙と言える」と高く評価しています（小野，2009）。

犬の鳴き声の「ワンワン」や靴音の「コツコツ」といったオノマトペはとても一般的なものですが，「オッパッピー」はそうではありません。小島さんがこのギャグで一世を風靡する以前は，おそらく誰もいったことのなかったはずの言葉です。にもかかわらず当時，このことばが多くの人の心をつかんだことを考えると，オノマトペというのはとてもクリエイティブで，遊びに満ちた「創って遊べる」（小野，2009）ことばなのだといえるでしょう。

このように，我々のことばの世界を様々な場所で彩っているオノマトペですが，子どもの生きる空間も例外ではありません。例えば蔡（2022）によると，Eテレ「おかあさんといっしょ」の2020年10月の歌としてオンエアされた「パンはパンでも」という曲や，2021年1月の歌であった「おたすけ！およよマン」という曲では，歌詞の54％がオノマトペで占められています。

一方で，オノマトペを子育てのための効果的な「道具」かのように捉える見方も近年では広がっているように感じられますが，これには少し注意が必要なように思います。例えばインターネットで「オノマトペ　子育て」などで検索すると大量のサイトが出てきますし，一部のサイトでは，オノマトペが子どもをグングンと発育させる魔法の道具であるような書き方までされています。こうした見方では，オノマトペという「道具」が，子どもがことばを覚えるための足場のようなものと捉えられていて，子どもがことばを覚えるために大人がオノマトペという足場を効果的に活用するという図式が強固に形成されています。

こうした，大人による足場かけのような働きかけは，心理学では「**スキャフォールディング**」と呼ばれます。スキャフォールディングは子育てや教育において非常に重要な働きかけですが，この図式のなかでは大人はあくまでも支援する人，子どもは支援される人と関係が固定化され

ており，この関係では**オノマトペ**は目標達成的な道具になってしまいます（詳しい議論は佐伯（2007）参照）。

しかし，オノマトペをこのように，大人が子どもを一方的に援助する道具のように捉える見方は，オノマトペが持つ「創って遊べる」という性質をあまりにも見過ごしてしまってはいないでしょうか？　このことを考えるために，最後にもう1つ，第2著者（新原）の娘の事例を紹介します。

家族旅行の途中で高速道路のサービスエリアに寄った時のことでした。3歳の娘は大量のおみやげものや人混みで興奮気味ですが，長時間のドライブで少し疲れた様子でもありました。娘が「これなに？」と指さした先を見ると，そこには豚肉を使った瓶詰の調味料があり，娘はそれを紹介する，店員さん手書きのポップを見つめていました。そのポップには店員さんと，隣でおじぎをする小さなブタが書かれていました。父が「なんだろうね，ブタさんかわいいね」と適当に応じると，娘が突如「ねえパパ，抱っこして」と，抱っこを要求してきました。私が抱っこをすると，娘は疲れからか甘えん坊モードになっていて，子ブタの鳴きまねをしながら私の腕のなかでリラックスした表情を浮かべていました。

さて，突然ですがここで問題です。娘がした「子ブタの鳴きまね」はどのようなものだったでしょうか？

子ブタの鳴きまねと聞いて，真っ先に思い出すのは「ぶうぶう」あたりでしょうか。少し凝ったところで「ぷぎぃぷぎぃ」とか，「ふごふご」などを思い浮かべた方もいるかもしれませんが，残念ながらすべてハズレです。

正解は，「ブタァブタァ」です。大人からみるとあまりにも奇想天外な離れ業に，「そんなのありか！」と感じた方もいらっしゃるでしょう。しかし我々の周りを見渡すと，アニメ「ポケットモンスター」に登場する多くのモンスター（「ピカチュウ！」「ゼニゼニ〜」）や漫画「ONE PIECE」に登場する「悪魔の実」（ゴムゴムの実，ハナハナの実）など，ものの名前がそのままオノマトペ的に用いられる例はある程度存在しており，「ブタァブタァ」もこの法則に則っているとみることもできます。

大人と子どもが関わる場面では，時にこのように，大人の想像を超え

るような言葉遊びを子どもがはじめる瞬間があります。しかもそうした言葉遊びは必ずしも現実世界のルールを完全に無視して行われるわけではなく，実際に使われることばや法則を参照しながら子どもはことばで遊ぶのです。オノマトペはとくに，そういう大人の予想を超えるような創造性をかきたてるのかもしれません。

語彙獲得は，既存のことばを習得して理解・表出できるようになるというだけでなく，このような創造的な側面も持っているのです。

8.6　語彙の獲得と遊び：8章まとめ

本章では，赤ちゃんが登場する様々な事例をもとに，子どもが語彙をどのように獲得していくのかをみてきました。どの事例も微笑ましいものでしたが，これらの場面を私たちが「微笑ましい」と感じるということは，それだけことばの発達の現場が遊びとユーモアにあふれていることを示しているように思われます。例 8.2 の「どうじょ」の場面でも，例 8.4 の「んめー」の場面でも，その場に居合わせた親の笑い声が含まれているのが印象的です。このように，大人や周囲の他者と互いにユーモアあふれる遊びを繰り返しながら，子どもはことばを覚えていくのだといえるでしょう。

また，遊びという観点から考えれば，8.5 節で取り上げたオノマトペは，こうした子どもと周囲の他者とのユーモアあふれる遊びを支える役割を果たしているともいえます。大人にとっても遊びとしての魅力にあふれるオノマトペは，子どもと大人双方のクリエイティビティを刺激してくれる，優秀な小道具であるともいえるのではないでしょうか。語彙の獲得における大人の役割とは，ことばを教えるというような固定的で一方向的な働きかけでなく，こうした小道具に遊び心をくすぐられながら，ことばで一緒に遊ぶということなのでしょう。

1　https://www.youtube.com/watch?v=ebHw40hmvR0　二次元コードから動画をご覧いただけます。
2　Cole et al.(2004) での例を，日本人の読者向けの図として修正したものです。

3 「どうぞ」ということばは感動詞で単体では「渡す」という意味にはなりません。しかし私たち大人も何かを渡すとき「どうぞ」といいます。このケースでは語用的に正しくその語と意味を理解しているといえます。

引用文献

Anglin, J. M. (1995) Classifying the world through language: Functional relevance, cultural significance, and category name learning. *International Journal of Intercultural Relations*, *19*, 161–181.

Bloom, P. (2000) *How children learn the meanings of words*. MIT press.

Carey, S., & Bartlett, E. (1978) Acquiring a single new word. *Papers and Reports on Child Language Development*, *15*, 17–29.

Choi, S., & Gopnik, A. (1995) Early acquisition of verbs in Korean: A cross-linguistic study. *Journal of child language*, *22*, 497–529.

Cole, M., Cole, S. R., & Lightfoot, C. (2004) *The development of children*. Macmillan.

Dollaghan, C. (1985) Child meets word: "Fast Mapping" in preschool children. *Journal of Speech, Language, and Hearing Research*, *28*, 449–454.

Ganger, J., & Brent, M. R. (2004) Reexamining the vocabulary spurt. *Developmental Psychology*, *40*, 621.

Goldman, H. I. (2001) Parental reports of 'MAMA' sounds in infants: An exploratory study. *Journal of Child Language*, *28*, 497–506.

Harding, C. G. (1983) Setting the stage for language acquisition: Communication development in the first year. In R. M. Golinkoff (Ed.), *The transition from prelinguistic to linguistic communication* (pp.93–113). Psychology Press.

Houston-Price, C., Plunkett, K. I. M., & Harris, P. (2005) 'Word-learning wizardry' at 1;6. *Journal of Child Language*, *32*, 175–189.

伊藤崇（2018）『学びのエクササイズ　子どもの発達とことば』ひつじ書房

岩立志津夫（2017）「言語の発達」秦野悦子・高橋登（編）『言語発達とその支援』（pp.23–43）ミネルヴァ書房

金田一春彦（1978）「擬音語・擬態語概説」浅野鶴子（編）『擬音語・擬態語辞典』（pp.3–25）角川書店

小林哲生・奥村優子・服部正嗣（2015）「幼児における育児事成人後の学習しやすさの違いを探る」『NTT技術ジャーナル』, *27*, 26–29.

Mandel, D. R., Jusczyk, P. W., & Pisoni, D. B. (1995) Infants' recognition of the sound patterns of their own names. *Psychological Science*, *6*, 314–317.

Markman, E. M. (1990) Constraints children place on word meanings. *Cognitive Science*, *14*, 57–77.

Mosier, C. E., & Rogoff, B. (1994) Infants' instrumental use of their mothers to achieve their goals. *Child Development*, *65*, 70–79.

Ninio, A., & Snow, C. E. (1996) *Pragmatic development*. Westview Press.

Ogden, C. K., & Richards, I. A. (1923) *The meaning of meaning*. Harcourt, Brace & World.（オグデン，C. K., & リチャーズ，I. A. 石橋幸太郎（訳）（2001）『意味の意味』新泉社）

小椋たみ子・綿巻徹・稲葉太一（2016）『日本語マッカーサー乳幼児言語発達質問紙の開発と研究』ナカニシヤ出版

小椋たみ子（2017）「語彙発達1　乳幼児期」岩立志津夫・小椋たみ子（編）『よくわかる言語発達　改訂版』(pp.40-45) ミネルヴァ書房

岡本依子（2001）「母子コミュニケーションにおける母親の代弁――1歳児への代弁の状況と発話形態の関連」『母子研究』, *21*, 46–55.

小野正弘（2009）『オノマトペがあるから日本語は楽しい――擬音語・擬態語の豊かな世界』平凡社

Roy, D. (2011)「初めて言えた時」『TED』(Retrieved April 21, 2023 from https://www.ted.com/talks/deb_roy_the_birth_of_a_word?language=ja)

佐伯胖（2007）『共感――育ち合う保育のなかで』ミネルヴァ書房

Scaife, M., & Bruner, J. S. (1975) The capacity for joint visual attention in the infant. *Nature*, *253*（5489）, 265–266.

Stoel-Gammon, C. (2016) Phonological development: Learning sounds and sound patterns. In J. B. Gleason & N. B. Ratner (Eds.), *The development of language* (9th ed.), (pp.45–76). Pearson Australia.

Tardif, T., Gelman, S. A., & Xu, F. (1999) Putting the "noun bias" in context: A comparison of English and Mandarin. *Child development*, *70*, 620–635.

東京都公立保育園研究会（編）（2022）『新1歳児保育の実際』ひとなる書房

Tincoff, R., & Jusczyk, P. W. (1999) Some beginnings of word comprehension in 6-month-olds. Psychological Science, *10*, 172–175.

Tomasello, M. (2003) *Constructing a language: A usage-based theory of language acquisition*. Harvard University Press.

蔡薫婕（2022）「NHK「おかあさんといっしょ」の月の歌にみる，歌詞の言語的特徴」『計量国語学会第66回大会予稿集』

Vihman, M. M., & McCune, L. (1994) When is a word a word?. *Journal of child language*, *21*, 517–542.

Vihman, M. M. (2014) Phonological development: *The first two years*. Wiley.

Woodward, A. L. (1998) Infants selectively encode the goal object of an actor's reach. *Cognition*, *69*, 1–34.

エクササイズ

　保護者もしくはあなたの赤ちゃんのころを知っている方に，あなたの「はじめてのことば」は何か尋ねてみましょう。その時，どのような場面だったかも確認し，実践という観点からご自身の語彙獲得をふりかえってみましょう。

📖 読書案内

　家庭内や幼稚園など実践というキーワードから，ことばの発達を眺める好著として伊藤崇『学びのエクササイズ　子どもの発達とことば』（2018，ひつじ書房）があります。

第9章

社会的なかかわりのなかでのことばの発達

　この章では，児童期以降のことばの発達について概説します。家庭を中心とした生活空間で暮らしていた子どもが，学校に通い始めると，それまでとは違う学校のことばに出会います。学校を出て，仕事をはじめた大人も，学校とは違う社会のことばに出会うことでしょう。以下では，ことばは，学校や仕事といった社会的な活動において重要な意味を持っていること，一度覚えたらもう学ばなくていいものではなく，生涯にわたって学び続けるものであることを，様々な場面からみていきたいと思います。

9.1　識字：文字の読み書き

　7章でみてきたように，今日の日本では子どもは小学校に入る6歳の段階で，すでに基本的なことばを身につけています。話しことばだけでなく，書きことばも少しずつ学んでいて，近年では，幼稚園や保育園で簡単な英語を教えていることもあります。つまり，ひらがな，カタカナはもちろん，アルファベットも学んでいる子どもが少なくないということです。子どもたちは，このような知識や経験をもとに，小学校以降の学校で話しことば，書きことばについてさらに学んでいきます。

9.1.1　『代書屋』にみる日本の識字

　さて，現代の社会では，話しことばはもちろん，書きことば，つまり文字が使えることは当然のことのように考えられています。しかし，数

191

十年前には，日本でも文字の読めない人は多くいました。例えば，落語に『代書屋』という話があります。文字の書けない中年の主人公が，就職するために履歴書を書いてもらおうとして代書屋をたずねるという設定なのですが，自分の名前をどう漢字で書くのかは代書屋に任せるといってみたり，生年月日はなかったと思うと答えたりして，代書屋がいらいらするのが話の聞かせどころです。この落語は，いわゆる新作落語として 1939 年（昭和 14 年）に初演されています（豊田, 2007）。代書という職業があったということは，当時は自分で文字が書けない人がそれなりにいたということを示しています。

日本における**識字率**を検討した研究（斉藤, 2012）によると，尋常小学校への進学率から推定して，男子は 1925 年頃，女子は 1935 年頃にはおおむね識字ができるようになったと考えられるようです。実際に，戦後まもない時期に実施された「日本人の読み書き能力」についての大規模な調査でも，まったく文字の読み書きができない人は全国で 1.6% と，高齢者が中心であったことが報告されています（斉藤, 2012）。そうしてみると，代書屋をたずねた主人公は，文字の読み書きができない人が多くいた最後の世代であったのかもしれません。

9.1.2 世界における識字の状況

さて，日本では文字の読み書きができない人はほとんどいないとみなされていて，識字の問題はなくなったように思われますが，今でも，世界全体の識字率は男性 91%，女性 93% ですし，識字率が 100% に遠くおよばない国もあります（日本ユニセフ協会, 2021）。例えば，南スーダンは男性 48%，女性 47%，中央アフリカは男性 48%，女性 29%，ニジェールは男性 51%，女性が 36% という状況です。世界を見渡すと，識字が課題になっている地域はまだまだあるということです。

また，もともと暮らしていた国を追われて難民になるなどして，文字の読み書きができない環境におかれている人も決して少なくありません。例えば，トルコに避難してきたシリア難民は，2020 年 10 月の段階で 360 万人に上ります（Kishi & Aoyama, 2021）。もともとシリアではアラビア語を使って生活していたのに，避難先のトルコではトルコ語が使われています。岸・青山（Kishi & Aoyama, 2021）の報告する事例には，トル

コに避難したシリア人が買い物に行ったところ，店先の香辛料の名前が読めなかったので，写真を撮ってトルコ語が分かる友人にメールし，その香辛料が何かを確認する，というものがありました。文字が読めないと買い物にも苦労するわけですが，現代の**情報通信技術**をうまく使って切り抜けているというわけです（そのため，難民にとってスマートフォンは生活に欠かせません）。

日本語指導が必要な子どもたち

このように，識字の問題は，一度母語を習得したら終わり，というものではありません。近年，日本にも海外から移り住んでいる人が増えています。それにともなって，**日本語指導**が必要な子どもも増加しています。2021年の調査（文部科学省総合教育政策局国際教育課, 2022）によると，日本語指導が必要な児童生徒数（小学校・中学校・高等学校）は，外国籍が47,627人，日本国籍が10,726人に上ります。学校単位でみると，日本語指導が必要な児童生徒が在籍している学校のうち，半数程度の学校では在籍者が1人か2人なのですが，外国籍の児童生徒が10人以上在籍している学校も14.6％に上ります。日本国籍なのに日本語指導が必要な児童生徒，というのは，例えば親が南米の日系人である子どもは，日本生まれで国籍も日本ですが，家庭ではスペイン語やポルトガル語で話していることがあるからです（柿原, 2021）。こうした日本語指導が必要な児童生徒は，高校や大学への進学が難しかったり，非正規雇用になりやすかったりすることも知られています。

9.1.3　フレイレの識字教育

　このように，ことばを身につけることは，社会で生きていく上で，重要な役割を果たしています。『被抑圧者の教育学』(Freire, 1970 三砂訳 2018) で知られる教育学者のフレイレ（Paulo Freire）は，貧しい民衆への識字教育で知られますが，ただ文字を教えるのではなく，社会について考える文化サークルという実践を通じて文字を教えようとしました。文化サークルでは，まず参加者は絵や写真を見て，何がみえるかを話し合います。ここでみせるものは，参加者にとって身近なもの，例えば住んでいる街の風景などです。そのあと，そこで出てきたことばについて，文字でどう書くかを学び，最終的に自分たちの抱える問題について話し合います。つまり，自分たちの抱える問題について考えるために文字を学ぶ，という方法になっているのです。

　フレイレは，文字を学ぶことは，文字を通して社会とかかわりを持つことであり，社会を変革する一歩になると考えていました。今日の私たちにとって，文字が読み書きできるのは当たり前のことになっていますが，フレイレが示唆しているように，そのことが持つ意義はとても大きいのです。

9.2　学校のことば

　最初にも述べたように，子どもは家庭を中心とした生活空間の中で，話しことばを学びます。書きことばも，就学前にある程度は学びますが，小学校に進むと，漢字も含めた書きことばの学習をするようになります。さらに，学校には，それまでの家庭を中心とした生活空間では出会わないようなことばの使い方もあります。すでに5章で述べられているI-R-E連鎖はその代表ですが，ここでは，やはり教室で多用されるリヴォイシングについて検討したいと思います。

9.2.1　教室のことば（1）：リヴォイシング

　リヴォイシングは，教室での児童や生徒の発話が，主に教師によってもう一度，繰り返されることを指します。なぜ繰り返すことに意味があ

るのかというと，授業の中でなされた児童や生徒の発話に注目して，そこから議論を展開させることで，教師の一方的な教え込みではない授業を作るための有効な手段になるというわけです。ここでは，小学5年生の国語の授業でのリヴォイシングの事例（一柳，2014）を採りあげて検討してみましょう（例9.1）。

　事例となっている授業では，「わらぐつの中の神様」という作品を扱っています。一柳が検討した3回の授業で，児童の発言に対する担当教諭の応答は157回あり，そのうちリヴォイシングは83回（52.9%）だったそうです。かなり多くのリヴォイシングがなされているわけですから，教諭の側には何らかの意図があると推察されます（一柳，2014）。

例9.1
教諭：今おみつさんの話出たでしょ？（といって子どもたちを見渡す）…そこのところで，おみつさんのことはあっこんなふうに気がついたよ，こんなふうに書いたよ〜っていうのを，今伝えられると伝えといてください。ここのところであなたたちの紙（ワークシート）には，おみつさんのことがたくさん書いてあったよ。…おみつさんのこと伝えといてください。…文にないことだって想像して書いてあった人いたよ？
島津：あ，お，お。はい。
教諭：はい（と，ジェスチャーで発言を促しながら島津くんを指名）。
島津：おみつさんは，起きるの早い。
教諭：（全体を向いて）おみつさん早起きだよね〜って書いた人がいる。早起きって言葉をキーワードで書いた人，ね，なぜそう思ったの？（顔を挙げていた前島くんに）ゆってくれる？班で話したこと？（といって前島くんに発言を促す）

注）「…」は1秒以上の間を示す。

（一柳，2014, p.140）

　ここでは，島津くんの「おみつさんは，起きるの早い。」という発言を，教諭は「おみつさん早起きだよね〜って書いた人がいる」と言い直

しながら採りあげています。このとき，発言が単に繰り返されるのではなく，島津くんの発言はクラス全体に向けて，早起きというポイントに注目することとして位置づけられます。

　この**リヴォイシング**は，教諭がどのように授業を展開したいかというねらいと関係しているようです。この展開を振り返って，教諭は「ここのところでおみつさんの暮らしぶりが，いろんなところから見えてくるといいかなっと，思っていたかな。」と述べています。つまり，「主人公の暮らしを読み深めようとする授業者としての視点」に基づいて，ここでのリヴォイシングが行われていたとみるべきでしょう（一柳，2014）。

　このように，リヴォイシングは，児童や生徒が発したことばを単に繰り返すのではなく，教師が授業の文脈に位置づけなおすことで議論につなげていくという働きがあることがわかります。このように，学校でのことばの使われ方は，とても複雑です。

9.2.2　教室のことば（2）：グラウンド・ルール

　さらに，学校でのことばの使い方を，明示的に教えようという立場もあります。**話し合い**の場面では，「自由に話せる」「違いを認め合う」「誤りや多様な考えが許される」「自分の発言に責任をもつ」「他者に分かるように説明する」「根拠を明確にする」「相互の考えを繋ぎ合わせ・関係づける」といったルールを学級であらかじめ決めたり，教師がそのつど提示したりして，これを話し合いのルールとして用いるという方法も試みられています（比留間（編）（2006），松尾・丸野（2007）も参照のこと）。このようなルールのことを**グラウンド・ルール**といいますが，その背景には，ただ話し合うだけでは質の高い議論にはならないという考えがあります。具体的には，主張しあうだけで合意できない競争型の話し合いや，どの発言も受け入れて蓄積していくだけの共感型の話し合いではなく，相手の意見を批判的に，かつ建設的に検討する探求型の話し合いをするには，子どもたちがルールに自覚的であるべきだと考えるわけです（競争型，共感型，探求型はMercer（1996）による区分です。詳しくは松尾・丸野（2007），比留間（編）（2006）も参照のこと）。

9.2.3　教室のことば（3）：学習言語

　さて，学校ではリヴォイシングのように，ことばが複雑な使われ方をしている場面があること，グラウンド・ルールのように，明示的にルールを教えることもあることがみえてきました。

　これらは，学校では，日常生活よりも複雑なやり方でことばが使われていることを示していますが，さらに，学校には日常生活ではあまり使われない語彙や，日常生活とは少し異なる意味で使われる語彙があることが，近年，指摘されるようになってきました。それが**学習言語**です。例えば，「比較する」という表現は，学校ではよく使われますが，子どもの日常生活ではあまり使われません。また，「比べる」という表現は，子どもの日常生活では「お兄ちゃんのお芋に比べて，ぼくのは小さかった」というように相違点に注意が向けているのに対して，学校では相違点と共通点の両方に注意を向ける（バトラー，2011）というように，日常生活とは少し異なる意味で使われています。

　学習言語は，日常生活で用いられる日常言語とは異なったものであり，両者の違いは語彙だけでなく，文法や表現にも及ぶとされます（バトラー，2011）。学習言語が注目されてきたのは，外国につながる児童生徒のなかに，日常言語が使える児童・生徒であっても，教科の学習がうまくいかないケースがみられることが少なくないためです。例えば，上述した南米の日系人を親に持つ子どもは，日本語を流暢に話していても，学習言語の修得が十分でないことがあります（柿原，2021）。これは，外国につながる児童生徒にとって深刻な問題であると同時に，日本で生まれ育った児童・生徒にもかかわる問題でもあります。

　このような立場からは，教科学習で用いられる学習言語として，**一般語**（general words），**専門語**（technical words），**学習語**（academic words）の3つが提案されています（表9.1）。それぞれの区分は必ずしも明確ではないのですが，ポイントは，学習語は専門語とは異なり分野を超えて使われていて，教師の指示を理解したり，理解した内容を伝達したりするために必要なことばであるにもかかわらず，明示的には指導されないことが多いことです。そのため，学習者にとっては教科学習を妨げる，厄介な存在なのです（バトラー，2011）。

表 9.1 教科学習で使われる語彙（バトラー，2011, p.67）

語彙のタイプ	意味範囲	使用範囲	例（英語）	例（日本語）
一般語	特化しない	分野を超えて使用される	already, busy	学校, 起きる
専門語	特化する	分野限定	fulcrum, pivot	光合成, 電磁波
学習語	特化する場合もしない場合もある	分野を超えて使用される	assert, research	比較, 分析

9.2.4 ゲームが拓く学び

　さて，ここまで学校のなかでのことばについて考えてきましたが，学校で用いられることばは，日常生活とは異なり，学校という制度に特有の性質を持っていることがみえてきました。学校のなかでコミュニケーションがうまくとれない児童や生徒は，どうしたらいいのでしょうか。ここでは，1つの可能性を示す研究として，加藤（2021）によるゲームを用いた実践を紹介したいと思います。

　自閉スペクトラム症をはじめとする**発達障害**のある子どもは，コミュニケーションを苦手とすることが多いのですが，**テーブルトーク・ロールプレイング・ゲーム**（テーブルトップ・ロールプレイング・ゲームとも言う。以下 TRPG）というゲームをプレイすることで，彼らがコミュニケーションをうまく取れるようになる可能性が指摘されています（加藤，2021）。TRPG は，数名のプレイヤーがやり取りをしながら架空の物語を作りあげていくことを楽しむゲームで，プレイヤーは物語の登場人物であるキャラクターを演じながらゲームを進めていきます（このように誰かの役割を演じることを**ロールプレイ**と呼びます）。プレイヤーは，ふだんの自分とは異なる性別や年齢のキャラクターを演じることができるので，ふだんできないようなことに安心して挑戦できる場になりますし，キャラクターが失敗しても，プレイヤーが悪いことにはなりません。こうしたゲームのしくみによって，参加者は安心してコミュニケーションができるのではないか，と加藤（2021）は指摘しています。

　また，保田（2016）は，TRPG では，プレイヤーのあいだで3種類の会話が並行してなされることを指摘しています。

①キャラクター同士の会話（キャラクター視点）
　②プレイヤー同士によるゲームに関係がある会話（メタ視点）
　③プレイヤー同士によるゲームと関係ない現実世界での会話（いわゆる雑談）

　このような3層の会話があることも，コミュニケーションのしやすさにつながっています。もしキャラクターとしての演技がうまくいかなくなっても，プレイヤーとしての会話を用いればゲームは続行できるからです（五十嵐・青山, 2022）。
　この実践は，子どもたちがことばの使い方，話し合いの仕方を学ぶ上で，ゲームという仕掛け，特にキャラクターを**ロールプレイ**することが有効であることを示していると思います。近年，**インプロ**と呼ばれる即興的なゲームを学校教育に取り入れるようになっていますが，こうした取り組みにもロールプレイは多くみられます（例えばLobman & Lundquist, 2007 ジャパン・オールスターズ訳 2016; 香川・有元・茂呂（編），2019）。心理学でも，別の誰かをロールプレイするという演劇的な手法によって人間は発達できるという主張が注目されていますが（例えばHolzman, 2009 茂呂訳 2014; 香川・有元・茂呂（編），2019），このような演劇的な手法はことばを覚えていく上でも，重要な意味を持つように思います。

9.3　趣味のなかのことば：学校の外で

　子どもたちにとって，学校だけがことばを使う文脈ではありません。アニメや漫画，ゲームやアイドルなど，趣味の世界が広がっていくと，その世界（界隈と呼んだりします）に特有のことばと出会います。好きなものについて語り合う場では，共通の知識をもとに，分かる人にしか分からない会話が繰り広げられます。

9.3.1　オタクと解釈共同体

　例えば，アイドルやアニメのキャラクターを対象として，男性同士の恋愛関係を想像して楽しむ**カップリング**という行為があります。カップ

リングは「A × B」のように表記されることが多いのですが，カップリングされた男性のうち，×の前に配置される者が創作される物語上の恋愛や性行為をリードする側で，「攻め」と呼ばれます。一方で，×の後はリードされる側で「受け」と呼ばれます（岡部，2021）。つまり，想像上の恋愛関係がどのようなものであるかを，端的に示すための方法なのです。ここで重要なのは，攻めにしても受けにしても，アイドルやキャラクターのちょっとした素振りから想像したものであって，アイドルたちが本当に恋愛関係にあるわけでも，アニメでキャラクター同士の恋愛関係が描かれているわけでもないということです。このように，もともとはない要素を想像によって追加したりするのを楽しむわけです。

　いわば**カップリング**は，想像上の恋愛関係を定義するものの見方であり，語り合うやり方です。このようなものの見方，やり方を**解釈コード**，解釈コードを共有するコミュニティのことを**解釈共同体**と呼びます（詳しくは，フィッシュ（Fish, 1980 小林訳 1992），金田（2007），岡部（2021）を参照のこと）。**オタク**は，仲間内でしか通じない解釈コードで語り合う解釈共同体の典型です。共同体やコミュニティと言っても，日常生活をともにするつながりとは限りません。むしろ，近年では，ごく親しい仲間を別にすれば，ネット上のつながりが主となっているでしょう。顔も住所も知らない相手と，ネット上でカップリングについて熱く語れるのは，そこが解釈コードが共有された解釈共同体だからです。

　さて，オタクがアイドルを応援したり，アニメや漫画，ゲームのようなコンテンツを楽しんだりするのは，一見すると，メディアが提供したコンテンツを消費するという受け身の行為のようにみえますが，原作にない恋愛関係を思い描いたり，推しのイラストを描いてみたりするのは，能動的にコンテンツを生み出す活動です。一見すると受動的な存在であるオタクが，もともと用意されたコンテンツを読み替えて，自分たちの実践を創りあげているというわけです。このような創造的な読みのことを，文章の読み手はけっして受動的な存在ではないことを示したミシェル・ド・セルトーにならって「密猟」と呼んだりします（Certeau, 1980 山田訳 2021）。

9.3.2 つながりの学習

　オタクとしての活動は，純粋に楽しいからやるのであって，それ以外の目的を持っているようにはみえません。一般的には，オタクとしての経験が何かの役に立つとは思われていないと思います。しかし，近年では，そうした学校外での趣味の経験が，学校での学びにも大きな影響を与える可能性が注目されています。そうした学校外と学校とをつなぐような学びのことを「**つながりの学習**」と呼びます。

　「つながりの学習」とは，個人的な興味や趣味によってつながりあうネットワーク（**アフィニティネットワーク**と呼ばれます）のなかで活動することが，結果的に学校での学習やその後のキャリアにつながることを指します（Ito et al., 2020 石田他訳 2021）。例えば，プロレスが大好きなフィリピンの女子高校生マリアは，地元では話し相手を見つけることができず，プロレスファンのオンラインコミュニティに参加しました。そこで文章を書いたり，編集したりしているうちに，プロレスをテーマにした創作に関心を持つようになったそうです。学校の先生にその話をしたところ，学校新聞に記事を書いてはどうかと勧められ，大学に進学してからも，第2専攻として創作を学んでいるそうです（Ito et al., 2020 石田他訳 2021）。この事例では，趣味であるプロレスが縁となって，同好の士と交流する機会ができ，文章に関わる機会も増え，創作の喜びを知ることになり，そのことが大学での学習にも影響しています。

　このような「つながりの学習」は，図9.1に示すようなネットワークに支えられたものであり，仲間やメンターによってサポートされるという「関係性」，学習者の「興味」，活動が異なる文脈につながっていく「機会」が重なることにより，継続的で意味のあるものになると考えられています（Ito et al., 2020 石田他訳 2021）。陸上競技やeスポーツ，数学やチェス，YouTubeのようなメディアの制作など，さまざまな活動が「つながりの学習」になり得ます（Ito et al., 2020 石田他訳 2021）。

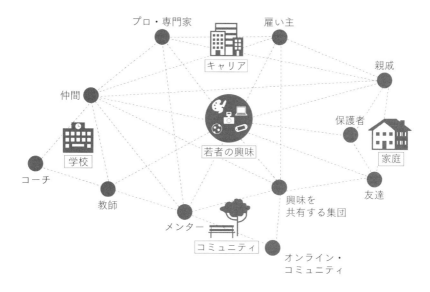

図 9.1 つながりの学習における場を超えたつながり (Ito et al., 2020 石田他訳 2021)

9.4 仕事の場のことば

ここまで，学校でのことばや，趣味におけることばについてみてきました。そこでは，ことばが，そこでなされる実践と分かちがたく結びついていること，学校で学んだり趣味を楽しんだりするためにことばを覚えるのであり，その逆ではないことがみえてきたと思います。

9.4.1 実践を支えることば

こうした性質は，社会の中で生活していくときにも，みて取ることができます。ここでは，仕事に用いられることばの興味深い例として，酒造りの実践についての研究（梅本・妹尾，2001）をみてみましょう。今日では機械化が進んでいる酒造りの現場ですが，以前は作業のあいだ，**酒造り唄**とよばれる歌を歌っていたそうです。そのなかには「眠気覚ましや慰労を目的としたものだけでなく，洗米やもと摺りの速度を調整したり経過時間を計ったりする目的のものも存在」(p.502) していたといいます。つまり，歌って楽しむためでも，誰かに聞かせるためでもなく，

酒造りに必要な動作を制御したり，時間を計測したりするために歌が使われていたというのです。ことばの意味は，酒造りに必要な知識を伝える存在ですが，ことばを歌うリズムもまた，酒蔵の実践を支える存在であったといえるかもしれません。

9.4.2　隠語：伝えないためのことば

　専門用語の使われかたをみると，さらに興味深いことがわかります。ある人には意味がわかり，他の人には意味がわからないことばを使うことで，私たちはさらに高度なコミュニケーションを達成しているのです。

　例えば，デパートの店員のあいだには，隠語があることが知られています（米川，2001）。店員が客に聞こえるところで「トイレに行ってきます」「休憩をとってきます」と言うと，不快な感じを持たれるかもしれません。そのため，「いの字」「十番」「三軒屋（すけんや）」「にのじ」といった，客にはわからない隠語で店員どうしがやりとりをするようになったと考えられています（これらの例はすべてトイレを表しています）。隠語は，自分の属するコミュニティにだけ情報を伝えて，他の人には伝えないようにする行為ですから，「自分たち」と「他者」とのあいだに境界線を引く行為とみることもできます（青山，2010）。

　このように，ことばは，誰かと誰かのあいだでコミュニケーションをするための道具，という意味を超えて，コミュニティの記憶を伝えたり，コミュニティの境界を作ったりすることにも使われます。

9.5　社会とともに変化することば

　ここまでみてきたように，ことばと社会とは切っても切れない関係にあります。社会の変化はことばを変えますし，ことばが変わると，社会の見え方も変わってきます。

9.5.1　性別とことば

　例えば近年，性的な多様性が重視されるようになり，従来の男性には「くん」，女性には「さん」をつけるという習慣が見直されています。書

類に性別を記入してもらう時には，男性，女性の他に「その他」「答えない」という選択肢を用意するのが当たり前になってきました。こうしたことばの変化は，社会の変化によって引き起こされたものですが，新しいことばが使われていくうちに，性別を2つに限定しない見方が拡がっていくことでしょう。社会がつねに変化し続けていくように，ことばもまた，変化する存在なのです。

9.5.2 消滅の危機にあることば

　このように，ことばは社会とともに変化し続けていきます。そのため，社会が大きく変化することによって，消滅しそうになることばもあります。以下では，**宮窪手話**を例にしながら，ことばのあり方についてさらに考えてみましょう。

　愛媛県今治市にはいくつかの島があり，その1つである大島には，宮窪町という地域があります。ここでは，宮窪手話と呼ばれる独自の手話が使われています（矢野・松岡，2017）。かつては，耳の不自由な人だけでなく，耳が聞こえる人の多くも，生活や漁業でこの手話を使っていて，耳が不自由であるかどうかは重要ではなかったそうです（矢野・松岡，2017）。このように，比較的限られた地域の中で，耳の不自由な人も耳の聞こえる人も手話を使うケースは世界的にもみられ，**ビレッジ・サイン**と呼ばれています（島の場合，アイランド・サインとも呼ばれます）。

　ところが近年，今治市と島とのあいだに橋ができ，他の地域との行き来がしやすくなったことや，情報通信技術の発展により，耳の不自由な人は，耳が聞こえる人に質問する代わりに，自分で調べることができるようになったことにより，宮窪手話を取り巻く状況は大きく変化しました。そのため，耳が聞こえる人が，だんだん手話を覚えなくなっていると矢野・松岡（2017）は指摘しています。つまり，手話ということばを使うことで，聞こえる人も聞こえない人もコミュニケーションしていたにもかかわらず，新しい橋や，情報通信技術といった環境の変化が，そのことを変化させているわけです。

　宮窪手話のように，社会や環境の変化によって消滅しそうになっている言語は，少なくありません。ユネスコは，2009年に，アイヌ語や八丈語，6つの琉球諸語が**消滅危機言語**であると報告しましたが，それ以

外の多くの地域言語も消滅の危機にあります（国立国語研究所，2022）。ことばは，それを使う人々がいなくなれば，消滅してしまいます。そのため，さまざまな方法で，地域のことばを記録する試みが行われています（国立国語研究所，2022）。

ことばは，私たち自身がそうであるように，生活や社会と深く関係していて，そこから切り離すことができません。私たちの生活も社会も情報通信技術の進歩によって大きく変化しましたし，これからも変化するでしょうが，それはことばも同様です。9.1節で紹介したトルコに移住したシリア人の事例のように，**情報通信技術**が識字の意味すら変えてしまうかもしれません。ことばを人間や社会から切り離して考えることはできませんし，私たち人間を考えるときにことばを切り離すこともできない，ことばとはそうした存在なのでしょう。

9.6　ことばは社会と切り離せない：9章のまとめ

この章では，ことばを覚えて，使用するという人間の営みを，いくつかの観点から考えてきました。

まず，**識字**について採りあげました。日本ではもう問題がないように思われている識字ですが，**日本語指導**が必要な子どもは少なくありません。また，一度，母語を覚えてから難民となって他のことばを学ばざるを得ない状況にある人も世界にはたくさんいます。識字は今もなお，様々な場面で問題となっているわけですが，同時に，近年の情報通信技術によって解決できる可能性もみえ始めていると思います。

次に，学校のことばについて，**リヴォイシング**，**グラウンド・ルール**，**学習言語**を採りあげて考えてみました。これらは，学校では当たり前のように用いられますが，日常生活とは異なることばや，ことばの使い方だといえるでしょう。

学校には学校のことばがあるように，趣味の世界にも，独特のことばがあります。そうした趣味のことばについて**解釈共同体**という考え方を示し，さらに趣味の学びと学校の学びをつなぐ，**つながりの学習**という考え方も提示しました。

仕事の場にも，やはり独特のことばがみられます。ここでは，酒蔵の

酒造り唄を例に，仕事場の実践を支えることばについて考えました。また，**隠語**について採りあげて，わざと意味を伝えないように用いられることばに注目しました。

最後に，耳の聞こえる人と聞こえない人をつなぐ言語である**宮窪手話**について紹介するとともに，消滅しそうなことばについて考えました。ことばは私たちの生活や社会と密接に関わっていて，それらと切り離せない関係にあることがよく分かります。ことばは，一般的にコミュニケーションの道具だと考えられがちですが，むしろ私たちの生活や社会を形づくる上で欠くことのできない存在なのです。

引用文献

青山征彦（2010）「境界を生成する実践——情報を伝えないことの意味をめぐって」『駿河台大学論叢』, *41*, 207–217.

バトラー後藤裕子（2011）『学習言語とは何か——教科学習に必要な言語能力』三省堂

Certeau, M. de. (1980) *L'invention du quotidien, 1*, Arts de faire. Union Générale d'Éditions.（セルトー, M.　山田登世子（訳）(2021)『日常的実践のポイエティーク』筑摩書房）

Fish, S. (1980) *Is there a text in this class?: The authority of interpretive communities*. Harvard University Press.（フィッシュ, S.　小林昌夫（訳）(1992)『このクラスにテクストはありますか——解釈共同体の権威』みすず書房）

Freire, P. (1970) *Pedagogia do oprimido*. Paz e Terra.（フレイレ, P.　三砂ちづる（訳）(2018)『被抑圧者の教育学　50周年記念版』亜紀書房）

比留間太白（編）(2006)『協働思考を通した学習』関西大学人間活動理論研究センター

Holzman, L. (2009) *Vygotsky at work and play*. Routledge.（ホルツマン, L.　茂呂雄二（訳）(2014)『遊ぶヴィゴツキー——生成の心理学へ』新曜社）

一柳智紀（2014）「教師のリヴォイシングにおける即興的思考——話し合いに対する信念に着目した授業談話とインタビューにおける語りの検討」『質的心理学研究』, *13*, 134–154.

五十嵐梨々花・青山征彦（2022）「TRPGでのロールプレイにおいてプレイヤーキャラクターを創作することの意味——キャラクターのジェンダーと歴史についての設定を中心に」『RPG学研究』, *3*, 59–69.

Ito, M., Arum, R., Conley, D., Gutiérrez, K., Kirshner, B., Livingstone, S., Michalchik,

V., Penuel, W., Peppler, K., Pinkard, N., Rhodes, J., Tekinbaş, K. S., Schor, J., Sefton-Green, j., & Watkins, S. C.（2020）The connected learning research network: Reflections on a decade of engaged scholarship. Connected Learning Alliance.（石田喜美・宮澤優弥・千田真緒・岡部大介（訳）（2021）「「つながりの学習」研究ネットワーク——参加型の学際領域におけるこの10年を振り返って」（Retrieved March 12, 2024 from https://clalliance.org/wp-content/uploads/2020/02/Connected-Learning-Research-Network-Reflections-on-a-Decade-of-Engaged-Scholarship-Japanese-Translation-1.pdf）

香川秀太・有元典文・茂呂雄二（編）（2019）『パフォーマンス心理学入門——共生と発達のアート』新曜社

柿原豪（2021）『外国につながる児童生徒の教育と社会的包摂——日本とニュージーランドの比較にもとづく学校教育の制度イノベーション』春風社

金田淳子（2007）「マンガ同人誌——解釈共同体のポリティクス」佐藤健二・吉見俊哉（編）『文化の社会学』（pp.163–190）有斐閣アルマ

加藤浩平（2021）「集団形式を活用した自閉スペクトラム症の支援——余暇活動の場でのテーブルトーク・ロールプレイングゲーム（TRPG）による実践」『精神科治療学』, 36（11）, 1309–1314.

Kishi, M., & Aoyama, M.（2021）ICT as an environment for supporting learning and building connections: An analysis of internet use by refugees. 29th JAMCO Online International Symposium "The Potential of Broadcasting and New Media for Supporting Education During the Coronavirus Pandemic".

国立国語研究所（2022）『国立国語研究所要覧 2022/2023』国立国語研究所

松尾剛・丸野俊一（2007）「子どもが主体的に考え，学び合う授業を熟練教師はいかに実現しているか——話し合いを支えるグラウンド・ルールの共有過程の分析を通じて」『教育心理学研究』, 55（1）, 93–105.

文部科学省総合教育政策局 国際教育課（2022）「「日本語指導が必要な児童生徒の受入状況等に関する調査結果（令和3年度）」の結果（速報）について」（Retreived March 12, 2024 from https://www.mext.go.jp/b_menu/houdou/31/09/1421569_00003.htm）

日本ユニセフ協会（2021）「世界子供白書2021」（Retreived March 12, 2024 from https://www.unicef.or.jp/sowc/2021/）

Mercer, N.（1996）The quality of talk in children's collaborative activity in the classroom. Learning and Instruction, 6（4）, 359–377.

岡部大介（2021）『ファンカルチャーのデザイン——彼女らはいかに学び，創り，「推す」のか』共立出版

Lobman, C., & Lundquist, M.（2007）Unscripted learning: Using improv activities across the K-8 curriculum. Teachers College Press.（ロブマン, C., & ルンドクゥ

イスト, M. ジャパン・オールスターズ（訳）(2016)『インプロをすべての教室へ――学びを革新する即興ゲーム・ガイド』新曜社）

斉藤泰雄（2012）「識字能力・識字率の歴史的推移――日本の経験」『国際教育協力論集』, 15 (1), 51–62.

豊田善敬（2007）「四世桂米團治年譜　3代目桂米朝」(編)『四世桂米團治　寄席随筆』(p.347). 岩波書店

梅本勝博・妹尾大（2001）「酒造りとナレッジ・マネジメント」『日本醸造協会誌』, 96 (8), 500–505.

矢野羽衣子・松岡和美（2017）「科学通信　愛媛県大島宮窪町の手話――アイランド・サイン」『科学』, 87 (5), 415–417.

保田琳（2016）「TRPGの歴史，特徴から実地での活用について」『遊戯史研究』, 28, 44–60.

米川明彦（編）(2001)『業界用語辞典』東京堂出版

エクササイズ

- あなたのアルバイト先や仕事場でよく使われることばのなかで，日常では使わないことば，日常とは意味が異なることばはありますか？　あなたはそのことばの意味をどのようにして理解しましたか？
- あなたと友だちのあいだでしか通じないことばはありますか？

読書案内

- パウロ・フレイレは，イヴァン・イリイチとともに，20世紀の教育思想を語る上で外せない存在です。『被抑圧者の教育学』（三砂訳, 2018, 亜紀書房）は，フレイレの主著であり，文化サークルの考え方を示したことや，教え込む教育を預金型教育として批判したことで知られています。祖国ブラジルを追われて亡命中のチリで書かれたこの本は，英語などに翻訳された後でやっとブラジルで出版できたというエピソードが当時の状況を物語ります。なお，以下の動画は

英語ですが，文化サークルの考え方や，実際の様子がコンパクトにまとめられています。
4 Steps to Liberation: Paulo Freire and Pedagogy of the Oppressed
https://youtu.be/3ZgVOeJ1qwQ

- 岡部大介『ファンカルチャーのデザイン──彼女らはいかに学び，創り，「推す」のか』(2021，共立出版)。筆者は，コスプレイヤーや腐女子の実践をテーマにした研究で知られています。この本でも，そうした話題を中心に，ファンがファンカルチャーをどのように創りあげているかを具体的に描いています。オタクの実践について考える上での必読書です。

- ロブマン＆ルンドクゥイスト『インプロをすべての教室へ──学びを革新する即興ゲーム・ガイド』(ジャパン・オールスターズ訳，2016，新曜社)では，即興的な演劇であるインプロを，学校の教室や授業でどのように活用するかを紹介する本です。豊富なゲームは実践に役立ちますし，関連する理論の解説もあるので，インプロのもつ意義も理解することができます。アメリカの心理学者ホルツマンによるパフォーマンス・アプローチの入門としてもおすすめです。

第10章

ことばの障害

　本章は，ことばの障害に注目する章です。この章では，特にことばの障害を「生物学的問題（Выготский, 1924 柴田訳 2006, p.56）」としてではなく，「実践」の中で捉えることについて解説していきます。他の章との関係でいえば，この章はことばの障害を1つの切り口にして，ことばと実践の関係について理解を深める章だといえます。また，この章では実践という観点を導入することで，私たちの障害に対する向き合い方がどのように広がるのかについても考えます。

10.1　不思議な会話？

　例 10.1
　―あなたは，何年前からビセートル病院にいますか？
　患者：「3」（指を8本だす）
　―お子さんは，いますか？
　患者：「はい」
　―何人？
　患者：「3」（指を4本だす）
　―男の子は何人ですか？
　患者：「3」（指を2本だす）
　―女の子は何人ですか？
　患者：「3」（さらに指を2本だす）

―腕時計で時間をいうことができますか？
　患者：「はい」
　―今何時ですか？
　患者：「3」（指を 10 本だす）
　（Broca(1861a 萬年訳 1992, p.93)[1] をもとに表現を一部変更，省略して作成）

　以上の会話をみて，何か気づくことはないでしょうか？　おそらく，患者が「はい」と「3」ということばしか使っていないことに違和感を持ったことでしょう。患者は，まだ数についてよく知らない子どもなのでしょうか？　質問者をからかってわざと「おかしな返答」をしているのでしょうか？　どちらの予想も違っています。この患者は，84 歳の元大工の男性であり（Broca, 1861a 萬年訳 1992），決して質問者を馬鹿にしてこのような返答をしているわけではないのです。
　このような「不思議な会話」が生じたのは，この患者が**失語症（ブローカ失語）**という**ことばの障害**に直面していたからです。この障害の大きな特徴は，自分の考えていることを表現するために用いることのできることばの数が極端に減ってしまうことです（山鳥, 2011）。この患者は「はい」，「いいえ」，「3」，「つねに」，そして「ルロ（彼の本名は，ルロンです）」という 5 つ以外のことばを発することができなかったのです（Broca, 1861a 萬年訳 1992）。患者は，この 5 つのことばとともにサインを用いることで質問に対する応答をしており，肯定や同意をするために「はい」を，反対の考えを述べるために「いいえ」を，数や数量概念を表すために指によるサインとあわせて「3」を，自分の名前を聞かれたときに「ルロ」を，そして上記のいずれも用い得ない場合に「つねに」を用いていました（Broca, 1861a 萬年訳 1992）。
　この章では，ことばの障害に注目していきます。ただし，この章の目的はことばの障害の種類や，その原因について紹介することではありません。この本の他の章と同じように，**実践としてのことば**に関する理解を深めることが目的です。ルロン氏が，先にみた事例において，質問者とのやりとりに困難を感じていたことは間違いないでしょう。しかし，この困難は「5 つのことばしか発することができない」ことから，直ちに生まれるものなのでしょうか？　著者は先ほど，「おかしな返答」や

「不思議な会話」という表現を何の断りもなしに用いてしまいました。しかし，どんな返答や会話がそれに当たるのかは，実は最初から決まっているわけではありません。この判断には，それがどんな返答が期待されている場面なのか，どんな会話がふさわしい場面なのかを決める，私たちの**実践**が大きく関係しているのです。

10.2　失語症とは何か？

　本章のメインテーマの議論へと進む前に，まずは冒頭で取り上げた失語症についてごく簡単に解説をしておきます。失語症とは，「それまで何の不自由もなく言葉を操っていた人が，脳に何らかの損傷を生じたために，言葉を自由に操る能力を失ってしまう状態」(山鳥, 2011, p.7) のことをいいます。この障害では，「言葉がほんのわずかだけ不自由になる人から，言葉がまるで理解できなくなる人，あるいはまるで話せなくなる人まで障害の程度はいろいろで，患者さんひとりひとりみな症状が違」(山鳥, 2011, p.7) うとされます。

　失語症の症状には，既にみた**ブローカ失語**だけでなく，人やモノの名前が分からなくなる**健忘失語**，ことばを理解できなくなるとともに話すことばが崩れてしまう**ウェルニッケ失語**，いおうとしていることばを言い間違えてしまう，あるいは相手のことばをそのまま復唱しようとしても言い間違えてしまう**伝導失語**などがあります (山鳥, 2011)。一口に失語症といっても，その症状は様々です。

　20年以上前になりますが，平成11年度に失語症全国調査委員会が中心となって，全国2,441の施設を対象に「失語症全国実態調査」を行いました (失語症全国実態調査委員会, 2002)。この調査において回答を得られた施設の失語症患者のタイプをみると，ブローカ失語 (34.0%) とウェルニッケ失語 (17.0%) が，それぞれ1位と2位を占めています (ただし，この調査では，ブローカ失語にあたるタイプは「運動失語」，ウェルニッケ失語にあたるタイプは「感覚失語」と表記されています)。ここでは，この2つの代表的な失語症に注目して，その特徴や原因をもう少し詳しくみていきます。

10.2.1 ブローカ失語

　ブローカ失語は，冒頭のルロン氏の事例でみたように，ことばが出なくなってしまうことが特徴であり，ルロン氏の事例を報告したフランスの外科医**ポール・ブローカ**（Pierre Paul Broca）にちなんでこの名前がつけられています（山鳥，2011）。

　どの程度ことばが出なくなるのかは，患者によって様々だとされています。例えば，神経内科医として失語症の診察や研究に携わってきた山鳥（2011）は，「ヒデコ」という自分の名前だけしかいえない患者や，「あー」，「うー」，「はい」だけの患者のような極端に発話レパートリーが減少している例をみてきたことを述べる一方で，多くのブローカ失語の患者は，常套句がある程度いえるなどもっと発話量があると述べています。

　ブローカ失語には，他にもいくつかの特徴がみられます。ここでは，ボストン失語症研究センターのグッドグラスとカプランがまとめた失語症診断のための指針[2]をもとに山鳥（2011）が述べた，**ブローカ失語の言語表現能力に関する5つの基本特徴**を示します。

1. 音の組み立てが不鮮明になる
2. 語彙数が限られる
3. 文法生成能力がもっともよく使いこなされたもっとも単純なものになる
4. 聴覚的な言語理解能力は比較的よく保たれる
5. 字を書く能力も，口頭での言語能力に対応して，同程度に障害が生じるが，読みの障害は軽度にとどまる

（山鳥（2011, p.70）をもとに表現を一部変更して作成）

　なぜこのような症状があらわれるのでしょうか？　失語症は，既にみたように「脳に何らかの損傷を生じたために」（山鳥，2011, p.7）生じるとされます。ただし，ブローカ失語は脳の損傷であれば，どのような損傷からでも生じるというものではありません。ブローカ失語は，脳の特定の部位の損傷と結びついて生じると考えられています。ブローカ（Broca,

1861a; 1861b 萬年訳 1992）は，上述したルロン氏ともう１人のブローカ失語の患者について，死後に剖検を行っています。これらに加えて他の神経科医が経験した６症例を合わせた検討からブローカが病巣であると考えた部位，つまり左大脳半球下前頭回後方部は，**ブローカ領域**（あるいは，ブローカ野（例えば，久野，2019）や，ブローカ領野（例えば，無藤・森・遠藤・玉瀬，2004））と呼ばれています（山鳥，2011）（ただし，その後の研究で示されたことを踏まえると，定型的で持続的なブローカ失語が認められるのは，病巣がもっと広範囲にわたっているときだと考えられるようです（山鳥，2011））。ブローカ領域のおおよその位置を，図 10.1 に示します。

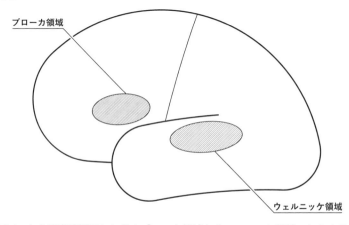

図 10.1　左大脳半球側面におけるブローカ領域とウェルニッケ領域のおおよその位置（左側が前頭葉であり，中央付近を縦に走る線は中心溝（ローランド溝））[3]

10.2.2　ウェルニッケ失語

　ウェルニッケ失語は，ブローカのいうタイプとは質の異なる別の失語症として，**カール・ウェルニッケ**（Carl(Karl) Wernicke）という弱冠 26 歳の青年医師によって，1874 年に発表されました（山鳥，2011）。すでに何度も参照した神経内科医の山鳥（2011）は，自身が経験した**ウェルニッケ失語**の具体的な事例（73 歳の女性）を紹介しています。ここでは，障害のイメージをつかんでもらうためにその一部を引用します。

…まず,「目を閉じてみて」と話しかけましたが,反応はありません。つぎに,「起きてくださいますか？」と話しかけました。これは理解でき,上半身をベッドから起こしてくれました。
　それ以外の話しかけはまったく理解できません。
　そこで,手に鉛筆と腕時計を持って,「腕時計はどれ？」と聞いてみましたが,にこにこしているだけです。「鉛筆はどれ？」と聞いても同じです。
　…こちらが問いかけをやめると,逆にさかんに話しかけてきます。ただ,音が崩れていて,何を言っているのかまったくわかりません。ときどき,「あの」,とか「困る」とか聞き取れる言葉が混じりますが,全体としては,無意味な言語音のつながりです。…
　…わたしに対する応接態度は礼儀正しく,丁寧で優雅です。わたしが回診をしている,という状況が十分に理解されていることは明らかです。つまり,決して意識障害や精神錯乱があって,言葉が通じないのではないのです。…

(山鳥, 2011, pp.112–113)

　山鳥（2011）は,**ウェルニッケ失語**の特徴を**ブローカ失語**と比較しながら,次のようにまとめています。

1. ブローカ失語では,言語の理解障害が比較的軽度だったのに対して,ウェルニッケ失語ではこの障害が非常に強くあらわれる
2. ブローカ失語では,そもそもことばが出なくなるのに対して,ウェルニッケ失語ではことばは出るもののその内容が混乱しており,意味が通じなくなる（つまり,ことばのレパートリーは広いのだが,その使い方が間違いだらけになる）

(山鳥（2011, p.108）をもとに表現を一部変更して作成)

　ウェルニッケ失語も,脳の特定の部位の損傷と結びついて生じると考えられています。ウェルニッケは,この失語症の原因病巣を左大脳半球上側頭回後方部であると推定し,この領域は後に**ウェルニッケ領域**（あ

るいは，ウェルニッケ野（例えば，久野，2019）や，ウェルニッケ領野（例えば，無藤他，2004））と呼ばれるようになりました（山鳥，2011）。こちらも，おおよその位置を図10.1に示しています。

以上，失語症についての簡単な解説をしてきました。ここで特に目を向けてもらいたいことは，ブローカ失語とウェルニッケ失語の原因として，脳の損傷が大きく取り上げられていたことです。もちろん脳は非常に重要な器官です。しかし，脳のような身体の内側の状態だけが，ことばの障害について理解するために重要なことなのでしょうか？

10.3 ことばの障害と実践

ことばを取り巻く実践も，ことばの障害について理解するためには重要です。なぜならば，本章の冒頭でも述べたようにことばの障害は，私たちの返答や会話のふさわしさを決めることばを取り巻く実践とも，切り離せない関係にあると考えられるからです。本節では，このことについての理解を深めるための導入として，身近なゲームを取り上げて考えていきたいと思います。

ここでは，「水平思考推理ゲーム」，あるいは「ウミガメのスープ」と呼ばれる推理ゲームを取り上げます（Slone & MacHale, 1992 ルイス訳 2004）。まず，スローンとマックホール（Slone & MacHale, 1992 ルイス訳 2004）をもとにこのゲームの簡単な説明からはじめます。

「水平思考推理ゲーム」は，複数人のグループで挑戦することが推奨されるゲームです。参加者のうち1人が出題者，残りは全員回答者になります。役割を決めたら，出題者が回答者に問題を1つ出題します。この問題の謎を解くことがこのゲームの目的です。回答者は，謎を解くヒントを得るために質問をしていくのですが，この質問のやり方に制約があります。ここがゲームのポイントです。出題者は質問に対して，基本的には「はい」と「いいえ」でしか答えることができないのです（厳密には，質問に対して「関係ありません」と回答することや，「はい」と「いいえ」に加えてヒントを出すことも認められていますが，ここでは少しだけルールを単純化して考えていきます）。ゲームは，例えば以下のように進んでいきます。

例 10.2

出題者：「アメリカの第 22 代大統領と第 24 代大統領の，父と母は同じ人間です。しかし，第 22 代大統領と第 24 代大統領は兄弟ではありませんでした。このようなことがなぜあり得たのでしょうか？」

回答者：「2 人は兄と妹だった？」

出題者：「いいえ」

回答者：「どちらも通常の選挙方式で選ばれた？」

出題者：「はい」

回答者：………

(Slone & MacHale (1992 ルイス訳 2004, pp.149–150) をもとに表現を一部変更，省略して作成。問題の答えは「アメリカの第 22 代大統領と第 24 代大統領は同じ人物だった」(Slone & MacHale, 1992 ルイス訳 2004, p.152))

10.3.1　身近なゲームを通して考える

　ここで，この章の冒頭で紹介したブローカ失語の患者ルロン氏を思い出してください。そして，彼がこの「水平思考推理ゲーム」に参加して，出題者を務めたらどのようになるかを想像してみてください。

　彼がこんな複雑なゲームを楽しめるわけがないと思うでしょうか？ しかし，意外なことに彼は（最初の出題などのいくつかのことを誰かに助けてもらえば），それを上手くやり遂げるかもしれません。なぜならば，このゲームの出題者にはまさにルロン氏の話すことができる範囲のことば（「はい」と「いいえ」）を使って会話をすることが求められているからです。

　さらに，ルロン氏の障害について何も知らない人がこのゲームでの彼の様子を目にしたら，その人から彼がどのようにみえるかについても考えてみましょう。おそらく，このゲームでルロン氏の発話が「おかしな返答」に感じられる場面はあまりないのではないでしょうか？　この場面に限っていえば，まるでルロン氏の障害は「存在していない」ようにみえるかもしれません。

　もちろん，これはあくまでも思考実験のようなものです。実際の会話

では，ルロン氏が対応できない事態が生じることもあり得るでしょう。しかし，以上のように考えてみることで，ことばの障害が脳のような私たちの「内側」だけでなく，「水平思考推理ゲーム」のような私たちを取り巻く「外側」の世界とも大きく関係している可能性がみえてきます。私たちが障害につきものだと考えてしまいがちな「困難」は，実はその人が置かれた状況の中ではじめて生じるものだと指摘できるのです。

10.3.2 ことばを取り巻く実践

「水平思考推理ゲーム」を成立させるためには，出題者が「はい」と「いいえ」しか使わないように気をつけるだけでなく，回答者の方も質問の仕方に注意を払わなければなりません。例えば，回答者が「なぜ？」と質問をしてしまったら，出題者は理由を返答しなければなりません。こうなれば，ゲームは成り立たなくなってしまうでしょう。

「水平思考推理ゲーム」は，そこに参加する全員がお互いに気をつけながら会話をすることによって，はじめて成立するものです。このように，その場に参加するみんなが協力してつくり上げることばを制約する環境のことを，この章では（ことばを取り巻く）実践と呼ぶことにします。ルロン氏の障害が「水平思考推理ゲーム」の中でみえなくなるとしたら，それはまさにゲームの「実践」によってもたらされたものだといえるでしょう。

以上で取り上げた「水平思考推理ゲーム」は，少し特殊な実践かもしれません。しかし，私たちの身の回りにおいて，ことばを取り巻く実践はありふれたものです。学校の授業，休み時間の友達との会話，カウンセリング，会社の会議，お店のレジでのやりとりなどを思い浮かべてみてください。これらはすべてことばを取り巻く実践です。それぞれにおいて，ことばに対する制約が違った形で働いていると考えられます。そして，このような差異が，障害に直面している人々にとってはときに大きな意味を持つことになると指摘できるのです。

ことばの障害が私たちの身近な実践と大きく関係しているとして，その関係の仕方はどのように理解できるでしょうか？　また，実践に注目することで私たちは具体的にどのような恩恵を受けるのでしょうか？　これらの問いに答えてくれるのは，心理学者レフ・ヴィゴツキーの障害

論です。

10.4 レフ・ヴィゴツキーの障害論

レフ・ヴィゴツキーは 1896 年に現在のベラルーシで生まれ，1934 年に亡くなるまでの短い期間に集中的な研究活動を行い，大きな業績を残した人物です（Рейф, 2011 広瀬訳 2015; Леонтьев, А., 1990 広瀬訳 2017）。ここで詳細には立ち入りませんが，Newman & Holzman（1993/2014 伊藤・川俣訳 2020）によれば，ヴィゴツキーは多くの領域で探求や実践を開拓し，新しいものを取り入れながら新たな人間と人間科学を生み出そうとしました。

そのような中で，彼は障害について述べた著作を残しました（例えば，ヴィゴツキー 2006）。また，ヴィゴツキーは一般に人間の精神を活動，文化，歴史，そして実践とともに理解する道を開いた心理学者の1人であるとされています。そのため，彼の議論は私たちに，ことばの障害を実践との関係において理解するための重要な視点を与えてくれるでしょう。本節では，ヴィゴツキー（Выготский, 1924 柴田訳 2006; 1931/1983 柴田訳 2006）をもとに，彼の障害論の要点を筆者なりの観点から簡単にまとめていきます。

10.4.1 生物学的な問題と社会的な問題

障害に関するヴィゴツキーの議論においてまず重要だといえるのは，彼が障害を**生物学的な問題**，つまり単に器質的な欠陥としてとらえることを批判して，**社会的な問題**として考えたことです（例えば，Выготский, 1924 柴田訳 2006）。

障害は確かに最初，目や耳などの器官において，生物学的な問題としてあらわれるでしょう。しかし，これらの器官は物理的器官であるだけでなく，私たちが外界と接するための社会的器官でもあるとヴィゴツキーはいいます。私たちの世界とのかかわりはすべて何らかの意味で社会的なものであるため，私たちの器官の障害は何よりも社会的関係のあり方を変質させ，そこに混乱をもたらすものとして理解されるべきだと彼は考えたのです。この観点を踏まえると，障害に直面している人々は

器官そのものの問題に困難を感じているのではなく，その結果として混乱が生じた社会的関係（本書の関心に引きつけて言えば，ことばを取り巻く実践）においてこそ，困難を感じているのだといえます。だからこそ，ブローカ失語の患者であっても「水平思考推理ゲーム」のような普段とは異なる社会的関係や実践の中では，困難が消えるようなことが起こり得ると考えられるのです。

　生物学的／社会的という区別を導入することによって，ここまで考えてきたことばの障害と実践との関係性について，より理論的に理解することができます。しかし，ここで疑問が浮かんできます。理論的な理解は進んだかもしれませんが，結局のところ障害に直面している人々が困っていることは何も変わっていないのではないでしょうか？　それならば，このような捉え直しには一体どんな意味があるのでしょうか？

10.4.2　障害と発達

　このような心配は無用です。なぜならば，ヴィゴツキーにとって生物学的／社会的の捉え直しは，さらなる議論のための前提に過ぎないものだと考えられるからです。

　もう1つ重要なこととして，ヴィゴツキーは障害を「**物**」としてではなく，「**過程**」として捉えました（Выготский, 1931/1983 柴田訳 2006, pp.138–139）。障害を「**発達**」（Выготский, 1931/1983 柴田訳 2006, p.138）の過程の中で理解することで，ヴィゴツキーの生物学的／社会的の区別は真に重要な議論として理解できるようになります。

　ところで，ヴィゴツキーは人間の高次精神機能の発達について，次のような法則を述べました。

> あらゆる高次の精神機能は，子どもの発達過程で二度現れる。初めは，集団的行動の機能として，子どもとその周囲の人々との協同の組織として，次には，狭い正確な意味で精神過程の内的な活動能力として現われる。
>
> （Выготский, 1924 柴田訳 2006, p.147）

とても難しいことをいっているように感じられますが，ここでは人々

の協同の中で実現されたことが，その後に個人の精神の中の機能になっていくということが述べられています。ヴィゴツキー（1924 柴田訳 2006, p.147）は，この法則に言及したすぐ後ろで，児童集団でのけんかなどが生じるようになる前には，児童には自分の判断を根拠づける「論理的思考」がみられないという例をあげています。論理的に熟考することは，集団でのけんかなどから必要とされるようになり，そこでの口論のような集団の中でのやりとりを元に生じていくと，彼は主張しているのでしょう。

ヴィゴツキーにとっての発達は，この法則にみられるように集団的行動や協同，つまり社会的関係や実践を通して，個人の精神の中の機能が変化していくことであったと考えられます。そして，ヴィゴツキーが障害を「物」ではなく「過程」であると主張する必要があったのは，障害に直面している人々においては，まさにこの「発達の問題」が「覆い隠されてしまっ」ていたからなのです（Выготский, 1931/1983 柴田訳 2006, pp.138-139）[4]。

ヴィゴツキー（1931/1983 柴田訳 2006, pp.138-139）によれば，障害に直面している人々の発達では，生物学的な問題が「疑う余地のない」ものとされ，常につきまとってくると考えられていました。これに対して，彼は障害とは固定したものではなく，発達の過程に巻き込まれ，変化していくものだと考えました。つまり，生物学的な問題はそのまま存在し続けるのでも，存在しなくなるのでもなく，発達の中で「質的に新たな形成物」（Выготский, 1931/1983 柴田訳 2006, p.139）へと繰り返し**再構造化**されていくのです。

既にみたように，ヴィゴツキーにとって障害があらわれるのは，社会的関係や実践の中においてでした。この実践の中で，障害が社会的な問題としてあらわれたとき，もちろんその問題がそのままずっと続くこともあるでしょう。しかし，ヴィゴツキーは，障害に直面している人々の発達過程には，「困難にぶつかるとそれに反応し，自分自身の機能障害に反応することから生じる過程」（Выготский, 1931/1983 柴田訳 2006, p.139）が存在するのであり，その過程は「障害を補償し，正常化し，代償するのに役立つ一連の機能を形成する」（Выготский, 1931/1983 柴田訳 2006, p.139）のだと指摘しています。

この指摘は，一見すると新しい機能が勝手にあらわれてくるといっているようにみえるかもしれません。しかし，彼はこのように述べた次の節で，まさに先ほどの発達の法則を取り上げているのです。そのため，この指摘は困難にぶつかることで新たな社会的関係や実践が生じ，それらを通して障害を補償する機能が精神の中に生まれることについて述べたものだと考えられるでしょう。

　議論をまとめます。**ヴィゴツキー**にとっての社会的関係や実践とは，社会的な問題としての障害が生まれる現場であると同時に，それに立ち向かう発達が生み出される現場でもあったといえます。ヴィゴツキーの生物学的／社会的の区別には，障害を変化しないものとしてではなく，それらを生み出しつつも変化させる可能性も持つ実践の中で理解し，そのことによってまさに障害に直面している人々の発達を生み出していくという意図が込められていたとみることができるでしょう。

10.4.3　ヴィゴツキーの議論を踏まえて

　ヴィゴツキーの障害に関する議論には，ここで紹介した他にも面白い論点がいくつもあります。残念ながらここでそれらについて紹介することはできませんが，私たちにとって特に重要なことは実践に注目することで障害に直面している人々の困難を「補償し，正常化し，代償する」（Выготский, 1931/1983 柴田訳 2006, p.139）道が開けるということです。この節では障害を幅広い概念として扱ってきましたが，このことはことばの障害にも十分に当てはまるでしょう。

　もちろん，私たちは発達を生み出すような実践を，無条件につくり出すことはできません。既存の実践に変化を起こすためには，大きな労力が必要になるでしょう。しかし，それでもヴィゴツキーの議論にしたがうならば，私たちは実践に変化を起こすことで，障害を困難がより少ないものへと，今とは違ったものへと発達させていくことが可能なはずなのです。

10.5　実践の中の学習障害

　本節では以上の検討を踏まえて，**実践の中のことばの障害**とその発達

を具体的にみていきます。ここでは，失語症とは別のことばの障害である学習障害と診断された子どもに注目した研究を紹介します。

10.5.1　学習障害とディスレクシア

　上野（2006）によれば，**学習障害**はLD（learning disabilities）とも呼ばれ，分かりやすく説明するならば「頭は悪くないのに，勉強面でどこか躓きやすく，学びにくさを持った子どもたち」(p.17) のことをいうとされます。学習障害という概念の出自には**ディスレクシア**という医学の症例があり，学習障害の約80％をこのディスレクシアが占めているといいます（上野，2006）。ディスレクシアの特徴は，「知的発達に遅れはないのに，文字が読めない」(上野，2006, p.60) ことにあり，以下で紹介する研究に登場する子ども（アダム君）にも，このような特徴がみられます。学習障害とディスレクシアは，学習障害の方がやや広義の概念であるとされていますが，一般には厳密に分けずに同義的に用いられる場合もあり，あえて両者を使い分けるならば，学習障害は制度上の法律・教育用語として，ディスレクシアは歴史的な慣用語・医学用語として用いることができるといいます（上野，2006）。

　上野（2006）を参考にすると，ディスレクシアのより具体的な症状の例としては，以下のようなものがあげられます。

　　1. 文をすらすらと読めない
　　2. 読み飛ばしたり，単語を読みまちがえたり，語尾を勝手に変える
　　3. 言いたい言葉がすぐに出てこない
　　4. 日常の記憶に問題はなくても単語の暗記が不得意
　　5. 正確に字や単語が書けない

（上野（2006, p.50）をもとに表現を一部変更して作成）

　上野（2006）によれば，読みに困難があると書きにも困難を生じやすいため，ディスレクシアは読み書き障害とも呼ばれています。

　ディスレクシアには，成人になってから脳溢血等の何らかの障害が脳に起こるなどして読み書きの機能が失われたり，損なわれたりする後天性のものと，子どもがその発達のなかで脳の機能の不具合から読み書き

の獲得や習得に困難を生じる発達性のものの2つがあると言います（上野，2006）。そのため，ディスレクシアも失語症と同様に，その原因が脳にあるとされることばの障害だといえるでしょう。

10.5.2　クラブ活動における学習障害

　学習障害（ディスレクシア）が実践の中において，どのようにあらわれるのかをみていきます。

　ヴィゴツキーの影響を受けた，ロイス・フッド，レイ・マクダーモット，マイケル・コールは，心理学においてよく用いられる実験的な認知課題や評価テストなどが，現実の場面においてどれほど妥当なのかを検討する目的で，8から10歳の子ども達の教室や，（彼らのために設定した）放課後のクラブ活動，家庭での様子などを2年以上にわたって観察する研究を行いました（Hood et al., 1980）。この研究の中で，彼女たちは学習障害と診断され，ラベルを付けられた1人の子どもアダム君に注目して，彼の障害がどのように実践の中であらわれたのかを詳細に報告しています。ここでは，フッドらが観察したクラブ活動におけるアダム君の様子の一部（Hood et al., 1980, pp.165-166）を本章の文脈に合わせて紹介していきます。

　クラブ活動において，アダム君は友達とケーキ作りを行うことがありました。ケーキ作りは一見すると，学習障害にまつわる読み書きの困難とは何の関係もないようにみえるかもしれません。しかし，アダム君がそこでケーキを作るためには，プリントに書かれたレシピを読んで，それをもとに作業を進める必要があったのです。会話ではなく，プリントを通じてレシピを伝えるという実践の社会的な特徴が，ここでアダム君の学習障害を（ヴィゴツキーが言うところの）社会的な問題として，生み出していたといえるでしょう。

　しかし，このように生み出された障害が，実践の中でそのまま続いていくわけではないことも観察からは同時に示されました。課題に直面したとき，アダム君は課題を正面から引き受けるのではなく，課題を遠回りして進むことでそれを上手く回避していたのです。例えば，アダム君はレシピを自分で読むのではなく，一緒に作業してくれる仲間をつかまえて，レシピを読んでもらいながら自分はケーキ作りに集中しようとし

たそうです。また，周りの子ども達がレシピを読んでケーキ作りを完了した様子を観察してから，ゆっくりと自分の作業をはじめることもあったようです。

　アダム君の遠回りは，ヴィゴツキーが指摘した障害の発達過程を，まさに示すものだといえるでしょう。アダム君は周りの人々という実践の環境に働きかけ，そこから彼が上手く振る舞うためのサポートを引き出していたといえます。これは実践を1人での作業から，友達と一緒の作業や友達のお手本を見ながらの作業に変化させるものであったとみることができます。アダム君は困難に対応するために実践に変化を起こし，それによって障害を困難がより少ないものへと発達させたのです[5]。

10.5.3　さらなる発達に向けて

　しかし，アダム君の遠回りが困難にぶつかる場面があったことにも注意しなければなりません。例えば Hood et al.(1980) のある場面では，子ども達を2つのチームに分けて交互に1人ずつIQ **テスト**の問題に答えていく「IQ bee」(p.160) という課題を行っていました。アダム君は，このような形で設定された実践では，ケーキ作りの場面とは違い他人を頼ることができなかったといいます (Hood et al., 1980)。また，アダム君の遠回りは多くの場合，周りの子ども達から気づかれており，彼はそのことで頻繁にからかわれてもいました (Hood et al., 1980)。

　以上を踏まえた上で，アダム君の実践のさらなる発達について考えてみたいと思います。ケーキ作りにおけるアダム君の遠回りは，主に彼1人が主導して実践を変えようとするものでした。実践を変るためには大きな力が必要です。アダム君のような困難を抱えた当事者の取り組みはもちろん重要ですが，彼らだけでできることに限界があることもまた確かでしょう。ヴィゴツキーが指摘したように，障害が実践と切り離せないのであれば，実践に巻き込まれた全ての人々がその障害の当事者であるということもできるかもしれません。周囲の人々が実践を変えることに加わることで，アダム君1人の遠回りでは困難だったことも乗り越えられるかもしれません。ことばの障害の発達のためには，周囲の人々の取り組みもまた重要であると考えられるのです。

10.6　ダイバーシティと発達

　最後に，広く障害に関する近年の社会の動きに少しだけ目を向けて，本章を結びます。障害に対する理解は，少しずつ社会の中で変化し始めています。**ニューロダイバーシティ**という考え方が生まれてきたことは，その1つのあらわれでしょう。ニューロダイバーシティとは，「脳や神経，それに由来する個人レベルでの様々な特性の違いを多様性と捉えて相互に尊重し，それらの違いを社会の中で活かしていこう」（村中，2020, p.2）という考え方です。

　ニューロダイバーシティという考え方は，もともとは**自閉スペクトラム症**[6]の当事者の中から生まれてきた考え方でした（村中，2020）。しかし，村中（2020）によれば，この考え方はその後，発達障害や遺伝性疾患などの様々な領域へとその対象を拡大し，近年ではあらゆる人がその対象となるのだという議論も起きてきているといいます。自閉スペクトラム症と本章でみてきたことばの障害には当然，多くの違いがあります。しかし，障害に由来する違いをどのように捉えるべきかについて，そこから学べることは多いと考えられます。

10.6.1　多様性と発達

　障害が社会の中で多様性として尊重され始めるという重要な変化が起きています。このことが社会全体にますます広がることが求められます。さらに，本章の議論を振り返ると，私たちは障害を多様性として尊重した上で，それらの違いを材料に様々な人々の発達を生み出していくこともできると考えられます。

　10.4節ではヴィゴツキーの議論に基づいて，実践に変化を起こすことで障害を困難がより少ない，今とは違ったものへと発達させていくことについて述べました。そこでは，発達は主に障害に直面している人々にとって価値のあるものとして言及されました。しかし，実践に変化が生じるときには障害のあり方が変化するだけでなく，一般には「健常者」とされる人々も含んだ実践に参加する全ての人間が発達すると考えられるのです。

　近年，**パフォーマンス心理学**[7]（あるいは，**パフォーマンス・アプロー**

チ心理学）が注目を集めています（例えば，香川・有元・茂呂（編），2019, Newman & Holzman, 2006 茂呂監訳 2022）。そして，そこでは，多様性が私たちの発達の鍵であることが指摘されています（Holzman, 2009 茂呂訳 2014）。ホルツマン（Holzman, 2009 茂呂訳 2014）によれば，多様性は当たり前とされてきた自分たちについての見方を「揺さぶ」(p.51) り，「創造のための素材」(p.51) を与えてくれるものです。現在の私たちの社会は，格差や，差別，気候変動など様々な課題に直面しています。私たちは，このような課題に対して多様性を鍵にしながら，実践に変化を生み出し，あらゆる人々にとっての発達を実現していくことができるかもしれません。このとき，本章で見てきたことばの障害という「多様性」を持つ人々は，その発達に大きく力を貸してくれる存在であるといえるでしょう。

　ここで述べたことは，簡単には実現しないかもしれません。しかし，少しずつ身近な違いに目を向け，耳を傾けることから，あらゆる人々の発達がはじまっていくと考えられます。

10.7　ことばの障害と実践：10章のまとめ

　この章では，ことばの障害を実践の中で捉えることについて解説しました。

　最初にブローカ失語の患者であるルロン氏の会話の事例をみた後，失語症についての簡単な解説を行いました。特に，ブローカ失語とウェルニッケ失語については，その特徴や原因を少しだけ詳しく見ていきました。そこで2つの失語症の原因として大きく取り上げられていたのは，脳の特定の部位の損傷でした。

　しかし，脳のような身体の内側の状態だけでなく，ことばを取り巻く実践もことばの障害について理解するためには重要でした。ルロン氏が「水平思考推理ゲーム」に参加して出題者を務めたらどうなるかを想像することを通して，障害につきものだと考えられてしまいがちな困難が，その場に参加するみんなが協力してつくり上げることばを制約する環境，つまり実践の中ではじめて生じている可能性に目を向けました。また，レフ・ヴィゴツキーの障害論についても筆者なりの観点からその要点をまとめました。そこでは，障害を生物学的な問題ではなく社会的

な問題として考えること,障害を物としてではなく発達の過程の中で理解することという重要な論点を取り上げました。ヴィゴツキーの障害論は,実践に変化を起こすことで,障害を困難がより少ないものへと,今とは違ったものへと発達させていく可能性に気づかせてくれるものでした。

　以上を踏まえた上で,ことばの障害とその発達についても具体的にみていきました。そこでは,学習障害と診断された子どもアダム君に注目した研究を紹介しました。アダム君は学習障害にまつわる読み書きの困難を,課題を正面から引き受けるのではなく遠回りすることで上手く回避しているようでした。このときのアダム君の環境への働きかけは,ヴィゴツキーが指摘した障害の発達過程をまさに示すものだと考えられました。しかし,アダム君の遠回りは困難にぶつかる場面もあったようでした。実践を変えるためにはアダム君のような困難を抱えた当事者だけでなく,周囲の人々の力もまた重要であることが考えられました。

　この章では最後に,障害に関する近年の社会の動きの1つとしてニューロダイバーシティという考え方が生まれてきたことにも目を向けました。この動きに加えて,この章での議論やパフォーマンス心理学の議論を踏まえると,障害に直面している人々だけでなく様々な課題に直面するあらゆる人々の発達を,多様性を鍵にして生み出していくことができると考えられました。

1　引用元におけるBrocaの日本語表記は,ブロカです。しかし,本章では全体の表記を統一するために,本文中でこのBrocaに言及する際にはすべてブローカと表記しています。ただし,引用文献リストでは,元の表記に従って引用元の著者名をブロカと表記しました。
2　山鳥(2011)は,1972年に出版された同書の初版を参照していますが,著者が確認できたのは1983年に出版された同書の第2版(Goodglass & Kaplan, 1983)でした。第2版において,当該の記述と思われる部分はp.75にみられます。
3　久野(2019, p.143),山鳥(2011, p.40, p.66, p.102, pp.110–111),および靭負(1999)を参考に,著者が新たに図の下書きを作成し,その下書きをもとに高橋大生氏がイラストを作成しました。

4 引用元において，ヴィゴツキーは「障害児」に言及していますが，この主張は障害に直面しているより広い人々に当てはまるものだと考えられるため，ここでは主語を「障害に直面している人々」としました。本章ではこの理由から，彼の主張について適宜主語をより広いものに置き換えています。
5 既にみたように，ヴィゴツキーは人々の実践の中で実現されたことがその後に個人の精神の中の機能になっていく過程として発達を捉えたと言えます。しかし，Hood et al. (1980) は，機能の精神の中への移行（これは，**内化**と呼ばれます）が，必ずしも生じるわけではないことを観察から見出しました。観察において，子ども達は実践の中で必要とされる機能が生じるように，周囲の環境をつくり変えることへと常に取り組んでいました。そして，それらの機能のほとんどは内化することなく，実践は刻一刻と移り変わっていたのです。ここでのアダム君にも，そのような継続的な環境のつくり変えとしての発達がみて取れるでしょう。
6 引用元では，精神医学上の疾患概念として通常使われている「自閉スペクトラム障害」や「自閉スペクトラム症」と区別して，脳や神経由来の「状態像」を表すために「自閉スペクトラム」や「自閉」という表現が用いられています（村中，2020, p.3）。ここでは，読者にとって少しでも馴染みのある用語を使うことを重視して，「自閉スペクトラム」から「自閉スペクトラム症」という表現に置き換えましたが，本来は上記のような使い分けがなされています。なお，自閉スペクトラム症についての詳しい説明は，例えば稲垣・加賀（2020）を参照してください。
7 パフォーマンス心理学についての詳しい解説は，例えば『パフォーマンス心理学入門——共生と発達のアート』（香川・有元・茂呂（編），2019）を参照してください。また，本章は全体としてパフォーマンス心理学からの大きな影響を受けて書かれています。

引用文献

Broca, P. (1861a) Nouvelle observation d'aphémie produite par une lesion de la troisième circonvolution frontale. *Bulletins de la Société d'anatomie*, 6, 398-407.（ブロカ，P. 萬年甫（訳）(1992)「第3前頭回の病変によって起こった失語症（aphémie）の新しい症例」ブロカ，P. 萬年甫・岩田誠（編訳）『ブロカ 神経学の源流 3』(pp.90-99) 東京大学出版会）

Broca, P. (1861b) Remarques sur le siège de la faculté du langage articulé suivies d'une observation d'aphémie. *Bulletins de la Société anatomique*, 6, 330-357.（ブロカ，P. 萬年甫（訳）(1992)「失語症（aphémie）の1例にもとづく構音言語機能の座に関する考察」ブロカ，P. 萬年甫・岩田誠（編訳）『ブロカ 神経学の源流 3』(pp.63-90) 東京大学出版会）

Goodglass, H., & Kaplan, E. (1983) *Assessment of aphasia and related disorders* (2nd ed.). Lea & Febiger.

Groce, N. E. (1985) *Everyone here spoke sign language: Hereditary deafness on Martha's Vineyard.* Harvard University Press.（グロース，N, E.　佐野正信（訳）（2022）『みんなが手話で話した島』早川書房）

久野雅樹（2019）「言語使用と知識」野島一彦・繁桝算男（監修）・楠見孝（編）『公認心理士の基礎と実践 8　学習・言語心理学』(pp.131-147) 遠見書房

Holzman, L. (2009) *Vygotsky at work and play.* Routledge.（ホルツマン，L.　茂呂雄二（訳）（2014）『遊ぶヴィゴツキー——生成の心理学へ』新曜社）

Hood, L., McDermott, R., & Cole, M. (1980) "Let's try to make it a good day": Some not so simple ways. *Discourse Processes, 3,* 155-168.

稲垣真澄・加賀佳美（2020）「ASD（自閉スペクトラム症，アスペルガー症候群）について」『e-ヘルスネット』(Retrieved October 10, 2023 from https://www.e-healthnet.mhlw.go.jp/information/heart/k-03-005.html)

香川秀太・有元典文・茂呂雄二（編）（2019）『パフォーマンス心理学入門——共生と発達のアート』新曜社

Леонтьев, А. А. (1990) Выготский, Л. С. Просвещение.（レオンチェフ，А. А.　菅田洋一郎（監訳）広瀬信雄（訳）（2017）『新装改訂版　ヴィゴツキーの生涯』新読書社）

村中直人（2020）『ニューロダイバーシティの教科書——多様性尊重社会へのキーワード』金子書房

無藤隆・森敏昭・遠藤由美・玉瀬耕治（2004）『心理学』有斐閣

Newman, F., & Holzman, L. (1993/2014) *Lev Vygotsky: Revolutionary Scientist.* Routledge.（ニューマン，F., & ホルツマン，L.　伊藤崇・川俣智路（訳）（2020）『革命のヴィゴツキー——もうひとつの「発達の最近接領域」理論』新曜社）

Newman, F., & Holzman, L. (2006) *Unscientific psychology: A cultural-performatory approach to understanding human life.* iUniverse.（ニューマン，F., & ホルツマン，L.　茂呂雄二（監訳）岸磨貴子・北本遼太・城間祥子・大門貴之・仲嶺真・広瀬拓海（訳）（2022）『パフォーマンス・アプローチ心理学——自然科学から心のアートへ』ひつじ書房）

Рейф, И. (2011) Мысль и судьба психолога Выготского. Издательство «Генезис».（レイフ，I　広瀬信雄（訳）（2015）『天才心理学者ヴィゴツキーの思想と運命』ミネルヴァ書房）

柴田義松・宮坂琇子（2006）「訳者注解」ヴィゴツキー，L.　柴田義松・宮坂琇子（訳）『ヴィゴツキー　障害児発達・教育論集』(pp.393-398) 新読書社

失語症全国実態調査委員会（2002）「失語症全国実態調査報告」『失語症研究』, *22,* 241-256.

Slone, P., & MacHale, D. (1992) *Challenging lateral thinking puzzles.* Sterling Publishing.(スローン，P.,＆マクヘール，D.　クリストファー・ルイス（訳）(2004)『ポール・スローンのウミガメのスープ――水平思考推理ゲーム』エクスナレッジ)

上野一彦（2006）『LD（学習障害）とディスレクシア（読み書き障害）――子どもたちの「学び」と「個性」』講談社

ヴィゴツキー，L.　柴田義松・宮坂琇子（訳）(2006)『ヴィゴツキー　障害児発達・教育論集』新読書社

Выготский, Л. С.(1924) К психолоии и педагогике детской дефективности. In Л. С. Выготский(Ed.), Вопросы воспитания слепых, глухонемых и умственно- отсталых детей (pp. 5–30). Издание отдела социально- правовой охраны несовершнолетних Главсоцвоса Наркомпроса РСФСР.（ヴィゴツキー，L.　柴田義松（訳）(2006)「障害児の心理学と教育学」ヴィゴツキー，L.　柴田義松・宮坂琇子（訳）『ヴィゴツキー　障害児発達・教育論集』(pp. 55–84) 新読書社）

Выготский, Л. С. (1931/1983) К вопросу о компенсаторных процессах в развитии умственно отсталого ребенка. In Т. А. Власовой(Ed.) Л. С. Выготский Собрание сочинений Том 5 Основы дефектологии (pp.115–136). Педагогика.（ヴィゴツキー，L.　柴田義松（訳）(2006)「知的障碍児の発達と補償の問題」ヴィゴツキー，L.　柴田義松・宮坂琇子（訳）『ヴィゴツキー　障害児発達・教育論集』(pp.135–162) 新読書社）

山鳥重（2011）『言葉と脳と心――失語症とは何か』講談社

靭負正雄（1999）「中心溝」中島義明・安藤清志・子安増生・坂野雄二・繁桝算男・立花政夫・箱田裕司（編）『心理学辞典』(p.585) 有斐閣

 エクササイズ

・アダム君がクラブ活動でケーキ作りをしている場面に，あなたが同年代の子どもとして居合わせたら，あなたは彼と一緒にどのように過ごしたいですか？　また，彼を見守る大人だったら，あなたは彼と一緒にどのような実践をつくりたいですか？ 考えてみましょう。

読書案内

- ヴィゴツキー『ヴィゴツキー　障害児発達・教育論集』(柴田・宮坂訳, 2006, 新読書社) には，本章で紹介したヴィゴツキーの障害に関する議論がまとめられています。
- グロース『みんなが手話で話した島』(佐野訳, 2022, 早川書房) では，かつて遺伝性聾の発生率がきわめて高かったマーサズ・ヴィンヤード島の生活が描かれています。そこでは，健聴者も英語だけでなく，(ヴィンヤード) 手話を用いて生活をしていたそうです。この書籍では，聾者が社会に完全にとけ込んで生活していた様子が描かれており，ことばの障害がまさに「実践」の中で捉えられるべきものであることを実例とともに示してくれます。

索　引

A-Z
gender-exclusive speech　53
gender-preferential speech　53
I-R-E 連鎖　107, 108, 109

あ
アウグスティヌスの言語像　10, 11, 12
新しい言語文化の創造実践　7
アフィニティネットワーク　201
アメリカ構造主義言語学　79

い
育児語　158, 181, 182
衣装説　10
一語文　159
『一般言語学講義』　79
一般語　197
意図　137
意味論　36
イメージスキーマ　86
隠語　203, 206
インプロ　199
韻律　155

う
ヴィゴツキー　11, 219, 220, 222, 223
ヴィゴツキーの障害論　228
ウィトゲンシュタイン　8, 15, 88
ウェルニッケ，カール　215
ウェルニッケ失語　213, 215, 216
ウェルニッケ領域　216
沖縄口（ウチナーグチ）　52
運用能力　132

え
エスノメソドロジー　101, 103, 105
エントレインメント　152

お
オタク　200
「音の遊び」の時期　154
オノマトペ　28, 182, 183, 184, 185
オペラント行動　126, 127
音韻　155

音韻論　32, 41
音象徴　28
音声　149
音素　31, 32

か
ガーフィンケル　101, 102, 103, 104
解釈共同体　200, 205
解釈コード　200
開放型の質問（オープン・クエスチョン）　109, 111
会話分析　105, 106, 109, 110, 111
書きことば　60, 61, 62
学習言語　197, 205
学習語　197
学習障害　224
家族的類似　88
カップリング　199, 200
過程　221
カテゴリー　87
可能世界意味論　36
関連性の公理　38

き
擬音語　183
記号　23, 24
基準喃語　154
擬態語　183
9ヶ月革命　181
吸啜法　156
強化　126
叫喚　154
共時態　79
協調の原理　37, 38
共同注意　153, 181

く
クーイング　154
グラウンド・ルール　196, 205

け
敬語　57, 58, 59
形態　73

235

形態素	33	語用論	38, 132
形態論	33	語用論的アプローチ	133, 140
ゲシュタルト	73	**さ**	
ゲシュタルト心理学	72, 77	再構造化	222
言語獲得援助システム	133, 134, 143	最適化	157
言語獲得装置	129	酒造り唄	202
言語記号	2, 3	三項関係	160, 181
言語ゲーム	15, 16, 40, 43	三項関係の成立	153
言語構造	75	**し**	
言語シフト	52, 64	恣意性	30, 171
言語像	18	シーニュ	24
言語能力	132, 137	識字	205
言語の創造	17	識字率	192
言語変種	49	指示説	10
言説	100, 111, 112, 113	自然科学	13
健忘失語	213	自然観察法	176
原理とパラメータによるアプローチ		失語症	212
	130, 132	実践としてのことば	90, 212
こ		実践の中のことばの障害	223
語彙	150	質の公理	38
語彙爆発	177, 178	質問紙調査法	176
合成語	73	シニフィアン	24
構成要素	73	シニフィエ	24
構築主義	55	支配的な物語（ドミナント・ストーリー）	
行動	125, 126, 128		118
行動主義	80, 125, 140, 141	指標	26
広汎性発達障害	17	指標性	28, 29
構文	138	自閉スペクトラム症	198, 227
公理	38	しまくとぅば	51
声	3	ジャーゴン	155, 174
コードスイッチング	64	社会言語学	48
コーパス	41	社会的な問題	220
ことばの完成	163	社会的微笑	152
ことばの実践	1, 20	社会方言	49
ことばの実践の多様性	5	ジャンル	158
ことばのジャンル	5	馴化	156
ことばの障害	212	症候群診断	14
ことばの「像」(言語像)	8, 9	象徴	26
ことばのモノ化	14	象徴性	27
語の意味	149	情報通信技術	193, 205
コミュニティ作り	17	消滅危機言語	204

初期表出語	176
初語	151, 158, 173
新生児模倣	152
診断	13
シンボル（象徴）機能	171

す

図	74, 75
推意	37, 38
スキーマ	138, 139
スキャフォールディング	184

せ

生活の流れ	3, 6, 8, 16
成人語	182
生成文法	80
生物学的な問題	220
前言語期	151, 154
線状性	31
専門語	197

そ

相互作用	149
即時マッピング	177
ソシュール	9, 171
即興	163

た

対応説	10
対子ども発話	158
対乳児発話	134
代弁	173, 174
多言語社会	62, 64
多語文	159
脱馴化	156
談話	111, 112

ち

地	74, 75
地域方言	48, 50
チョムスキー	80, 95, 96, 98

つ

通時態	79
つながりの学習	201, 205

て

ディスコース	111, 112, 113, 114, 115
ディスレクシア	224
テーブルトーク・ロールプレイング・ゲーム	198
テスト	226
『哲学探究』	8
伝導失語	213

と

導管メタファー	9
統語論	34, 41
動詞の島仮説	139

な

ナラティブ	116, 117, 118
ナラティブ・セラピー	118
ナラティブ・ターン	118
ナラティブ・ベースド・メディスン	119
喃語	154, 174

に

二項関係	152
二語文	159
二重分節性	31
日誌法	176
日本語指導	193, 205
日本語ラップ	7
ニューロダイバーシティ	227
人称表現	52
認知	71
認知言語学	71
認知システムとしての言語	72
認知制約説	178, 179
認知と言語の関係	72
認知の反映としての言語	71, 72
認知文法	81

の

ノーマライゼーション	15

は

派生語	33
発達	221
発達障害	12, 13, 198
発話	2
話し合い	196
話しことば	60, 61, 62

話し始めでの言い間違い	97, 98
パフォーマンス・アプローチ心理学	161, 162, 227
パフォーマンス心理学	227
場面	1
パロール	41, 133

ひ

ピクトグラム	24
批判的ディスコース分析	114
表出語	175, 176
標準化	8
標準語	52
表象説	10
ビレッジ・サイン	204

ふ

フォーマット	133, 134, 135
フォリナー・トーク	57
複合語	33
普遍文法	35, 128, 129, 130, 131, 132
ブルーナー	117
ブローカ失語	212, 213, 214, 216
ブローカ，ポール	214
ブローカ領域	215
プロトタイプ	87
プロトタイプ理論	88
プロファイル	76, 77
分節性	31
文体	5
文法	34, 149, 150
文脈	38, 42

へ

ベイビー・トーク	57
閉鎖型の質問（クローズド・クエスチョン）	110
ベース	76, 77

ほ

方言	5, 48
報告言語	127

ま

マザリース	158

み

ミーハン	106
密猟	200
宮窪手話	204, 206

め

メタファー	83, 84, 85

も

文字記号	2
物	221
物語様式	117, 118
模倣	40, 142
問題の外在化	118

よ

要求言語	127
様態の公理	38
用法基盤理論	136, 138, 180
読み聞かせ	134

ら

ライマンの法則	32
らせん	150
ラップ	6
ラング	41, 133

り

リヴォイシング	194, 196, 205
理解語	175, 176
リスタート	98
量の公理	38

る

類像	26
類像性	27
ルーティン	133, 134

れ

レジスター（言語使用域）	5, 48, 55, 56, 57
連濁	32

ろ

ロールプレイ	111, 198, 199
論理−科学的様式	117, 118

わ

若者ことば	6

執筆者紹介

(名前の下の角括弧内は執筆担当章を表す。)

茂呂雄二 │ もろ ゆうじ │ 編者
[はじめに・1章・7章]

筑波大学博士課程心理学研究科単位修得中退。博士（教育学）（東京大学）。東京成徳大学応用心理学部教授・心理学研究科長。筑波大学名誉教授。

「パフォーマンス心理学とはなにか」(『パフォーマンス心理学入門――共生と発達のアート』新曜社, 2019),「この場で発達を作る――パフォーマンス心理学による社会療法」(『臨床心理学』18 (2), 2018),「社会 - 技術的アレンジメントの再構築としての人工物のデザイン」(共著,『認知科学』21 (1), 2014)。

伊藤　崇 │ いとう たかし │ 編者
[2章・6章]

筑波大学大学院心理学研究科単位取得退学。博士（心理学）（筑波大学）。北海道大学大学院教育学研究院准教授。

『越境する認知科学4　大人につきあう子どもたち――子育てへの文化歴史的アプローチ』(共立出版, 2020),『学びのエクササイズ　子どもの発達とことば』(ひつじ書房, 2018)。

新原将義 │ しんはら まさよし │ 編者
[5章・8章（共著，第二著者）]

筑波大学大学院博士後期課程人間総合科学研究科心理学専攻修了。博士（心理学）。武蔵大学教職課程准教授。

「政治的主体としての発達プロセス——M-GTA による首都圏近郊の学生インタビューの分析」(共著,『質的心理学研究』23 (1), 2024),『「脱・心理学」入門——10 代からの文化心理学』(北樹出版, 2021),「ワークショップ型授業における教授・学習活動の対話的展開過程」(『教育心理学研究』65 (1), 2017)。

城間祥子 | しろま しょうこ
[3 章]
筑波大学大学院博士課程人間総合科学研究科心理学専攻単位取得退学。沖縄県立芸術大学全学教育センター准教授。
「総合的な学習の時間におけるエージェンシーの集合的達成——多様なアクターとともに作り続ける学習環境としての子ども文楽」(『発達心理学研究』34 (4), 2023),「ワークショップを実践できる教師の育成を目的とした授業プログラムの開発」(『上越教育大学研究紀要』38 (2), 2019),「総合学習の支援」(『スタンダード学習心理学』サイエンス社, 2018)。

仲嶺 真 | なかみね しん
[4 章]
筑波大学大学院人間総合科学研究科心理学専攻博士後期課程修了。博士(心理学)。公益社団法人国際経済労働研究所研究員,荒川出版会会長。
『Re:mind Vol.1』(編著, 荒川出版会, 2023),『恋の悩みの科学——データに基づく身近な心理の分析』(共著, 福村出版, 2023), "Challenges marriage-hunting people face: Competition and excessive analysis" (*Japanese Psychological Research*, 63 (4), 2021)。

太田礼穂 | おおた あやほ
[8 章(共著,第一著者)]
筑波大学大学院博士後期課程人間総合科学研究科心理学専攻修了。博士(心理学)。青山学院大学社会情報学部助教。

「インプロバイザーはいかにインプロを成立させているか？——集合的学習・発達における即興的やりとりの分析観点の探索」(『質的心理学フォーラム』15，2023)，「状況論からパフォーマンス心理学へ」(『パフォーマンス心理学入門——共生と発達のアート』新曜社，2019)，「自己への誤帰属はどのようなやりとりの後に生起するのか？——発話の特徴ならびに発話連鎖の検討」(共著，『教育心理学研究』63 (1)，2015)。

青山征彦　｜　あおやま まさひこ
[9 章]
筑波大学大学院博士課程心理学研究科単位取得退学。成城大学社会イノベーション学部教授。
『スタンダード学習心理学』(共編著，サイエンス社，2018)，『越境する対話と学び——異質な人・組織・コミュニティをつなぐ』(共編著，新曜社，2015)，『ワードマップ　状況と活動の心理学——コンセプト・方法・実践』(共編著，新曜社，2012)。

広瀬拓海　｜　ひろせ たくみ
[10 章]
筑波大学大学院人間総合科学研究科心理学専攻博士後期課程修了。博士（心理学）。独立研究者。
"Socio-material arrangements of impoverished youth in Japan: Historical and critical perspectives on neoliberalization"(共著，*Mind, Culture, and Activity*, 26 (2), 2019)。

新しい言語心理学
Psychology of Language at Work and Practice: A New Perspective
Edited by Moro Yuji, Ito Takashi, and Shinhara Masayoshi

発行	2024 年 10 月 1 日　初版 1 刷
定価	2400 円＋税
編者	Ⓒ 茂呂雄二・伊藤崇・新原将義
発行者	松本功
ブックデザイン	村上真里奈
本文イラスト	黒木歩
印刷・製本所	株式会社 シナノ
発行所	株式会社 ひつじ書房
	〒 112-0011 東京都文京区千石 2-1-2 大和ビル 2 階
	Tel.03-5319-4916　Fax.03-5319-4917
	郵便振替 00120-8-142852
	toiawase@hituzi.co.jp　https://www.hituzi.co.jp/

ISBN978-4-8234-1251-6

造本には充分注意しておりますが、落丁・乱丁などがございましたら、小社かお買上げ書店にておとりかえいたします。ご意見、ご感想など、小社までお寄せ下されば幸いです。

[刊行書籍のご案内]

学びのエクササイズ 子どもの発達とことば
伊藤崇著　　定価 1,600 円＋税

家庭内の家族との会話。幼稚園でのお手紙ごっこ。小学校での授業。友達との LINE によるやりとり。外国移住後の第二言語習得。消滅の危機に瀕した言語をあえて学ぶということ。本書は、0 歳から 18 歳までの子どもが出会う可能性のある多様な社会的場面で起こるコミュニケーションの検討を通じて、言語発達過程にひとつの筋道を読み解く。言語とは、社会に参加するための道具であると同時に、私たち自身の社会を作るための道具でもある。

パフォーマンス・アプローチ心理学
自然科学から心のアートへ

フレド・ニューマン、ロイス・ホルツマン著　茂呂雄二監訳　岸磨貴子・北本遼太・城間祥子・大門貴之・仲嶺真・広瀬拓海訳　　定価 2,800 円＋税

19 世紀の成立以来、危機が叫ばれ続けてきた心理学。現在の隆興も、科学性の勝利というよりも、社会と文化の心理学化と心理学の産業化の結果にすぎないと批判するニューマンとホルツマンは、生活の形を変えるためのアートとしての心理学を提案する。それは自然科学を模倣し心の内部を覗き込み測定する科学的心理学を超えて、人々がコミュニティー作りを通して、新しい振る舞い、新しい声、新しい生を紡ぎ出す新しいアプローチだ。原著：Fred Newman and Lois Holzman（著）*Unscientific Psychology: A Cultural-Performatory Approach to Understanding Human Life.*